MEU PAI, O COMANDANTE

JEAN-MICHEL COUSTEAU

MEU PAI

O COMANDANTE

Companhia
Editora Nacional

Título original: *Mon père, le commandant*

Presidente	Jorge A. M. Yunes
Diretor superintendente	Jorge Yunes
Diretora geral de produção editorial	Beatriz Yunes Guarita
Diretor editorial	Antonio Nicolau Youssef
Gerente editorial	Sergio Alves
Editora	Adriana Amback
Assistente editorial	Edgar Costa Silva
Tradutores	Augusto Patrini M. B. Gomes Carmem C. de Oliveira Cacciacarro Maria Aparecida Cabañas
Revisão da tradução	Nancy Aparecida Alves
Coordenadora de preparação e revisão	Marília Rodela Oliveira
Preparadores e revisores	Esther Oliveira Alcântara Irene Hikichi Margarida Maria Knobbe Nelson José de Camargo Sérgio Limolli
Editora de arte	Sabrina Lotfi Hollo
Assistentes de arte	Erica Mendonça Rodrigues Janaina C. M. da Costa Thatiana Kalaes Viviane Aragão
Coordenadora de iconografia	Maria do Céu Pires Passuello
Assistente de iconografia	Jaqueline Spezia
Produtora editorial	Lisete Rotenberg Levinbook
Assistente de produção editorial	Antonio Tadeu Damiani
Editoração eletrônica	Globaltec Artes Gráficas Ltda.
Foto da capa	Malb Studio Flageul

Dados Internacionais de Catalogação na Publicação (CIP)
(Câmara Brasileira do Livro, SP, Brasil)

Cousteau, Jean-Michel
Meu pai, o comandante / Jean-Michel Cousteau ; tradução Augusto Patrini Menna Barreto Gomes, Maria Aparecida Cabañas, Carmem Cristina de Oliveira Cacciacarro. – São Paulo : Companhia Editora Nacional, 2006.

Título original: Mon père, le commandant.
ISBN 85-04-01048-1

1. Cousteau, Jacques Yves, 1910-1997 – 2. Oceanógrafos – França – Biografia I. Título.

06-5297 CDD-925.5146

Índices para catálogo sistemático:
1. França : Oceanógrafos : Biografia 925.5146

1ª edição São Paulo 2006

Companhia Editora Nacional
Av. Alexandre Mackenzie, 619 – Jaguaré
São Paulo – SP – 05322-000 – Brasil – Tel.: (11) 6099-7799
www.ibep-nacional.com.br www.eaprender.com.br
editoras@ibep-nacional.com.br

À minha mãe, a Bergère

JYC, limpe seus pés-de-pato antes de entrar!

(charge de Dominique Serafini)

1
Catedral

Trinta de junho de 1997. Catedral Notre-Dame de Paris.

A cerimônia, grandiosa, acontece com a presença de Jacques Chirac, presidente da República. Seguindo o cortejo fúnebre, a família e os mais próximos entram pelo portal da grande nave. No entanto, alguns de sua equipe, que trabalharam com ele durante trinta anos, são barrados pelos guardas que pedem que entrem pelas portas laterais. Segundo que critério?

Diante do caixão coberto com a bandeira tricolor, sobre o qual foi colocado o chapéu de acadêmico de antigo oficial da Royale[1], está sua viúva. Em primeiro plano, vestida de preto como é preciso, está acompanhada de seus dois jovens filhos. Eu estou ao lado deles.

Os coros são magníficos. Sentado, sozinho, diante de outros participantes da cerimônia, assim como manda o protocolo, está o presidente da República. Atrás dele, numerosas personalidades representam o mundo da política, da cultura, das artes e da ciência. Há também seus pares da Academia Francesa: Hélène Carrère d'Encausse, Alain Decaux, Bertrand Poirot-Delpech e muitos outros... Alguns ministros também, como Dominique Voynet, do Meio Ambiente, Louis Le Pensec, da Agricultura e da Pesca... Ao lado deles, o prefeito de Paris e sua esposa, o delegado de polícia de Paris e da região de Île-de-France[2].

---

[1] O mesmo que Marine Nacionale, a marinha nacional. (N. T.)

[2] Região ao redor de Paris, que compreende também a capital. (N. T.)

Outra personalidade que divide com o falecido o primeiro lugar no coração dos franceses, o abade Pierre, celebra a missa. Pragmático, preciso, racional e espiritual ao mesmo tempo, ele pede uma reflexão sobre a obra, sobre o exemplo daquele que acompanhamos hoje, sobre suas ações, claro, mas também sobre seus posicionamentos e de que forma eles podem nos ensinar e ajudar a entender o mundo e também a nós mesmos. Sobre tudo aquilo que em sua obra torna os "homens ainda mais humanos".

O cardeal Lustiger profere uma homilia em memória a este "poeta de um real inacessível", antes de concluir: "Em menos de meio século, ele mostrou à humanidade, por meio de sua engenhosidade e de seu *savoir-faire*, o imenso domínio submarino. Ele nos fez descobrir esse mundo por meio de imagens, mesmo que a maior parte de nós nunca entre nas profundezas dos mares".

Mesmo que ele tenha nascido em uma tradicional família católica, eu me pergunto: o falecido, para o qual a Igreja estende nesse momento suas honras, assistiu a quantas missas em vida? Duas certamente. Mas não mais que isso. A primeira por ocasião de seu casamento, na igreja Saint-Augustin. E a outra? De novo para seu casamento, o segundo. Quase cinqüenta anos mais tarde. Eu me lembro da surpresa que eu senti naquele momento. Como ele, que nunca havia sido praticante – nem mesmo crente durante muito tempo –, podia andar assim até o altar e se ajoelhar para receber, de olhos baixos, a hóstia? Que ele tenha casado a primeira vez na igreja, nada mais comum. Em 1937, era impensável que a união entre um oficial da marinha e uma moça da alta burguesia não fosse celebrada religiosamente.

Mas se prestar a esse jogo no seu segundo casamento... Ainda mais que a noiva daquele dia se aproximava dos 50 anos, enquanto o noivo flertava perigosamente com os 80. O que eles devem ter pensado, seus dois filhos que carregavam sobrenomes diferentes, e para quem durante muito tempo se fez acreditar que seu pai era seu avô? Vê-lo assim, com ar meditativo, me espantou... Decididamente, esse homem, com o qual durante tantos anos convivi cotidianamente na mais próxima intimidade, me surpreenderia sempre!

Essa demonstração de piedade repentina trouxe-me muitas perguntas. Sobre ele, evidentemente, e, do mesmo modo, sobre a Igreja. Como um padre podia dar a comunhão, quer dizer, a absolvição, a um homem que tinha dois filhos com uma mulher enquanto era casado com uma outra? Quando, mais tarde, lhe fiz essa observação, JYC respondeu-me com seu habitual tom seguro:

– É que eu tive a absolvição de todos os meus pecados.

Não pude deixar de lhe retrucar:

– Ao menos, te cobraram "preço de atacado"?

Ele riu e depois, passando seus braços em volta de meus ombros, como fazia quando queria seduzir – ou convencer – seu interlocutor, respondeu da maneira mais grave do mundo:

– Você sabe, Jean-Michel, foi o reverendo padre Carré que me redimiu de todos os meus pecados. Para poder me casar religiosamente, nesta capela onde ele exerce seu sacerdócio.

Acreditem, "ser imortal" permite estabelecer muitas relações sociais. Isso me abria os horizontes, eu que nunca havia imaginado a Academia Francesa como sendo um lugar de "camaradagem". A idéia ainda me provoca um leve sorriso sarcástico, uma vez que ela revela a hipocrisia da alma humana. Eu ouso esperar que a saída da missa que se reza hoje seja marcada pela dignidade, contrariamente àquela que evoquei acima. Para afastar os curiosos e os fotógrafos, o idoso noivo havia saído de braço dado com a meia-irmã da noiva. Esta, por sua vez, saiu um pouco mais tarde, de braço dado com outro homem. Como um personagem de tal envergadura pôde se prestar a tal farsa?

No exterior da Notre-Dame, a multidão se espreme. Pessoas de todas as idades, jovens e não tão jovens assim, descobriram, graças ao homem a quem rendemos homenagem hoje, um mundo surpreendente e incrível. Um mundo estranho no qual ele ousou penetrar e se esgueirar, de forma a torná-lo, se não familiar, ao menos acessível. Por meio de seu olhar e do testemunho que ele soube oferecer, e não somente pela câmera interposta, centenas de milhões de leitores e espectadores em todo o mundo se familiarizaram com um elemento desconhecido. Numerosos, muitos deles estão aqui hoje para oferecer-lhe sua gratidão.

– Eu teria gostado de ter a sorte de me aproximar, a sorte de trabalhar com ele... e agora ele está morto – lamenta-se um rapaz de 25 anos que coleciona os filmes e os livros do falecido. Como sinal de sua admiração, ele agita o famoso gorro de lã vermelha que se tornou símbolo do reconhecimento do imortal que hoje acompanhamos no caminho de sua última morada.

Os grandes órgãos ressoam.

Celebramos as exéquias de um homem do mar. Os fuzileiros navais que seguram o caixão estão aqui para nos lembrar disso. Emocionados, desajeitados, os integrantes da tripulação escoltam pela última vez seu "comandante"... Um homem distante, voluntariamente autoritário e nem sempre muito caloroso. Um homem que antes de tudo prezava a eficiência. Mas um homem de inegável carisma, que obtinha sempre aquilo que queria. Eu sou um dos únicos que ousou enfrentá-lo, posso testemunhar.

A cerimônia chega ao seu fim. O hissopo[3] passa de mão em mão, de personalidade para personalidade.

Quando "seus" homens levam seus restos mortais sob um céu cinzento e triste, digno de um mês de novembro, não posso conter um sorriso que poderia ser mal interpretado. No entanto, ele exprime somente meu reconhecimento em relação ao homem que me fez descobrir o mar, fonte de vida.

[3] Aspersor, usado em cerimônias católicas para aspergir água benta. (N. T.)

Fim do adeus solene para "o homem que amava o mar"...

Amanhã, esta cerimônia será manchete dos jornais em todo o mundo. Em dois dias, o caixão será sepultado no mausoléu da família, em Saint-André-de-Cubzac. Estranho fim para um homem cuja primeira esposa – a companheira de uma vida, assim como o filho caçula, foi "submersa". Também eu serei submerso... Por que sepultar o homem que foi durante tantos anos o amante do *Calypso*? Ele era um homem do mar.

Pela última vez, despedi-me do caixão que levava o comandante Cousteau.

Eu saúdo meu pai.

2
Minha chegada

Cheguei, no dia 6 de maio de 1938, na casa de um casal de quem o mínimo que se pode dizer é que estava longe de ser como os outros. Ao mesmo tempo, convencional e burguês – como a tradição exige – mas também rico em fantasias, curiosidades e paixões...

Onze de julho de 1937. Ele acaba de fazer 27 anos; silhueta elegante em seu uniforme com botões dourados, o oficial da marinha Jacques-Yves Cousteau casa-se, "para o melhor e para o pior", com a linda Simone Melchior.

A lenda familiar conta que os jovens teriam se cruzado pela primeira vez alguns anos antes. Foi no Japão, na ocasião de uma recepção oficial. Meu pai fazia, nessa época, como todo aspirante à marinha digno desse título, a habitual volta ao mundo no *Jeanne d'Arc*. Durante uma escala, o oficial foi naturalmente convidado para visitar um residente francês, uma espécie de embaixador informal, Henri Melchior, pai da moça. Ela não tinha ainda 16 anos e já tinha um sonho. Para ela, não existia a possibilidade de um príncipe encantado. A jovem Simone era demasiadamente realista, tinha os pés na terra, se é que se pode dizer isso de uma mulher que passou grande parte de sua vida no *Calypso*.

Simone Melchior passou grande parte de sua infância em Kobe. Esses anos no Japão influenciaram toda sua vida, seu comportamento, sua forma de se vestir, sua alimentação. Kobe é um porto do Japão, na baía de Osaka, onde seu pai, antigo capitão de fragata, contava com uma ótima situação. Nos anos 1930, Henri Melchior era diretor da filial local da Air Liquide[1]. Essa posição fazia com que recebesse franceses importantes que passavam pelo extremo oriente. Eu acredito que foi por ocasião de uma dessas recepções que minha mãe, ainda criança, tenha sucumbido ao charme do uniforme.

Neta do almirante Jules-Bernad-François Melchior pelo lado paterno, Simone era também bisneta do almirante Charles-Joseph Baëhme e neta do almirante Jean Baëhme. Pode-se dizer que ela tinha o sangue marinho. Ou melhor, aqueles que a conheciam gostavam de dizer: "Simone tem água do mar nas veias". O desenrolar de sua vida, assim como seu comportamento, parece confirmar.

Como seus gloriosos ancestrais, Simone tinha apenas um sonho: estar junto do mar. Infelizmente para ela, o mar era ainda proibido para as moças de sua geração. Assim, para começar, a jovem Simone Melchior casou-se com um marido que pudesse ser um intermediário com o mar. Pioneira, aventureira também, dentre as mulheres de seu meio e de sua geração, Simone Melchior escolheu para si um marido. De qualquer forma, foi uma boa escolha.

Meu pai nasceu em Saint-André-de-Cubzac, pequena cidade próxima de Bordeaux, na Gironda, onde seu avô materno era farmacêutico. É lá também que sua mãe, Elisabeth, irá se refugiar, alguns anos mais tarde, quando seu marido fora convocado durante a guerra de 1914-18. Veio acompanhada de seus filhos, Pierre-Antoine e Jacques-Yves. Saint-André-de-Cubzac é um vilarejo charmoso, nem moderno nem confortável. "Não havia ainda eletricidade, no tempo da minha juventude", lembrava-se meu pai. Isso certamente permitiu-lhe desenvolver a imaginação, essa capacidade para realizar o irrealizável, que foram traços marcantes de sua personalidade durante toda sua vida: "Crianças, nós esperávamos com impaciência as aventuras que certamente surgiriam após o declínio do sol".

[1] Multinacional francesa fornecedora de oxigênio. (N. T.)

De acordo com sua imaginação, estranhos personagens saíam das sombras para se tornarem subitamente reais. Reais?... Eu não arriscaria dizer isso. Poéticos? Ninguém duvidaria...

Jacques tem então 10 anos quando descobre o prazer de mergulhar, na borda do lago Harvey's, em Vermont, nos Estados Unidos. Ele está em uma colônia de férias para a qual seu pai o enviou durante o verão. É uma colônia de iniciação na arte eqüestre. Isso não agrada a Jacques que detesta os cavalos e além do mais, em uma ocasião, quase caiu. Ele recusa-se obstinadamente a montar, o que lhe vale punições freqüentes.

– Pois já que é assim – diz-lhe um professor – enquanto seus camaradas montam, você mergulhará no lago e juntará os galhos caídos de árvores. Eles são perigosos para quem mergulha.

Em vez de punição, o menino vê nisso muito mais uma recompensa. Ele não se encantou ao saber como os primeiros aventureiros americanos despistavam os índios de sua trilha? Para não ser achado, bastava mergulhar nas águas de lagos e de rios e prender a respiração. Depois, era só respirar silenciosamente por entre os ramos dos arbustos lacustres.

Logo, para Jacques-Yves, respirar entre os ramos torna-se uma brincadeira de criança. É por isso que hoje eu posso afirmar que as primeiras explorações subaquáticas de Jacques-Yves Cousteau são dessa época!

Pode-se supor que essas experiências serão, menos de vinte anos mais tarde, a origem do famoso regulador Cousteau-Gagnan[2]...

Nos anos 1920, Jacques e seu irmão Pierre-Antoine deixam Saint-André-de-Cubzac para residir em Nova York, na 95ª Avenida. Seus pais os matriculam em uma escola particular em Manhattan, onde o baseball e o basquete fazem parte do currículo para desenvolver a

[2] Aparelho para diminuir a pressão do gás comprimido usado em mergulhos. (N. T.)

auto-disciplina. Esse modo de educação teve para Jacques o sabor de férias de verão. Ele sempre suportou mal o rigor do ensino que se praticava naquela época na França. Hoje, as diferenças educacionais entre França e Estados Unidos praticamente não mudaram.

Apesar de sua viva inteligência, jamais contestaria nenhum de seus professores nos numerosos liceus onde fez seus estudos. Jacques-Yves seria somente aquilo que se costuma chamar de aluno mediano. Ele manifestava pouco interesse pelos estudos. Assim, fez vestibular já próximo dos seus 20 anos. Seu irmão prestou exame com 17! Apesar de ter pensado bastante, Jacques-Yves naquele momento ainda não sabia o que faria depois.

Medicina, cinema, aviação, marinha... Muitos caminhos o tentam igualmente. Finalmente a Royale acaba sendo sua escolha. Ele está entre os primeiros no concurso da escola naval e é recebido brilhantemente. Fato surpreendente para um garoto que não tem a menor afinidade com a disciplina. "Brilhantemente", porém não sem estranhas coincidências, o que meu primo Jean-Pierre não deixa de lembrar com certo divertimento não dissimulado.

Jean-Pierre era o filho de Pierre-Antoine e, portanto, sobrinho de JYC e de minha mãe, que sempre o considerou como um de seus filhos, mesmo ele sendo primo. Melhor dizendo, ele era para mim como um irmão. Quando crianças, as vicissitudes da vida nos aproximaram, a ponto de meus pais se tornarem de alguma forma pais por adoção de meus primos.

Na idade em que as escolhas se impõem, Jean-Pierre se dirigiu para a medicina. Sua especialidade era a cardiologia. A propósito, ele acompanhou a saúde de meu pai até o final de sua vida. Ele conhece bem o percurso do coração[3] do comandante e se diverte:

– Ele nunca deveria ter sido considerado apto a integrar a Navale[4]. Ele teve, ainda jovem, um sopro no coração! Nada de muito grave,

[3] No original há um trocadilho entre de cor e coração – as mesmas palavras em francês (*couer*). (N. T.)

[4] Escola Naval. (N. T.)

como a continuação de sua história o prova. Ele pôde mergulhar até muito tarde, já com uma idade avançada. Apesar disso, havia motivo para reformá-lo da marinha – e isso é normal – para evitar expor seus integrantes a riscos. O mínimo problema físico poderia custar muito caro: meses e anos de pensão... Então, além das provas escritas e orais, todo candidato à Navale deve igualmente provar sua aptidão física, e o concurso de entrada é acompanhado por um exame médico.

Jacques-Yves Cousteau sabia disso, tinha um sopro no coração. Nada de grave, uma leve anomalia contraída na ocasião de uma doença infantil, em uma época em que ainda não se contava com as melhorias da penicilina ou de antibióticos.

Mas, entre todos os caminhos que lhe interessam, o rapaz, enfim, fez sua escolha. Ele fará a Navale. Mesmo tendo realizado as provas escritas e orais, ainda não é o suficiente. É necessário também um exame médico. Na sua vez, Jacques-Yves tira a roupa. Após ter respondido um questionário, o médico comenta: "apto para..." E Jacques-Yves teve que contar suas motivações para o médico, que, de novo, conclui: "apto para..." Ele se esforça em soprar em um aparelho para provar que tem o fôlego necessário... Mas sente uma leve angústia... E se o médico decide colocar seu estetoscópio no coração do jovem candidato? Ele vai, certamente, "ouvir" o sopro que pode lhe ser "fatal". E a Navale estará perdida para ele. Serra os dentes e... Sua resposta já está pronta: não, ele nunca sentiu nenhum sintoma. Por sinal, não era ele quem mergulhava quando adolescente nas águas do lago nos Estados Unidos? O jovem candidato não ousa enxugar as lágrimas de suor que sente escorrer em seu rosto. Tão perto do objetivo... Uma voz chama, então, o médico... Este se levanta e se dirige ao rapaz:

– Não saia daí, eu já volto...

Seminu, costas tensas, Jacques-Yves segura a respiração. O homem de blusa branca volta, estetoscópio na mão, e pergunta:

– Eu já te examinei, não é?

– Sim, sim – responde o rapaz, repentinamente seguro.

– "Apto"... O seguinte! – chama então o homem de blusa branca.

O futuro comandante Cousteau coloca sua camisa que abotoa apressadamente. Ele vai juntar-se "à maioria" da tropa daqueles que foram considerados "aptos". Ufa!, suspira aliviado...

Após os dois anos de formação em Brest, seu primeiro embarque foi no *Jeanne*, o famoso navio escola presente no coração de gerações de marinheiros. Após uma primeira volta ao mundo, o aprendiz de marinheiro Cousteau teria embarcado no *Primauguet*, que fazia na ocasião a linha em direção ao extremo oriente.

Os interesses de Jacques-Yves Cousteau irão logo ultrapassar o estrito quadro da Royale. Sempre apaixonado pelo mar e pelas atividades a ele ligadas, é atraído por carros e cultiva também uma certa nostalgia pelas "belas americanas", que ele admirava tanto em sua infância.

Conservou o gosto de escrever, desde a adolescência, durante a qual escrevia romances de aventura com seu irmão Pierre-Antoine. Apesar de grande imaginação, Jacques-Yves não escrevia com facilidade. Durante toda sua vida, guardará a ansiedade pela página em branco. Seu estilo, mesmo que agradável, nunca foi espontâneo. Por outro lado, ele flerta voluntariamente, com naturalidade e talento, com o cinema. Esse talento remonta aos seus 12 anos, por ocasião do casamento de um de seus primos, quando seu pai comprara uma câmera Pathé-Baby. Uma nove milímetros, com a qual JYC dirigiu seu primeiro filme. Era apenas um começo, que podia ser considerado promissor.

Rapidamente, Jacques-Yves se apaixona pelo "cinema". Ele mergulha na direção – como amador, claro – de pequenos filmes "romanescos", nos quais também é ator – pois se mostra capaz de estar dos dois lados da câmera! E, nunca sem imaginação, também era o roteirista...

Eu me lembro, principalmente, de um dos seus primeiros filmes. Ele o projetava, anos mais tarde, sempre com o mesmo prazer divertido. Rindo ainda ao se ver na tela, vítima voluntária de uma charmosa e agradável aventura. Era real ou ele a teria inventado para divertir seus amigos? Tinha conseguido escrevê-la, antes de dirigi-la e interpretá-la...

O roteiro é relativamente simples: ele anda em um pequeno carro conversível, com uma charmosa menina sentada ao seu lado. Para seduzir? Ele adota um *look* de dançarino argentino, se maquiando com um espesso bigode preto.

Enquanto o sedutor proclama suas qualidades, o carro morre. Desembarca então um sedutor rival, elegantemente vestido de branco. E, claro, apesar dos protestos de meu pai, o rival leva a menina em seu carro, que logo desaparece no horizonte. O apaixonado abandonado fica só, comendo poeira.

Em um outro dos seus filmes, Jacques-Yves com prazer se coloca em cena no papel de um vil sedutor. Em um lago, a bordo de um barco, ele tenta convencer uma moça a segui-lo. Esta se recusa a fazê-lo, irrita-se, o empurra no lago e pluft! O sedutor cai na água e é o começo da descoberta do mundo submarino do comandante Cousteau!

Mais tarde, já jovem aprendiz de marinheiro, durante uma escala na Ásia, vai se dedicar com toda sua curiosidade a filmar os homens e as paisagens.

Jacques-Yves não esqueceu o desejo de voar que o assombrava quando criança. Ele pede sua transferência para a "aeronaval" e isso não será problema, pois essa disciplina está sob a tutela do Ministério da Marinha. Para completar sua formação de piloto, será transferido para a base da aviação marítima de Hourtin, na Gironda. Fora de questão, porém, renunciar à sua vocação de cineasta! É sempre com a câmera na mão que ele assiste a seus cursos e realiza seus exercícios de manobras aéreas. Eu me lembro, em Mônaco, os armários cheios de fotos aéreas datadas daquela época. Onde elas foram parar? Prefiro não me perguntar.

Seis meses de formação e logo Jacques-Yves Cousteau atingirá seu objetivo. Ele será aviador. Tinha certeza disso até que um acidente de carro acaba com seus sonhos. Era tarde naquela noite, quando ele voltava para casa. A chuva começava a cair. Ele fez um movimento errado? Ou um gesto equivocado ao ligar o limpador de pára-brisas? Sem dúvida! De repente, não havia mais bateria nem faróis. Na escuridão, o jovem motorista erra a curva, e o carro derrapa sobre o acostamento da estrada, antes de cair em uma canaleta.

O trânsito não era na época como o de hoje. Nem um único carro à vista capaz de lhe socorrer. Com bastante dificuldade, o jovem motorista arrasta-se até uma construção, onde pede ajuda. Ele é transportado para o hospital, onde os médicos identificam 27 faturas. Ele tem os ossos de um braço quebrado em pedaços, e o outro não está muito melhor. Alguns dias mais tarde, teme-se uma gangrena. O responsável é formal: é necessário amputar. Abalado com o diagnóstico, o jovem aspirante Cousteau não aceita essa fatalidade. Não! Ele se opõe à decisão do médico e se recusa a permitir a amputação. Submete-se a uma reeducação que não sabe se surtirá efeito. Apesar dos esforços que isso lhe exige, parece movido por uma vontade infalível. O futuro lhe dará razão, mas ele continuará a apresentar uma depressão no tórax. Além disso, deve aceitar que não pode mais ser piloto.

Ele é novamente transferido, agora para Toulon. Lá, passa muito tempo fazendo exercícios na água, a fim de adaptar-se ao uso de sua mão machucada e de seus braços. O ar não o quer mais? Não faz mal! O jovem tenente se move definitivamente para o mar.

Sorte nos encontros? Foi em uma festa bem "Navale" que ele cruza novamente com Simone Melchior, que não o havia esquecido desde o encontro em Kobe, alguns anos antes. Ele a convida para dançar. Encontra-se totalmente submetido ao charme dessa menina que já conta com uma personalidade própria. A paixão é recíproca. Os jovens se reencontram no dia seguinte, provavelmente, escondidos dos pais de Simone, vigilantes, como todos os pais da época.

Como o jovem aprendiz da marinha conseguiu forçar a porta dos Melchior que residiam na place des Ternes? Como ele conseguiu inserir-se em um meio burguês tão fechado? O amor possui todas as astúcias e todas as habilidades, sempre que se faz necessário suplantar obstáculos. O casal demonstrou isso rapidamente.

O casamento foi celebrado na igreja Saint-Louis-des-Invalides, em Paris. Um casamento muito convencional e parisiense. Recém-saída da adolescência, a noiva, de apenas 18 anos, é uma bela criatura de longos cabelos castanhos e um lindo sorriso. Suas qualidades e seu meio social permitirão a sua adoção sem restrições pelo mundo da marinha. A jovem noiva tem uma personalidade enérgica. É o mínimo que se pode esperar de uma mulher de marinheiro!

Os recém-casados saem da igreja sob o aço das espadas de jovens oficiais. A elegante recepção que se segue tem a presença de toda a comunidade militar de Paris. Algumas horas mais tarde, o jovem casal parte em viagem de núpcias.

Será a partir dessa primeira noite, em um vagão-leito que os levava para a Itália, ou ainda um pouco mais tarde, que eles imaginam tenha sido a minha concepção. Pelo menos era do que meu pai gostava de se gabar.

3
Nessa época...

Nessa época, meu pai era um jovem oficial da marinha, entre muitos. Na ocasião, essa união não inspirou às más línguas nenhum comentário rude. Casando-se com Simone Mechior, o aprendiz da marinha Jacques Cousteau fazia o que se costuma chamar de bom casamento – ninguém poderia questioná-lo –; tratava-se, antes de mais nada, de um casamento por amor.

Foi somente alguns anos mais tarde, quando o comandante Cousteau já havia atingido alguma notoriedade – sem falar celebridade –, que as almas "bem-intencionadas" começaram a insinuar que, casando com Simone Melchior, o ambicioso jovem oficial teria visto uma forma de penetrar no fechado meio dos negócios. Seu sogro não ocupava um posto privilegiado, suscetível de lhe abrir muitas portas?

É verdade, o posto de Henri Melchior permitiu a Jacques Cousteau, em várias ocasiões, ter algumas facilidades. Para começar, quando se tratou de ajustar e depois comercializar pela Air Liquide o famoso escafandro autônomo que mudará a relação do homem com o mar.

Interesseiro, meu pai? Não acho. Sobretudo, porque se tratava da mulher que ele amaria até o fim de sua vida. Mais tarde, seu comportamento poderia gerar dúvidas, depois que a mútua atração física entre eles veio a diminuir. Nada mais normal após tantos anos de casamento, do cotidiano e de seus dramas. Mesmo quando ele se torna uma espécie de mito, o comandante Cousteau continuará um homem, como qualquer outro, possuidor de suas fragilidades. Desse modo, ele, que sempre fora atormentado pelo desejo de seduzir, teve muita dificuldade em aceitar a velhice. Eu penso mesmo que ele nunca a tenha aceitado. O fato de mudar de parceira dava-lhe segurança sobre seu poder de sedução, apesar dos anos passados e do peso do tempo. Isso é bem banal. Nós, homens, somos seres frágeis! Basta que uma mulher, sobretudo se ela é jovem, mais jovem, nos diga o quanto nos acha bonitos, para que acreditemos em suas palavras! E nem mesmo por um segundo nos passa pela cabeça que essa admiração possa ser devido ao nome que carregamos ou à nossa fortuna. Sedutores nós nascemos e sedutores esperamos permanecer, sem jamais nos darmos conta dos anos que passam.

Na época de seu casamento, Jacques-Yves Cousteau podia estar seguro de seu poder de sedução. Ele era amado, segundo ele mesmo, por uma jovem que não esperava mais nada além de seu amor. E não poderia ser diferente. Simone Melchior tinha tudo. A juventude, a beleza, a inteligência, a educação, e todos os benefícios de seus privilégios. E, é claro, a isso é necessário acrescentar uma rara visão ampla do mundo, fruto dos anos passados no estrangeiro e das inúmeras viagens, em uma época em que estas eram reservadas às classes privilegiadas. Além do mais, ela tinha, se não uma imensa fortuna, muito dinheiro. Então? Era Amor, com "A" maiúsculo, a união dos dois.

Se Jacques era ambicioso, Simone não era menos ambiciosa, mas de forma diferente; ela alimentava um sonho que lhe seria impossível realizar sem a mediação do seu marido. Simone sonhava ser "marinheiro", sonhava navegar. Atavismo que ela tinha, provavelmente herdado dos homens do mar que foram seus ancestrais. Ainda criança, ela se imaginava um marinheiro em uma grande viagem. Isso não era, em nenhum caso, realizável para uma mulher de sua geração. Simone nasceu cedo demais!

Mas por que o amor e a ambição, juntos, não construiriam um bom lar? A ambição seria somente mais um ponto em comum! Então, era um casamento com amor? Sim. Isso é certo. Mas também era uma boa associação. Simone e JYC iam construir uma relação privilegiada onde cada um encontraria um benefício, ou coisa melhor.

No retorno da lua-de-mel, o jovem casal leva uma vida agradável, feliz e sem problemas, própria daqueles de sua idade.

Toulon é o porto do posto do tenente Cousteau. É uma cidade de contrastes, ao mesmo tempo suja e luminosa. É um porto no mar Mediterrâneo e, graças à presença da marinha, está sempre animado. Marinheiros – e também seu círculo de relações, mulheres e filhos –, estrangeiros, emigrados, que na época já atravessavam regularmente o mar Mediterrâneo para juntarem-se à família, classes populares e privilegiadas convivem naturalmente. Mas os graduados da Royale possuem o privilégio de poder tomar banho de mar no forte Saint-Louis, no Mourillon, enquanto os outros devem se contentar com as praias públicas da região.

O lugar chique é o La Royale, ponto de encontro privilegiado da marinha. Os oficiais que freqüentam o lugar sentem-se dotados de uma certa superioridade. Eles gozam do prazer de se jogar nas poltronas de couro e degustar seus aperitivos, tentando surpreender os presentes com seus relatos de viagens pelo mundo. Os outros, os não-graduados, não ousam sequer colocar os pés no La Royale.

Em compensação, no bairro do Mourillon, o clima é mais para amigável. Meu pai tinha o hábito de se lembrar de uma boate quando se referia àquela época. Chamava-se La Corniche e era um prédio baixo, na esquina de duas ruas que convergiam em direção ao mar. Na frente, via-se o charmoso e pequeno porto de Saint-Louis, onde se destacava o forte com o mesmo nome. Esse porto era o lugar adotado, ou melhor, o lugar de encontros dos jovens oficiais. Filhos de oficiais, jovens e menos jovens marinheiros, eles precisavam mostrar que pertenciam à marinha. Do forte Saint-Luis nadavam em *crawl* eficaz em direção ao fundo, cujo limite era geralmente a base flutuante que alcançam a fim de retomar o fôlego. Como se a travessia tivesse sido longa! Que importa se a base flutuante não fica muito longe! Ela é suficientemente distante para que os que ali aportam não se misturem com os marinheiros comuns. Os da Royale têm de marcar seu terreno e conservar seus privilégios.

No La Corniche, os jovens oficiais se encontram para beber um gole, no fim da tarde. Certos de serem recebidos de braços abertos pelas jovens da casa, com as quais eles tinham relações "que eu qualificaria de amigáveis", dizia meu pai sem faltar com a verdade e portando seu famoso sorriso sarcástico, que falava muito mais sobre o que ele realmente pensava.

Um embarque e, apenas seis meses mais tarde, não era raro que algumas das "amigas" dos jovens oficiais não comparecessem ao encontro no La Corniche. Às vezes eles as reencontravam, de forma inesperada, em recepções oficiais na prefeitura marítima ou em um navio. Uma ou outra dessas charmosas senhoritas chamadas de Lola ou Zaza recebiam convidados de forma bastante oficial, quando se transformavam em esposas de algum almirante ou médico geral. "De repente, tornavam-se dignas e respeitáveis – após terem sido tão respeitosas", não deixava de ironizar JYC.

Os jovens oficiais, alguns bem conhecidos por elas, cumprimentavam-nas "com meus respeitos madame...", com um piscar de olhos que muito dizia. Sobre este assunto eu me reservarei o direito de transcrever os comentários de Simone, que se expressava mais claramente sobre aquilo que se subentendia do sorriso irônico de seu marido.

Toulon é, portanto, o porto de Jacques-Yves, que se interessa agora pelo mar, esse elemento ao mesmo tempo tão longínquo e próximo. Nesse mar ele continua a fazer sua reeducação física, sempre necessária desde o acidente de carro.

Jacques é um marinheiro, então ele navega. Mas logo isso não lhe é suficiente. Ele é capturado pelo encanto de deslizar na água e progride com facilidade e prazer. Bem rapidamente, ele é seduzido pelas paisagens que começou a descobrir há somente alguns anos.

Eu ainda ouço seu tom impregnado de paixão e o revejo se animar quando contava o que havia visto pela primeira vez sob o mar. Uma incontestável fascinação pelo mundo submarino o dominava, naquela manhã de domingo do verão de 1936, no Mourillon, e assim descrito por ele no *Le monde du silence*[1] (O mundo do silêncio):

"Eu ajustava minha primeira máscara Fernez, emprestada por meu novo amigo Philippe Tailliez. Coloquei a cabeça na água e abri os olhos. Até esse momento, eu era um oficial canhoneiro da marinha, percorrendo os mares sem muito me preocupar com o que eles guardavam. Era um bom nadador, preocupado em aperfeiçoar meu *crawl*.

"O mar era antes de mais nada uma mistura salgada que me ardia os olhos, mas, desde a minha infância, como milhares de outros nadadores, eu gostava de mergulhar tateando e recolhendo pedregulhos e objetos brilhantes.

"O modesto espetáculo do fundo da praia de Mourillon foi uma revelação: ali, sob um metro de água, belos peixes prateados (eram espécies de tainhas) nadando entre pequenos rochedos sobre a areia cinza. Tirando o rosto da água, eu via um bonde, postes telegráficos, pessoas de chapéu... Depois, colocando a cabeça na água, toda essa civilização desaparecia. Eu me encontrava em uma selva pontuada de nadadores decapitados...

"Às vezes, um minúsculo acontecimento pode abalar o curso de nossa vida, se temos a sorte de tomarmos consciência, de afastar sem hesitação o modo de vida anterior e de nos precipitar no novo. Foi o que me aconteceu nesse dia de verão no Mourillon, quando meus olhos se abriram para ao mar".

O tenente Cousteau acabava de ser dominado por um tipo de poção mágica, cujo efeito não passaria nunca mais. Rapidamente, ele arrastaria consigo várias pessoas de seu convívio. E também milhões de homens para os quais abriria as portas do sonho. Ele

---

[1] Jacques-Yves Cousteau e Frédéric Dumas, *Le monde du silence,* Éditions de Paris, 1956.

ainda não sabia, mas o oficial canhoneiro já começava a dar lugar ao oceanógrafo...

Logo, com a instalação completa do casal em Toulon, minha mãe começou a colaborar com o marido e seu grupo. Ao seu modo, claro... Todo domingo, Simone, descendente de marinheiros e jovem esposa carinhosa que era, acompanhava na praia e seguia pela água o pequeno grupo de oficiais da marinha. Iam animados e motivados pela mesma curiosidade, parceiros na paixão por esta surpreendente disciplina que é o mergulho submarino. Eles não supunham que essa paixão, que parecia discreta, os levaria tão longe.

Estranho, mas sólido trio que se formou da união inseparável entre estes três rapazes, logo batizado por seus próximos de "mosqueteiros-marinhos". Em torno de meu pai havia Philippe Tailliez, que também era oficial da marinha, e o irmão dele, alguns anos mais velho. Seu amigo Frédéric Dumas, apelidado de "Didi", tinha a reputação de fazer pescas quase miraculosas em Sanary, situada a quinze quilômetros de Toulon e que ainda não era uma vila de pescadores.

Em seguida, meus pais mudam-se para a não muito distante e charmosa cidadezinha de Bandol. É um pequeno porto chique que se gaba em atrair uma população privilegiada, graças a uma avenida beira-mar margeada por butiques e cafés com terraços acolhedores. O cassino, um grande prédio na beira do mar, tem a forma e a cor de uma confeitaria de primeira comunhão.

O jovem casal Cousteau instala-se em uma bonita casa, a vila Barry, onde seus amigos são sempre calorosamente acolhidos.

Nessa época, mais do que sair para ir a restaurantes, dava-se preferência em receber os convidados em casa. As festas eram sucedidas por outras festas. Uma noite na casa de um, o dia seguinte na casa de outro. Festeiros por temperamento, meus pais não escapavam à regra. Eles abriam sempre as portas de sua casa para seus amigos e conhecidos. Na vila Barry, as noites eram alegres, generosamente regadas de vinhos de Bandol, que mesmo ainda não sendo classificados como *crus classés*, eram muito apreciados.

Recepções? Simone as conhecia bem. Seus pais freqüentemente recebiam convidados e sempre de forma suntuosa. Quando ela era criança, ainda muito jovem para participar, ela os observava escondida, de longe. Desses tempos ainda guarda na memória a agitação que dominava a casa, os empregados que corriam de um lado para o outro, os móveis que se arrastavam, ou, ainda, os vestidos de sua mãe. A camareira os arrumava lado a lado, para que a senhora pudesse escolher qual vestiria na ocasião. Essa era uma decisão importante, que, às vezes, requeria horas de reflexão! Marguerite Melchior, Guitte para os mais íntimos, era tida como uma das mais belas e também elegantes mulheres da colônia francesa, quando residia no Japão. Ela era tudo isso e muito mais: tinha um caráter cáustico e uma voz encantadora; Guitte seduzia todos aqueles que se aproximavam.

Eu, o neto, também não escapava de seu poder de sedução. Era fascinado por minha avó, que foi, certamente, a primeira mulher pela qual me "apaixonei". Ela tinha charme, brio e também um delicado pudor. Entretanto, no final de sua vida, acometida de um câncer no estômago e depois na garganta – que, segundo ela, estragava seu lindo rosto –, Guitte teve a delicadeza de dissimulá-lo sob um lenço, para poupar aqueles que a vinham visitar. Eu era louco por ela. Sem dúvida, procurei, em vão, um pouco de Guitte em algumas mulheres que amei. Ajoelhado na beira de sua cama, eu lhe segurava a mão e, como teria feito um jovem apaixonado, murmurava:

– Vovó, você é a mulher mais linda do mundo.

Ela sofria muito. Sua dor a impedia de falar, de me responder. Eu, em meu desamparo, olhava as grandes lágrimas que desciam por seu rosto aveludado.

Provavelmente Simone também era fascinada pelo que representava a mãe, com sua beleza e personalidade. Porém, rapidamente ela se auto-afirmou, tornando-se bem diferente e sem invejar em nada sua mãe, revelando uma personalidade fora do comum. O futuro dos acontecimentos e a forma de apreender a vida iriam confirmá-lo mais tarde.

Em Sanary, perto de Bandol, os Cousteau estão morando agora na vila Reine, especialmente requisitada pela marinha. Os amigos a freqüentam em grande número. JYC adora recebê-los. Simone também, mas de forma bem menos convencional e protocolar do que fazia sua mãe. Na casa de Simone, os homens são sempre maioria. Ela prefere a companhia dos homens às mulheres e não esconde isso. Muitos deles são jovens oficiais ainda solteiros e, mesmo quando casados, é raro que suas esposas – ocupadas com os filhos – os acompanhe. Essa é, sem dúvida, uma das razões pelas quais Simone é quase sempre a única mulher presente nos mergulhos dominicais. E como não quer ser considerada diferente, adota rapidamente o comportamento brusco e o linguajar direto daqueles que navegam. Mesmo tendo sido criada pela burguesia mais rigorosa e mais requintada, minha mãe não tinha nenhuma dificuldade em empregar o vocabulário de um marinheiro que tivesse passado toda sua vida sobre um convés de barco.

Eis que uma sombra se esgueira nessa vida fácil e alegre. Apenas algumas semanas após a cerimônia nos Invalides e a recepção social que se segue, no momento em que Simone começava a se sentir na condição de jovem esposa, tem um mal estar. Começa então a sentir vertigens e náuseas matinais constantes. Tinha, no entanto, uma ótima saúde. Logo, foi necessário aceitar as evidências: ela estava grávida. Tão pouco tempo após o casamento! Não acho que isso lhe tenha sido agradável. Essa gravidez não era certamente desejada, ao menos não assim tão rapidamente. Mas a pílula ainda não existia e Simone juntou-se ao grupo de mães que ainda não tinham vontade de sê-lo. Uma situação bem corriqueira na época. Eu não poderia, no entanto, sentir alguma mágoa ou sentir-me rejeitado. Sua reação era normal, essa gravidez era realmente antecipada, sobretudo se tendo em conta a pouca idade da futura mamãe. A falta de experiência, sua fome e curiosidade pela vida também não a incitavam a ser mãe tão rapidamente, ainda mais que ainda não tinha satisfeito seu prazer em seduzir seu marido – a quem via como uma espécie de deus. Não seria fácil para ela ter a barriga proeminente e suportar as desagradáveis náuseas. Mas o que fazer diante de uma criança que não se anuncia, mesmo quando não a desejamos? Simone contentou-se, então, em me esperar, mas manifestando sua impaciência entre uma náusea e outra.

Acho que posso afirmar que meu pai teve um outro tipo de olhar sobre esse acontecimento. Para ele, essa espera não mudaria em nada sua vida, suas ocupações e muito menos seus mergulhos. Pode-se supor que ele tenha ficado feliz e sentido um orgulho masculino. Além disso, via somente vantagens nesse nascimento vindouro. O recém-nascido seria ao menos uma companhia para sua jovem esposa, que freqüentemente se sentia só quando ele ia para o mar!

Eu nasci menos de dez meses depois do casamento de meus pais. Talvez eu tenha mesmo sido concebido no vagão-leito, naquela noite das núpcias. Meu pai, que sempre considerou esse nascimento como uma peripécia, tinha prazer em contá-lo tal como sua imaginação o via. Não acho, porém, que meu nascimento tenha acontecido de acordo com sua versão. Enquanto mamãe permanecia deitada sobre a mesa da cozinha – por que a mesa da cozinha? –, meu pai teria se preparado para ajudar afiando grandes facas que segurava nas mãos. Deus, obrigado por ele não as ter utilizado! Mas se era pouco dotado de senso prático, o jovem pai não era menos dotado de um certo romantismo. Assim que pôde me escutar dar os primeiros gritos, que o aliviaram em relação ao estado da mãe e do bebê, vestiu o uniforme oficial da Royale para comemorar, como convinha, minha estréia na vida. O uniforme era branco, suponho, tendo em vista a estação. Depois, com uma garrafa de champanhe na mão, ele viria felicitar sua esposa, para festejar com ela o evento. A imagem me agrada.

4
Pobre Simone

Pobre jovem Simone! Seu futuro estaria agora comprometido por este primeiro "invasor"? Com certeza, esse não era o seu desejo. Mal teve tempo de me amamentar – e assim o fez –, me desmamar e logo voltar às suas atividades: participar de alguns mergulhos submarinos e apoiar seu marido que lançava suas primeiras invenções, mas logo seria mamãe de novo.

Meu irmão, Philippe, nasceu no dia 30 de dezembro de 1940. Também sobre a mesa da cozinha, se é que podemos acreditar em meu pai. Era a mesma mesa, porém outra cozinha, pois meus pais tinham se mudado durante os dois nascimentos.

Sem dúvida, Simone passou muito rápido do estado de menina para o estado de jovem mãe. Ontem ainda ela era quase uma garota – as jovens de 17 anos em 1937 eram menos prevenidas e calejadas sobre as coisas da vida do que as de hoje. Não há mesmo como comparar.

Quatro anos mais tarde, com 21 anos, ali estava ela com dois menininhos. Esses, fisicamente muito diferentes entre si, tinham o mesmo temperamento. Eu, o primogênito, Jean-Michel, logo sob o efeito da magia e do carinho maternais me tornei Jean-Mine. Eu seria, nos dizeres familiares, "um verdadeiro Cousteau": tenho a silhueta longilínea, bem próxima da magreza, e o contorno aquilino, quer dizer: o famoso nariz Cousteau. Mais robusto, Philippe seria mais "um Melchior", de quem herdou, entre outras coisas, um nariz um pouco largo e achatado. Quando éramos crianças, sua "batata" lhe valera durante muito tempo chacotas e injúrias da parte de nossos primos, Françoise e Jean-Pierre.

Como para muitas outras pessoas, o ano de 1940 foi desconcertante para o casal Cousteau. O período é instável. No dia 22 de junho, em Rethondes, o armistício foi assinado, dividindo a França em duas: o norte e a costa atlântica fazem parte da "zona ocupada", em oposição à "zona livre".

Zona livre... Bem, isso não significava que não tivéssemos que nos alimentar! É por isso que, paradoxalmente, a chegada de Philippe foi logo considerada por meus pais uma conveniência. Alguns anos mais tarde, minha mãe ainda se divertia contando como, graças aos seus suntuosos seios de gestante de sua nova maternidade, ela pôde alimentar "copiosamente" os dois meninos.

– Eu colocava cada um de vocês sobre um joelho. Philippe se alimentava no esquerdo e Jean-Mine, o maior, no direito. Em um mesmo abraço, jovens gulosos que vocês eram, pegavam imediatamente com suas pequenas mãos um de meus seios, e mamavam avidamente. Por sorte sempre ouve bastante leite para vocês dois.

Suponho que o fato de ter sido alimentado ao mesmo tempo e da mesma forma que meu irmão evitou que eu tivesse ciúmes, como acontece geralmente aos primogênitos em relação ao recém-nascido.

Com a guerra declarada, a Alemanha invade a Bélgica que logo capitula, enquanto cabe aos Aliados retirar-se para Dunkerque. Em junho, os alemães entram em Paris, o que leva Pétain[1] a pedir o armistício. O dia 3 de julho foi marcado pela tragédia de Mers el-

[1] Henri Philippe Benoni Omer Joseph Pétain, mais conhecido como Marechal Pétain, foi um militar francês e líder do governo fantoche instalado na França pelos nazistas durante a ocupação. (N. T.)

Kébir[2], da qual meu pai, felizmente, não participou. Uma vez posto na reserva pela marinha, ele não mais foi considerado um oficial da Navale. Continuava, porém, a trabalhar na contra-espionagem. Minha mãe sabia de suas atividades? Sim, evidentemente. Ela supunha ao menos, mas jamais se falava abertamente sobre essas coisas. O jovem casal morava em Marselha em um apartamento que, embora tivesse uma bela vista, logo se tornou apertado, agora que havia duas crianças na casa.

Vivíamos realmente uns sobre os outros. Simone, que não tinha uma personalidade reivindicativa, se queixava diariamente. Jacques-Yves também. Estávamos sempre entre suas pernas – nossas camas eram praticamente grudadas à deles – e nossos pais não tinham nenhuma intimidade. Mas como encontrar um apartamento maior na superpovoada Marselha da época? Em plena guerra, e tendo como fonte de recursos um salário de oficial para sustentar quatro pessoas, não era fácil. Evidentemente os boatos corriam... Requisitavam-se os bens dos judeus, principalmente os apartamentos... Será por isso que meu pai se deixou levar, ou pior, escrever certas coisas de gosto, no mínimo, duvidoso? Não posso negar que anos mais tarde acabei lendo uma carta na imprensa que o rotulava de anti-semita. Sobre esse assunto, poderíamos perguntar: de que forma ou por qual expediente essa famosa carta teria caído em mãos diferentes das de seu verdadeiro destinatário, e em uma mesa de redação? Anti-semita, ele? Nunca, durante os numerosos anos passados juntos, ouvi JYC pronunciar a menor palavra que pudesse fazer supor uma opinião como essa. Além disso, afora o que dizia respeito à natureza e ao que comprometia o futuro do planeta, meu pai não era "anti-nada". Somente se interessava pelos projetos que tentava realizar.

Em 1942, o tenente Cousteau estava à espera de uma transferência para Lisboa, onde a marinha se propunha a enviá-lo como adido

[2] Nesta data, a marinha britânica bombardeia e destrói a frota francesa estacionada em Mers-el-Kébir, na Argélia, francesa na época, matando 1 300 marinheiros franceses. (N. T.)

naval adjunto. Ele deveria mais prosaicamente servir de agente de ligação com Londres. Um ataque aéreo, porém, acaba decidindo as coisas de outra forma. Na noite de 27 de novembro de 1942 – não havia mais zona livre, desde que a Wehrmacht[3] tinha cruzado a linha de demarcação para ocupar a maior parte do território nacional – a marinha francesa escolhe, então, sabotar sua frota para impedir que caísse nas mãos dos alemães. Foi um duro golpe para os homens do mar, e para meu pai em particular! Ele havia avisado, mas não foi escutado. A sabotagem da frota francesa poderia ter sido evitada se as autoridades da época tivessem tomado conhecimento dos relatórios e da opinião de meu pai. Mesmo profundamente decepcionado, ofendido, ele continuou com suas atividades secretas, das quais ninguém falava. Talvez por desconfiança ou prudência...

Suas "atividades" valeram ao tenente Cousteau, alguns anos mais tarde, em 1946, a nomeação de "Cavaleiro da Legião de Honra, pelos eminentes serviços realizados durante a guerra". Essa nomeação, acompanhada pela Cruz de Guerra "com palmas" de honraria, foi publicada no *Journal Officiel* de 20 de abril de 1946.

Portanto, não era mais possível ser nomeado para Lisboa. Teve que permanecer em Marselha, onde seguira com suas atividades clandestinas sob a cobertura de mergulhador submarino. Um bom álibi. O oficial Jacques-Yves Cousteau, que não era homem de se deixar manipular, escolhe então mudar de rumo.

"Foi assim que eu me tornei explorador submarino", dizia no único comentário que se permitia fazer alguns anos mais tarde. Isso não o impedia de se perguntar: "Em Lisboa será que eu teria esquecido a vontade de fazer exploração submarina? Ou teria simplesmente mudado de mar?" O Atlântico no lugar do mar Mediterrâneo.

A curiosidade permanecia, assim como a paixão pela aventura que ele continuava a viver com seus inseparáveis amigos Tailliez e

[3] Em alemão no original, nome do exército alemão de 1935 a 1945, que significa Força de Defesa. (N. T.)

Dumas. De Marselha a Mônaco, os "mosqueteiros do mar" exploravam a costa. Tais como garotos curiosos e inventivos, testavam os diferentes aparelhos que fabricavam de forma artesanal, em função de suas necessidades.

Nessa época, sem dúvida, a pesca submarina estava muito em voga, pois era um exercício novo para a maioria dos mergulhadores – amadores ou não. E meu pai, mesmo que mais tarde tenha se tornado um grande defensor da fauna e da flora submarinas, não se privava de perseguir peixes e lagostas até seus refúgios mais escondidos. Quanto ao seu amigo Didi, ele se gabava de pescar até trinta quilos de peixe em uma só manhã. A pesca submarina foi a origem da cumplicidade entre os "mosqueteiros do mar", como conta Philippe Tailliez:

"Encarregado em Toulon neste ano *(verão de 1937)*, devido a um curso de armas submarinas a bordo do *Condorcet*, eu havia visto embarcar no velho encouraçado o aprendiz de marinha Cousteau [...] A amizade nasceu entre nós. Eu não sei o que ela seria sem o mar, pois os homens não encontram nunca força e riquezas suficientes para permanecerem unidos. Ela nasceu em torno de um piano velho, dentro do navio. Fabricávamos fuzis submarinos e o piano servia de alvo. Cada um de nós o flechava durante a sua vez. A cada golpe, as cordas ressoavam de forma melodiosa e cheia de charme. Dávamos, então, gritos selvagens.

"Havíamos levantado âncoras em esquadra de um submarino. Durante os anos de 1937 a 1939, estávamos entre as forças do Mediterrâneo, creio que seria inútil ter navios, ou cruzadores, mas nelas alguns oficiais fanáticos fabricavam em surdina armas rudimentares para atacar os inimigos... Se o piano era o laboratório, a prova de fogo era no mar, onde nós descíamos com um prazer inesgotável"[4].

Philipe Tailliez exprime sua idéia, que talvez tivesse em comum com meu pai: "A maravilha não era somente a fauna, confiante, em torno de nós, mas um mundo novo que nos era necessário apreender com todos os nossos sentidos".

[4] Philippe Tailliez, *Plongées sans câbles*, Édisud, Aix-en-Provence, 1998.

Hoje, tudo isso parece normal. Mas, não faz muito tempo, o mar era um meio hostil e desconhecido. Nunca ninguém havia ainda tentado captá-lo "com todos os seus sentidos", como Jacques-Yves Cousteau e seus amigos. A fórmula é bonita, e meu pai dedicou sua vida a ela. Ele não se dava nunca por vencido diante daqueles que tentavam lhe mostrar as dificuldades da realização de seu sonho. Respondia que nada era impossível. Queria que o homem pudesse viver sob o mar e lá evoluir com o mesmo conforto, facilidade e comodidade que na terra, para quem sabe talvez encontrar uma melhor qualidade de vida. Essa vontade, essa determinação foi sempre sua primeira força.

Desde que o clima permitisse – não há, por assim dizer, inverno no Midi[5] – os jovens aventureiros calçavam seus pés-de-pato, colocam suas máscaras e se punham a mergulhar e a realizar a caça submarina. Contrariamente às outras esposas, Simone nunca hesitava em acompanhá-los. E não tardou muito em levar os dois meninos com ela.

Jacques-Yves aproveita seu tempo para mergulhar e rodar seus filmes. Havia titubeado na juventude entre as profissões de marinheiro, cineasta e médico. Pois bem, tendo escolhido a marinha, continuou apaixonado pelo cinema. Pelo menos, realizou duas de suas ambições e quase a terceira... Ele não estudou detalhadamente a "fisiologia do mergulho"? Isso lhe possibilitou muitos avanços em suas pesquisas e já é um passo para a medicina... Do mergulho, pelo menos. Muito mais tarde, pouco antes de sua morte, sem nunca ter renunciado a nada do que desejou, dizia a quem quisesse ouvir:

– Agora que eu tenho um pouco de tempo para mim, vou estudar medicina. Como os velhos começam a tremer, eu farei cirurgias de cérebros.

Para ilustrar suas propostas, ele fazia tremer seus braços.

[5] Região próxima ao Mediterrâneo da França. (N. T.)

– Isso vai funcionar muito bem, acrescentava ele com seu grande sorriso sarcástico.

Assim, esse homem atingiu todos os objetivos que se propôs. Digo isso sem amargura, mas com uma ponta de nostalgia. Esse já não é meu caso. Eu sempre quis ser mergulhador e sou. Se eu tivesse desejado ser agricultor, ainda seria possível, mesmo que as terras fossem cada vez mais raras. Sonhei em ser também astronauta... Nessa área, minhas chances diminuem a cada dia. Diria inclusive que estão reduzidas a zero, admito. Apesar de estar em boa forma e possuir um sólido treinamento físico, estou velho demais. Posso me consolar e ainda sonhar, dizendo-me que nada ainda está perdido, evocando um filme feito por Clint Eastwood, onde alguns "papais" lançados ao espaço efetuam uma missão delicada e perigosa demais para ser entregue aos jovens. Esse filme, *Cowboys do espaço* (*Space cowboys*), foi um sucesso. Mas isso é cinema e eu não sou Clint Eastwood!

Ainda admiro meu pai por ter, em sua vida, conseguido tudo o que quis, e talvez ainda mais...

No entanto, na época – como mais tarde e sempre – o que fez não era suficiente. Como gostava de mergulhar, o espírito curioso e inventivo que possuía procurava melhorar também as condições de mergulho. Seu sogro lhe falou de um engenheiro que trabalhava para a empresa Air Liquide. A gasolina era rara naquele período de guerra e Émile Gagnan ajustou um aparelho regulador de pressão movido a gasogênio, que podia ser movido a querosene para os motores dos automóveis. Isso parecia interessante para o homem do mar! Com seu espírito visionário, encontrou uma possibilidade: "E se adaptássemos este aparelho à respiração do homem? Isto permitiria ficar um certo tempo no mar".

Ele vai a Paris especialmente para encontrar Gagnan, que, claro, Henri Melchior lhe apresenta na sede da empresa. Cousteau se entusiasma e expõe seu sonho para Gagnan que o escuta, perplexo. A água não é seu elemento, e ainda acha a idéia um tanto estranha, querer mergulhar sem obstáculos... Por que não deixar o mar para os peixes? Mas Cousteau está mesmo convencido sobre a possibilidade de realizar o que parecia irrealizável. Eis uma das características marcantes de meu pai: quando encasquetava com uma coisa, nada podia detê-lo.

Gagnan sacode a cabeça, mostrando uma expressão cética, mas logo se deixa convencer. Após tudo, por que não? Engenheiro astucioso, imaginativo e realizador, Gagnan compreende rapidamente o desejo de seu interlocutor: respirar sob a água como se fosse na terra, sem incômodo, nem aparelhagem pesada. O desafio instigou seu talento de inventor. Cousteau explicou-lhe rapidamente o que não queria e porquê. Ele não desprezava as qualidades do escafandro semi-independente descrito por Jules Verne em seu *Vinte mil léguas submarinas*, inventado e fabricado por Rouquayrol e Denayrouze, depois, anos mais tarde, ajustado pelo comandante Yves Le Prieur. Tinha grande admiração por esses homens, e também havia testado seu material. Mas ele não conhece limites e quer algo melhor, recusando-se a mergulhar sob o mar, abarrotado, com um escafandro pesado, freios de chumbo, ligado à terra por um tubo para poder respirar. Não: quer nadar sob a água, com toda liberdade, e poder se maravilhar com as paisagens submarinas. Ou seja, ele quer se mover no meio dos peixes, como se fosse um deles.

A "loucura" de Cousteau é contagiosa: Gagnan também se entusiasma com o jogo. Depois de tudo isso, por que é que ele não poderia adaptar seu aparelho ao homem e à água?... Bastavam algumas modificações. Gagnan conseguiu realizar um aparelho quase do jeito que Cousteau estava imaginando; os dois colegas se apressam em experimentá-lo em seu novo elemento. Como Rouquayrol e Denayrouze, assim como Le Prieur, Cousteau e Gagnan fazem o ensaio em água doce!

Em nossos sonhos, a água é azul ou turquesa, sempre límpida, recobrindo fundos desconhecidos, variados e acidentados. Ela "dança ao lado de golfinhos claros", como cantava Charles Trenet com humor e poesia. Ao contrário dos "golfinhos claros", os dois companheiros tiveram que se contentar com as águas turvas do Marne[6], a alguns quilômetros de Paris. E ainda para isso é necessário se beneficiar de uma espécie de "vantagem". Paris e suas proximidades pertenciam à zona ocupada. Não se podia ir e vir a bel-prazer. É preciso obter um *laissez-passer*[7] das autoridades alemãs. Contrariando suas convicções pessoais e divergências, Jacques-Yves Cousteau não hesitou em contatar seu irmão. Por suas simpatias não-dissimuladas pelo governo de Vichy e sua participação no jornal colaboracionista *Je suis partout*, Pierre-Antoine não teve nenhuma dificuldade em conseguir o passe solicitado.

Outro traço marcante da personalidade de meu pai. Todos os meios são bons para chegar aos seus objetivos e não hesita diante de nada. Pode-se pensar que essa é uma forma de fraqueza. Mas não. Por possuir extrema habilidade intelectual, capaz de dar mil voltas e piruetas, o comandante vence os obstáculos e, movido por uma vontade selvagem de vencer, faz qualquer pessoa incômoda transformar-se em aliada. A falha torna-se então uma força.

No serviço secreto, não hesitou em arriscar sua vida para proteger seu país da invasão inimiga, demonstrando grande intransigência. Ao mesmo tempo, não hesita em recorrer ao seu irmão, de quem não aprova idéias nem engajamentos. O mesmo aconteceria quando, no futuro, veste o uniforme da marinha francesa para, contrariando a todos, testemunhar em favor de seu irmão:

"É meu irmão, eu o conheço", afirma com voz segura, "ele não pode ter feito nada de mal".

E, no entanto...

Nascido em 1906, Pierre-Antoine era, dos quatro filhos, seu irmão mais velho. Desde o nascimento, notava-se que os dois não tinham nada em comum, a não ser o olhar cinza-azulado. O primo-

[6] Rio Marne, nas proximidades de Paris. (N. T.)

[7] Permissão de entrada e saída. (N. T.)

gênito não é grande – mede 1,72 metro –, sua fisionomia é mais para redonda. O "menor" logo ultrapassa 1,80 mctro c cxibc uma silhueta fina.

Apesar disso, têm em comum a inteligência e uma certa forma de indolência. De Pierre-Antoine, seus professores não hesitam em dizer que tem tanta facilidade "que nem se preocupa em utilizá-la". Quem ousaria, então, reprovar as indecisões de um jovem suficientemente dotado para ter escolhas?

Os dois tiveram a mesma educação; entretanto, os caminhos divergiram rapidamente, apesar da pouca diferença de idade. Assim, quatro anos de diferença valeram para Pierre-Antoine como uma tomada de consciência sobre a realidade da vida antes de Jacques-Yves. Vestibulando aos 17 anos, com um futuro promissor, o neto do farmacêutico de Saint-André-de-Cubzac não hesitou em parar os estudos, com mais facilidade que seus pais, que também não se opuseram à decisão. Logo o jovem é empregado em uma empresa de importação-exportação, e suas "responsabilidades" se limitam a contar os selos postais! Sem dúvida frustrado, adianta-se à convocação e alista-se no exército, apesar da onda anti-militarista em que a França se via submersa. Transferido para o serviço meteorológico de Saint-Cry-l'École, sairá do exército em 1927, porém como cabo, que nada oferece aos reformados. O que fazer? Não tem nenhuma idéia. Ele, então, esperando que uma escolha se imponha, acaba viajando.

Espanha, Estados Unidos, Nova York... Como qualquer estudante de hoje em dia, Pierre-Antoine tira um ano sabático. Conhece muitas pessoas, mas volta para a França após a queda da bolsa de 1929, pensativo, confuso... E acaba tomando um rumo desconcertante, talvez até mesmo contestável.

Militante de extrema esquerda nos seus anos de adolescência, Pierre-Antoine Cousteau seria, alguns anos mais tarde, um fanático adepto de Hitler e de seu regime. Pode-se explicar essa reviravolta? Não pretendo aqui julgar, mas pode-se dizer que ele talvez tomado o partido do mal.

5
Explode a guerra

A guerra explodia e, apesar da felicidade que ele sentia de estarmos ao seu lado, o aprendiz da marinha Cousteau não imaginava ter que deixar mulher e filhos na região ocupada pelo inimigo, onde, para alimentar a família, era preciso astúcia, negociações e bons relacionamentos. Tantas formas de compromisso aos quais ele nunca se submeteria. Além disso, o desembarque dos Aliados na região da Provence parecia inevitável, agora que eles subiam ao longo da Itália, vindos da Sicília...

Jacques-Yves decidiu, então, que devíamos partir os três para a montanha, perto de Megève, onde havia providenciado uma casinha. Savoie[1] era um lugar de concentração da resistência. Certamente ele tinha contatos e a certeza de que estaríamos seguros.

No começo daquele ano de 1943, Megève não tinha nada a ver com a Megève de hoje. No dia 8 de março, um decreto do governo de Vichy havia decidido fechar a estação. A conhecida capital do esqui ficou esquecida pelo dinheiro e pelos milionários, como os Rothschild e uma certa baronesa que faziam a fama do pequeno vilarejo montanhês, situado entre Val-d'Arly e a bacia de Sallanches.

Pela vontade dessa mulher, caprichosa e poderosa, apaixonada pelo lugar, a montanha, que servia de pasto para as vacas, tornar-se-ia

[1] Região montanhosa francesa nos Alpes, na fronteira com a Suíca. (N. T.)

logo uma das maiores áreas de esqui da França. O rústico vilarejo se transformaria em um lugar esnobe, aonde as pessoas iriam para serem vistas!

Mas que se dane o dinheiro e o esnobismo. Em 1943, quando Philippe e eu nos mudamos para lá com nossa mãe, Megève tinha se tornado um calmo vilarejo, que havia reencontrado sua vocação primeira. Os "montanheses" haviam retomado o próprio lugar. Se a região estava "ocupada" era, sobretudo, por caçadores alpinos italianos, cujos chapéus enfeitados com uma grande pena curva nos faziam rir quando cruzávamos com um deles.

Quando chegamos em Megève, não conhecíamos ninguém. Mas graças à capacidade de adaptação espontânea de Simone, logo fizemos numerosos amigos, dos quais alguns permanecem até hoje.

Assim, foi em Megève que Marcel e Gaby Ichac tornaram-se inseparáveis do casal Cousteau. Essa sólida amizade resultaria em uma colaboração regular entre os dois homens. Mais tarde, Marcel Ichac, já célebre por ter filmado Maurice Herzog fincando a bandeira francesa em 1950 no pico Annapurna, rodaria muitos filmes com Cousteau.

Eu era certamente muito jovem para ter consciência das belezas da montanha; no entanto, não era insensível. Eu, que tinha nascido em Toulon, da união entre dois "marinheiros" – ela mais do que ele – que possuíam nas veias a água do mar. De qualquer maneira, guardei intacta a lembrança do tempo passado em Megève. Gostei bastante daquela pequena cidade, cujo coração era a praça da igreja. Lá, minha mãe encontrou para papear os amigos que soube cultivar com aquele calor humano que lhe era peculiar.

Até aquele momento, os adultos conversavam entre eles, provavelmente sob uma aparência despreocupada, assuntos importantes e sérios. Nós, crianças, esquecendo que a França estava em guerra, e sem saber muito bem o que isso significava, ficávamos fascinados pelos trenós atrelados a cavalos, em torno dos quais circulávamos. Hoje ainda podemos vê-los na mesma praça da igreja, mas já perderam sua função utilitária. Na época, os trenós não levavam folcloricamente turistas para passear, mas transportavam montanheses, animais e forragem... E, sem dúvida, também os habitantes, mas isso nós não sabíamos.

Essa época de liberdade e passeios na montanha foi maravilhosa. Vivíamos conforme nosso humor e desejo, pois minha mãe não achava útil mandar-nos para a escola. "Veremos mais adiante...", dizia ela, livrando-se da pergunta facilmente.

Alguns meses mais tarde, minha avó paterna juntou-se a nós. Veio acompanhada de nossos primos Jean-Pierre e Françoise, os filhos de Pierre-Antoine, aos quais ela dava aula toda manhã "para que eles não fiquem atrasados na escola". Philippe e eu não assistíamos, e Mutti nunca fez nenhum comentário!

Sempre cúmplices, sobre a neve de inverno ou na grama de verão, Philippe, Jean-Pierre e eu logo nos distinguimos pela habilidade em dirigir um *luge*[2]. Françoise também não tinha motivo para nos invejar: era mais rápida, embora nosso orgulho se recusasse a admiti-lo! Um pouco mais velha que nós, ela era muito mais ajuizada que os três primos espevitados. Pobre Françoise, não devia ser sempre fácil para ela ser a única menina da turma! Sempre havia muitas risadas, machucados, joelhos raspados e roupas rasgadas!

Enquanto nossos primos tinham aulas, Philippe e eu, felizes por sermos úteis, íamos aos fornecedores de alimentos. Nessa época, não havia pão nas padarias de Megève. Íamos às fazendas para comprar batatas, que os substituíam muito bem. Bastava cortá-las em fatias finas, em sentido longitudinal, antes de assá-las no forno, onde se desidratavam até se tornarem como *chips* caseiras. Eram saboreadas com manteiga, presunto, queijo e ovos... Pelo menos não faltavam ovos...

[2] Pequeno trenó. (N. T.)

Ah, os ovos... Enquanto Françoise gaguejava estudando sob a tutela de Mutti, Jean-Pierre, meu irmão e eu corríamos pela montanha. Simone confiava em nós – eu me pergunto por quais motivos... – a ponto de nos dar a importante missão de buscar mantimentos em uma fazenda, onde os camponeses nos vendiam o necessário para alimentar a família. Nossa mãe sempre nos via sair, como que para ter segurança, e não sem fazer mil recomendações antes. Com um olhar inocente, prometíamos tudo o que quisesse. Sim, nós seríamos bons garotos! Claro, nós não brigaríamos. Cuidaríamos dos ovos... E outras promessas que tínhamos a intenção de cumprir. Na ida, tudo corria bem. Caminhávamos tranqüilamente e sem brigas ou disputas para ver quem chegaria primeiro. Vai saber por quê? Seria por que o caminho de volta fosse difícil e instigava nossa rivalidade?

Que nossa pequena cesta estivesse cheia de ovos – um pequeno tesouro na época! – em nada nos impedia de sentir a imperativa necessidade de escorregarmos de *luge*, excelente esporte e meio de transporte rápido e eficaz. Tudo dependia do terreno, e não da estação do ano como se poderia supor. Inverno ou verão? Isso nos era totalmente indiferente, pois nosso prazer era o mesmo. Grama bem verde ou neve bem branca? Nenhum problema: causava sempre sensações muito fortes! Jean-Pierre, Philippe e eu tínhamos sempre a mesma motivação: chegar antes. Por fim, dava para prever, acabamos quebrando a cara! Isso não teria tido conseqüências se não tivéssemos quebrado, na mesma queda, os ovos com que minha mãe prepararia a comida. Nossa excitação e nossos risos se acalmaram quando nos aproximamos de casa. Estávamos levando ovos, claro, mas sem a menor possibilidade de se fazer uma omelete, mesmo que já estivessem quase todos batidos!

Não demoraria para sermos, por nossa vez, também "batidos". Simone, louca de raiva, deu em cada um uma boa palmada antes de nos fazer dormir sem comer. Françoise, porém, não imaginava que nossa sorte fosse assim tão formidável, vendo-nos sair para passear, enquanto ela ficava condenada a assistir às aulas de Mutti.

Nesse ritmo, a diferença entre o "saber" de nossos primos e o nosso não podia deixar de aumentar – uma palmada nunca ensinou nada a uma criança. E não serviu nem mesmo como lição. Diga-se de passagem, nem à minha mãe, pois dois ou três dias depois nos mandou de novo buscar ovos na fazenda...

Simone... Mutti... Diz o ditado que sogra e nora têm pouca coisa em comum. Mas, se essas duas não escapam à regra, tenho a impressão que se entendiam relativamente bem. Não tenho nenhuma lembrança de brigas, críticas ou mau humor entre elas. No entanto, essa convivência imposta não devia ser fácil para duas mulheres tão diferentes. Mutti, a mais idosa, era séria e rigorosa, e Simone, surpreendente e insolente.

Minha mãe era tão próxima de nós que, pelo comportamento, eu tinha a impressão de que estava do nosso lado, no campo das crianças. Já Mutti, eu colocaria na campo dos adultos. Quando, como bons irmãos, Philippe e eu brigávamos, minha mãe jamais se metia. Ela nos deixava acertar as contas, sem tentar nos separar. Mutti desaprovava essas brigas e discussões violentas, e acompanhava com um "tss... tss... tsss..." eloqüente. Simone fingia não perceber nada. E daí? Era essa a forma infantil de ver as coisas? Ou de me apropriar um pouco mais de minha mãe, de me aproximar dela, imaginando-a no clã das crianças?

Um dia, essa vida calma foi abalada, sem que nada pudéssemos prever. Nós, as crianças, não tínhamos nenhuma consciência do que acontecia, da guerra e de seus horrores, embora lamentássemos a distância de meu pai e dos pais de meus primos.

Em alguns segundos, o tranqüilo e pequeno vilarejo, assim como a montanha, sentiu o barulho dos disparos. Terríveis bombas explodiam de todos os lados, sem que soubéssemos se era para rir ou ter medo. Caminhões que levavam soldados alemães desciam as encostas da montanha. Eles atravessavam a rua principal de Megève para ir não sei onde. Além do mais, de onde vinham esses homens que falavam forte e atiravam em tudo que se mexia?

Por muito tempo, eu os vi cair do céu, parecendo estar ligados por um grande cogumelo de tecido estufado de ar. Eram muito jovens e, quando nos viam, cumprimentavam com um: "E, então, crianças, tudo bem?" Eu os achava simpáticos. Como poderia adivinhar que se tratava do "inimigo"?

Um dia, "ele" chegou. Um momento tão fatídico que nos ficou marcado na memória. Teria ele também, de repente, caído do céu? Não. Ele veio pedalando pelos caminhos da montanha. Ele tinha fôlego, meu pai.

Posso ver, como se fosse ontem, sua longa silhueta, seu rosto longo, com um sorriso que o transformava, numa alegria que fazia seu olhar estalar... Vinha pedalando com toda sua força, trazido pelo único pensamento de nos abraçar, e, sobretudo, beijar sua querida e pequena "Loubi", como chamava minha mãe nos momentos de ternura.

Ele precisava realmente nos amar muito para atravessar assim a França de bicicleta, em nome da vontade de nos ver. Ele, que era meio frágil, para não dizer deficiente, com o braço direito defeituoso que quase perdera no acidente de carro e ainda doía. Chegava carregado, o que era mais extraordinário! Onde teria encontrado as raridades que nos trazia? Como pôde achá-las? Nunca soube. Mas me lembro que, dentro da cesta de sua bicicleta, havia vários quilos de açúcar, quase 50. O que eu não sabia é que ele transportava também vários rolos de filmes de suas explorações submarinas. Por medo de que fossem confiscados, ele se escondia em trincheiras cada vez que ouvia o barulho do motor de um carro, indicando a chegada do ocupante. Qualquer coisa era melhor do que ver seus preciosos rolos confiscados!

Quando ele chegou em Megève, minha mãe ficou louca de alegria, Mutti se sentiu aliviada! Seu filho estava bem. Contudo, Jacques-Yves trazia uma notícia ruim: devido às suas "simpatias" não dissimuladas – ele havia até chegado a substituir Robert Brasillach na chefia de redação do *Je suis partout* –, Pierre-Antoine precisou fugir da França. E se refugiou na Alemanha...

Françoise e Jean-Pierre ficariam, a partir de então, sob a tutela de seus avós paternos. Eles tinham por meus pais uma afeição quase filial. Por outro lado, meus pais os consideraram como se fossem seus próprios filhos. Jean-Pierre fala de Simone – a quem sempre se refere como a Bergère[3] – com carinho e emoção: "Ela teve um papel único na minha vida. Substituiu minha mãe, quando ela morreu. 'Estarei sempre aqui', me disse, acrescentando com sua característica sensibilidade: 'Ninguém substitui uma mãe...'" Após a morte de Simone, foi a Jean-Pierre que meu pai deu a Ordem do Mérito Marítimo, com a qual ela havia sido condecorada. Está ainda presa na parede de seu escritório.

Inconsciência de criança, leveza. O fato é que estávamos felizes; no entanto, foi sem nenhum pesar que voltamos para a região do Mediterrâneo. Após termos feito uma breve estadia na vila Barry, em Bandol, instalamo-nos na vila Reine, em Sanary. Supúnhamos que o bendito lugar, essa tal cidadezinha, iria se transformar em nosso "porto adotivo".

Foi a partir dessa época que minhas lembranças se tornaram mais precisas. Acabara de fazer 7 anos! A idade da razão, tem-se o costume de dizer, mas não estou nem um pouco convencido quando observo o número de besteiras e outras invenções que fazia. Nesse quesito, entretanto, Philippe foi sempre imbatível. Jean-Pierre e eu sentíamos um pouco de inveja.

Meu irmão e eu continuávamos sem ir à escola. Jacques-Yves e Simone tinham decidido assim. Essa era a filosofia de vida deles. Aos seus olhos, tínhamos "muito tempo". Nossos primos não tinham essa

[3] O apelido de Simone era La Bergère. Em francês, a palavra *bergère* quer dizer pastora. (N. T.)

liberdade. Continuavam sob a responsabilidade de nossa avó paterna que os vigiava e lhes dava aulas todos os dias. Mutti não concordava com a noção pedagógica de seu filho caçula, no tocante à educação de crianças. Mas, mesmo não expressando abertamente sua opinião para não causar atrito, pensava tão alto que ninguém podia ignorá-la.

Sem dúvida, meu pai tinha lá seus "contatos". Assim, alguns meses mais tarde, quando nos enviou de volta ao Mediterrâneo para a vila Barry, entrou em casa carregando um saco de 30 quilos de feijão. Uma grande vantagem na época, que devia a seu amigo Tailliez, tal como conta no *Le monde du silence*. No capítulo intitulado "L'ivresse des profondeurs" ("A embriguez das profundezas"), meu pai relata, de forma terrivelmente realista: "Tailliez nos salvou trazendo dos Pirineus 200 quilos de feijão seco que foram estocados no porão e garantiram nossos almoços e jantares diários, com um ou outro caruncho como variante à monotonia habitual"[4].

Duzentos quilos de feijão... Quantos mergulhadores, mesmo que queimem muitas calorias, poderiam carregar isso tudo sem "afundar"? Então, como pai de família, meu pai carregava para casa sacos menores que deviam pesar, mais ou menos, 50 quilos. O suficiente para nos alimentar durante algumas semanas, e nos fazer ficar contentes! Para nós, crianças, voltaram a confiar uma missão: escolher feijão, tirando os carunchos, que se alimentavam gulosamente grudados nos grãos. Jean-Pierre, Philippe e eu nos sentávamos em frente ao portão da casa, que, levemente reforçado, nos protegia dos raros carros que passavam. Para nós, cada barulho longínquo de motor era motivo de adivinhação. Quem pode estar dirigindo? Quantos estão no carro? Aonde eles vão? Até o dia em que vimos aparecer de repente uma caminhonete ziguezagueando e falhando. Atrás dela, soldados italianos cantavam e riam alto. Eles estavam armados e, quando che-

[4] Jacques-Yves Cousteau e Frédéric Dumas, *op. cit.*

garam perto de nós, um deles achou engraçado colocar seu fuzil em nossos rostos. Claro, era uma brincadeira de soldado simples. Mas esse estranho comportamento, com tudo o que podia haver de violento, acabou me marcando terrivelmente. Eu tive muito medo. Será que ele ia nos matar? E por quê? Nós não tínhamos feito nada de mal. Esse gesto impensado provocou em mim, para sempre, um horror às armas e à violência.

Meu pai nunca manuseava armas. Ele portava uma espada, é claro, como todo oficial da marinha, mas isso fazia parte, aos meus olhos, do uniforme de gala, tão importante quanto as abotoaduras e os botões dourados!

6
Minhas mais belas lembranças

Dessa época datam minhas mais belas lembranças, aquelas que não esquecemos, que marcam a infância e constroem uma vida.

Estamos em 1945, ano no qual meu pai me "jogou" no mar, gesto ao mesmo tempo espontâneo e refletido, que mais tarde ficará imortalizado em uma foto estimada. Nela, vemos um jovem adulto, meu pai, e um menininho com um olhar cheio de interrogação. Vemos também escafandros e meus cabelos arrumados. Estaria inquieto pelo que me esperava? Pois sou eu esse jovem, sósia perfeito em modelo reduzido de meu pai, que olho com admiração, me perguntando, no entanto, sobre o que ele me reserva... A partir desse dia, Philippe e eu acompanhamos regularmente nossos pais em suas pequenas expedições submarinas. Um benefício para Simone, que tinha o hábito de seguir seu marido e seus ajudantes nos mergulhos. Treinar as crianças, que ela podia assim vigiar de perto, tinha a vantagem de não lhe dar peso na consciência. Assim, ela ficaria o tempo todo do nosso lado. Ter peso na consciência não era uma característica marcante dos meus pais. Meu pai? Bom, meu pai tinha o seu trabalho, as suas obrigações. Simone? Ela sempre se sentiu mais esposa do que mãe, e nunca o escondeu.

As lembranças que guardei da vila Reine e da vila Baobab são simplesmente maravilhosas. Tínhamos a sorte de viver em total liberdade, sem a menor limitação, em um lugar paradisíaco. Éramos filhos de pessoas que nos amavam, calorosas, e que tinham gosto pela vida e pelo imprevisto, sensibilidade para amizades e para festas... Os amigos desfilavam numerosos e as noites festivas se sucediam, improvisadas, mas sempre um sucesso, graças à imaginação infalível dos organizadores e dos participantes.

Como esquecer o dia que eles decidiram todos imitar equilibristas? No jardim, entre dois pinheiros, meu pai e alguns de seus amigos, que imaginávamos muito sérios, tinham estendido uma corda. Eles precisavam andar sobre a corda para passar de uma árvore para outra! Em geral, o "equilibrista" amador ia bem rápido para o chão. O que tinha bom senso de equilíbrio acabava não tendo muita sorte. Repentinamente, levado pela velocidade, ele acabava se esborrachando contra a árvore à frente, em volta da qual armávamos colchões para atenuar a queda. Para amortecer os eventuais choques, juntávamos no chão um espesso tapete de folhas de pinheiro.

Mas ninguém havia previsto que meu irmão Philippe, que desde a mais tenra idade provou ter um verdadeiro instinto piromaníaco, não resistiria ao prazer de jogar fósforos acesos sobre estes galhos de pinheiro! Pode-se imaginar a continuação... e a palmada que valeu a cada um de nós – pois, claro, éramos sempre solidários, não hesitávamos em levar umas palmadas por uma traquinagem que não havíamos feito.

Um dia, assim sozinho, acabei me transformando em uma tocha viva. Os pinheiros costumavam atrair lagartas, que lá estabeleciam sua moradia. Quando caíam pelo vento, subiam em uma outra árvore. E ficavam realmente por todo lado. Eu as achava repugnantes, pois, quando acontecia de nos tocarem, provocavam uma reação alérgica: ficávamos cobertos de feridas que íamos coçando até sangrar. É por isso que tinha adquirido o hábito de espirrar gasolina nesses bichos. Até o dia em que, por falta de habilidade, me molhei também. Em um segundo, fui me transformando em tocha humana! Felizmente minha mãe passava nas proximidades. Correu com um cobertor e rapidamente me enrolou para abafar as chamas. Dessa eu me salvei.

Mas, na mesma noite, não deixou de relatar o ocorrido ao meu pai, que teve uma reação imediata. Ele marcou a famosa "reunião", que não precisava nem explicar. Bastava ouvir: "Amanhã, às 6 horas", e sabíamos que teríamos direito a uma palmada.

Certamente, meu pai não economizava, mas devo reconhecer que fazíamos por merecer. Por exemplo, nós brincávamos de "galinhas e galos". A brincadeira consistia em colocar palha em um pequeno quiosque que nós batizamos de "galinheiro", onde nos instalávamos cacarejando e saltando... e o jardim parecia mais um pátio de fazenda. Nos divertíamos muito. Mas, de noite, não escapávamos da famosa reunião das 6 horas!

Todo dia, ou quase, eu ia pescar polvos e caranguejos, que vendia para ganhar alguns trocados. Uma vez na escola, não parei com o meu comércio; saía cedo de manhã e chegava regularmente atrasado. Eu possuía uma técnica muito elaborada para não chegar na aula com as roupas molhadas, o que chamaria a atenção do professor. Ficava na beira da água – felizmente, vestíamos shorts durante quase todo o ano – e quando via um polvo sobre alguma pedra, agarrava-o rapidamente com as mãos. Dessa forma também pegava os caranguejos, só que com uma rede. Quando não tinha muito tempo, me contentava em pescar no porto, que na época tinha água limpa. "Ecologista" antes do tempo, tinha um profundo respeito pela natureza e seus domínios. Assim, costumava devolver ao mar tudo o que achava pequeno demais. Com minha rede bem cheia, colocava dois cavaletes e uma tábua diante do portão da casa e oferecia aos raros passantes os frutos do mar de minha pesca – quase que unicamente vizinhos, entre os quais um policial muito gentil; sem dúvida, o meu melhor cliente. Ele sempre comprava um polvo. Eu já o preparava de antemão, ou seja, retirava a "cabeça" antes de batê-lo sobre uma pedra para amaciar a carne e eliminar a pele, sempre um pouco ácida e amarga.

Em seguida, fazia minhas contas. Acabava ganhando um pouco de dinheiro. Ah! não eram grandes quantias, mas o suficiente para comprar cartuchos para meu revólver de "rolha". Eu me pergunto se hoje um garoto sabe o que é um "revólver de rolha"! Comprava também balas na confeitaria, na pequena rua que margeava a igreja.

Nas minhas expedições, estava quase sempre acompanhado por Robert, um dos meus melhores amigos. Não tínhamos telefone, então nos comunicávamos pelo pinheiro que havia na propriedade: eu subia o mais alto possível sobre a árvore imensa e enviava sinais para Robert – que morava no porto de Sanary – com a ajuda de um espelho no qual se refletiam os raios do sol. Tínhamos um código que imaginávamos muito sofisticado. De acordo com a direção dos feixes de luz, bastava traduzir: "Eu vou para a tua casa" ou "Você vem à minha casa". O mais freqüente era que nos encontrássemos diante da igreja, lugar estratégico e durante muito tempo local de encontro para muitas de nossas atividades! Nunca nos faltavam idéias! Não éramos maus, nem especialmente desobedientes, mas o proibido nos inspirava. Gostávamos principalmente do *charpi*. Muito popular na época, o *charpi* era o equivalente "otimista" de um pequeno barco, estilo casca de noz, dotado de uma vela e concebido para uma única pessoa. Era uma maravilhosa pequena embarcação, e nós adorávamos passear de *charpi*. Uma coisa costumava nos intrigar mais do que tudo: quantos caberiam nesses famosos *charpis* feitos para apenas uma pessoa? Bom, posso afirmar com conhecimento de causa: com onze... vira! Não titubeávamos em sair navegando qualquer que fosse o tempo. Pouco nos importava se o diretor do porto içasse ou não a bandeira vermelha. Entusiasmados pela aventura, sobretudo uma proibida, nós vagávamos... não até muito longe, o máximo até o cabo Nègre, à frente de Sanary, com a idéia de catar ouriços-do-mar. A bordo, baguetes frescas, manteiga, água e refrigerante. No momento em que acreditávamos ter o suficiente para satisfazer nossa gula e apetite, parávamos num rochedo e nos regalávamos com uma grande quantidade de ouriços que havíamos recolhido – pelo menos três dúzias cada um. Hoje tenho um pouco de vergonha, mas não tínhamos consciência de que esse equinodermo – difícil de ser recolhido por causa dos espinhos – tornar-se-ia uma espécie em vias de extinção.

Tínhamos somente que estender as mãos... E depois? Ficávamos um pouco tontos, pois o ouriço-do-mar é tão iodado que nos deixava quase embebedados. Passeávamos sobre os rochedos e fazíamos mergulhos livres antes de voltar a bordo do *charpi* e ancorar no porto de Sanary. Freqüentemente com dificuldade...

Quando virávamos, o barco patrulheiro do porto vinha nos rebocar. Claro, o barco não tinha autorização de sair do porto, mas era isso ou nos deixar afogar... Além do mais, era preciso, claro, recuperar o *charpi*! Essas explorações eram normalmente saudadas por uma bronca de minha mãe, que não deixava de contar ao meu pai, assim que retornava. Ele logo nos convocava: "Amanhã de noite, às 6 horas..." Quantas vezes eu teria ouvido essa pequena frase? Poderíamos supor que esse ritual das palmadas não adiantava muito. Mas sim. Sentíamos uma humilhação tal que era necessário alguns dias para reincidirmos. Esperando, claro, arranjar algo para fazer!

Éramos assíduos na região, como lobos brancos, e acabamos deixando lembranças. Tive a oportunidade de verificar, há dois ou três anos, em um restaurante onde meus pais costumavam ir regularmente. Na época, era um pequeno cabaré com um terraço à beira-mar, tocado por um italiano, cujo nome era sempre deformado. Como ele se chamava exatamente? Nunca soube. Todo mundo o chamava de "l'Haricot"[1]. Ir jantar no l'Haricot era sempre uma pequena festa. Comíamos peixe pescado na região, claro. Durante o jantar, o bom homem, que se orgulhava de pintar, se posicionava com seu cavalete, seus pincéis e sua tela. Ele pintava o peixe, recém-grelhado, sobre um leito de ervas aromáticas, que haviam colocado sobre a mesa. Depois que os clientes tinham se refastelado, ele propunha a venda do quadro. Se você não quisesse, l'Haricot o colocava na parede, à espera de um eventual apreciador. Hoje, l'Haricot já morreu, é claro, mas o restaurante ainda está no mesmo local. Quando apareço para

[1] Feijão, em francês. (N. T.)

jantar lá, peço um *loup sauvage au sel*[2], cujo sabor não encontro em nenhum outro lugar. Um dia, um homem que fazia sua refeição na mesa vizinha, levantou-se e aproximou-se de mim:

– Você é o filho do Cousteau?

– Sim.

– Saiba que eu conheci bem um amigo de seu pai, ele produzia para a Squale[3]...

Para os leitores jovens, eu lembro que Squale foi a primeira empresa que fabricou máscaras e óculos de mergulho em série. As máscaras eram feitas de um molde sobre o qual colocavam borracha quente, e esperavam esfriar antes de desenformar. Em seguida, punham um pedaço de vidro na armadura. O inconveniente do vidro é a sua fragilidade: podia quebrar facilmente, ao menor impacto, ou sob a menor pressão. Com o progresso da técnica, acabou sendo substituído por um vidro mais seguro.

Para evitar que o vidro embaçasse, esfregava-se meia batata crua, e se não houvesse nenhuma por perto – pois, convenhamos, batatas são raras na praia, cuspia-se na máscara. Isso não deixa de provocar gargalhadas nos jovens para quem conto hoje essa história. Eles podem zombar de mim... Mas antes de mergulhar, continuo cuspindo em minha máscara. Apesar dos incontestáveis progressos técnicos, a saliva não perdeu suas virtudes. Além disso, ela está sempre "à mão" e custa muito menos do que os produtos químicos comercializados. Um pouco de saliva pode ainda garantir que não se tenha uma máscara embaçada... ainda não fizeram melhor.

É então da Squale, uma pequena empresa dirigida por um artesão e alguns amigos, que vem a originalidade, a concepção e a criação das primeiras máscaras submarinas em série. Uma enorme inovação, na época! A empresa cresceu e mudou de proprietário. O artesão do

[2] Prato da culinária mediterrânea da França: um tipo de peixe incrustado no sal. (N. T.)
[3] Tubarão, em francês. (N. T.)

começo foi substituído por um homem de negócios que vive na região, mas um pouco mais longe, entre Sanary e Bandol. Anos após a criação das primeiras máscaras, meu pai, que acreditava bastante nessa técnica, me pediu, quando o *Calypso* se encontrava no mar Vermelho, para criar uma jaula onde pudéssemos colocar os tubarões. Eu concebi os *sky dome*, espécie de bolha de plástico, e depois *squaloscopes*, em que os tubarões entram livremente, sem violência.

Na noite desse reencontro no l'Haricot, meu interlocutor continuou:

– Na época, eu era acionista da sociedade Squale. Comprei ações, mas nunca ganhei dinheiro. Hoje, essas ações não valem nada, mas eu ainda as tenho. Se você quiser, posso lhe dar...

Eu respondi que isso me daria prazer, pensando que a oferta tinha sido feita por impulso, achando que realmente nunca aconteceria. Logo acabei esquecendo as ações da Squale. No entanto, alguns dias mais tarde, recebi um grande envelope contendo as ações prometidas. Quem se importa que não valem nada! São de fato muito bonitas. Verdadeiros pergaminhos, pequenas obras de arte que se pode enquadrar e pregar na parede.

A Squale hoje em dia fabrica roupas de mergulho para a marinha francesa... O diretor me disse ter conservado os moldes e as máscaras originais.

– Nós guardamos absolutamente tudo.

Acho que poderiam, então, fabricar de novo as máscaras com as quais os "mosqueteiros do mar" efetuaram seus primeiros ensaios de mergulho livre. Eu acho isso muito emocionante. Seria uma forma de reviver o período que, para mim, ainda está presente.

Não tenho certeza se Jacques-Yves e Simone foram bons pais, no sentido tradicional da expressão, mas foram pais fora do comum, rodeados de pessoas parecidas, com os quais vivemos uma infância cheia de encontros e surpresas sempre renovadas. Tudo isso me parecia normal, quase banal. Hoje percebo até que ponto uma educação tão aberta era excepcional e quantas facilidades ela nos deu. Nunca éramos considerados crianças – a não ser na hora das palmadas! Nossos pais nos tratavam como pessoas completas e não hesitavam em compartilhar conosco suas atividades e pontos de vista.

Assim, jogava regularmente tênis com meu pai, na época que Auguste Piccard, um amigo da família, nos visitava com freqüência. Eu era bem-bom para um jogador mirim e tinha um certo prazer em surpreender e fazer os adultos correrem. Eu me divertia ao vê-los retomar o fôlego porque eu havia sido um pouco rápido demais. Um dia, durante uma pausa, Auguste Piccard me falou de seus projetos. Meu pai devia estar participando.

– Jean-Michel, acho que vai ser preciso encontrar logo um outro parceiro, pois parto dentro de alguns dias.

– Ah, e para onde?

– Para o Senegal...

Ao largo das ilhas de Cabo Verde, uma experiência de mergulho havia sido organizada com o batiscafo inventado por Auguste Piccard. Era extraordinário, para uma criança como eu, ouvir esse homem falar de sua paixão. Piccard era um personagem surpreendente que bem merece a qualificação de "professor dos sonhos", dada por Yves Paccalet na biografia que lhe dedicou[4].

Quando meu pai recuperou o fôlego, continuamos a partida. Eu devia estar em forma nesse dia e ele, um pouco menos. Provavelmente surpreso pela rapidez de uma bola, deu um passo em falso, caiu e quebrou o tornozelo. Fiquei muito orgulhoso de ter ganho a partida, mesmo que tenha sido por causa do abandono do adversário. O comandante Cousteau acompanhou os mergulhos experimentais do professor Piccard com um dos pés no gesso! Aliás, contrário às

[4] Yves Paccalet, *Auguste Piccard, professeur de rêve*, Glénat, Grenoble, 1997.

expectativas dos participantes, o mergulho não foi o sucesso esperado. O batiscafo não desceu em muita profundidade, 1 200 metros somente. Quando subiu, o balastro estava todo deformado, tendo se revelado frágil demais para resistir às intempéries e aos movimentos dos barcos. Uma invenção nunca conseguiu ficar pronta logo no seu primeiro ensaio!

Eu conheço várias gerações dos Piccard, do avô ao neto. Nenhum deles tem o pé no chão. Uns descem muito profundamente sob o mar – 10 mil metros, recorde do batiscafo –, outros voam pelos ares e fazem a volta ao mundo.

Durante esse tempo, meu irmão não passava despercebido. Seu passatempo favorito era ficar debaixo dos pinheiros e juntar uma grande quantidade de folhas de pinho para colocar fogo. Poderia ter posto fogo na propriedade várias vezes. Por que isso nunca aconteceu? Acaso. Mas Philippe tinha também outros talentos. Fascinado pelos equilibristas, sonhava em imitá-los e, para isso, praticava em treinamento intensivo, com certo sucesso. Um dia após ter amarrado uma corda, ele quis passar, sem segurança, de uma árvore à outra. Naturalmente, caiu! Por sorte não quebrou nada, mas fez um buraco na cabeça, e durante um longo tempo ficou com uma parte da cabeça sem cabelos. Quando finalmente cresceram, estavam brancos naquela parte, o que contrastava com o resto. Estranho...

Nós fazíamos números de circo com sucesso regular. Quando achávamos que o número estava mais ou menos bom, convidávamos nossos pais e seus amigos para uma apresentação; paga, naturalmente! Era preciso, claro, ganhar algum dinheiro!

Logo recomeçamos a apreciar as festinhas dançantes. Ainda jovens demais para beber, nos "inebriávamos" com *soutien-gorge*[5]! Atualmente, só de lembrar começo a rir. Era somente uma mistura de leite com xarope de groselha que virava o *soutien-gorge*, pois, nos anos 1950

[5] Sutiã em francês. (N. T.)

essa lingerie feminina era sempre rosa. Na verdade, essas festinhas tinham apelo moderado sobre nós. Preferíamos, certamente, ir pescar, lutar em duelo com material improvisado. Geralmente escolhíamos longas e pontudas hastes vegetais e ramos de aloe-vera do jardim, que "esculpíamos" para fazer escudos e espadas. Mesmo assim, isso supunha alguma habilidade. Nem preciso falar do estado de nossas roupas depois de uma tarde de "lutas de espada"! Claro, isso nos fazia ser convocados: "Amanhã, às 6 horas..." E uma vez mais...

Éramos perdoados graças à generosidade do irmão Jules, cuja residência visitávamos o mais freqüentemente possível, e que tinha um muro colado ao pequeno terreno em volta da capela da Piedade, onde ele pregava. Isso representava para nós uma fonte considerável de interesse. Irmão Jules cultivava seu jardim com talento. Tudo crescia, rabanete, tomates e outros legumes e frutas, de acordo com a estação. Não fugíamos à regra que diz que tudo é melhor na casa dos outros. Para agradecer-lhe a generosidade, construí, em um velho vaso quebrado, algo que chamei pomposamente de capela. Irmão Jules nos dava água benta – na verdade, água da torneira que ele não se dava ao trabalho de benzer, pois não sabia qual seria seu uso. Ela nos parecia, no entanto, quase milagrosa...

Depois de muita conversa e as mesmas promessas: "Sim, nós seremos bons meninos; sim, seremos obedientes" – conseguimos o direito de ter um cachorro, um animal para nós e para a casa. Nós o batizamos de "Mérou"[6], pois foi exatamente na mesma ocasião que meu pai começava a visitar um tal de "Jojo". Todos aqueles que viram os filmes do comandante Cousteau conhecem "Jojo, le mérou", a vedete do *Mundo do silêncio*. Foi certamente o primeiro mero a fazer cinema. Uma verdadeira estrela, esse Jojo! Ele foi uma estrela antes de meu pai, mas permaneceu por menos tempo, é verdade.

[6] Mero ou *Epinephelus marginatus,* um tipo de peixe de água salgada e doce, encontrado no sudoeste da França. (N. T.)

Para meu pai, o mero era o bom aluno dos oceanos e não hesitava em comentar, com o tom mais sério do mundo: "Ele se interessa sinceramente por nossa espécie, vem nos espiar bem de perto". Quase meio século depois, prefiro não fazer a conta exata, continuo a constatar a influência que meu pai teve sobre nós. Éramos muito jovens para termos consciência do que ele era e do que iria se tornar. Parecia normal ter um pai desse tipo. Ele teve também uma certa ascendência sobre seus colaboradores. Mas, apesar da admiração que Simone tinha por seu esposo, ela certamente teve mais influência sobre ele do que ele sobre ela.

Nosso Mérou era muito gentil, mas tinha a temível mania de morder os que usavam uniforme ou aqueles dos quais não lembrava. O carteiro, os amigos oficiais de meu pai, o homem que media o consumo de gás... Ele nunca mordia gravemente, mas o suficiente para rasgar as calças, as quais meus pais se comprometiam substituir. Um dia, eles se encheram de pagar calças; tivemos que nos separar de Mérou. Ficamos tão tristes que, para nos consolar, decidimos fumar cigarros de nossa própria fabricação. Escondidos no porão, sentados ao lado do aquecedor, enquanto nos esquentávamos, acendíamos nossos "cigarros" feitos de pequenos pedaços de jornal enrolados de forma apertada. Entre dois cigarros, para passar tempo, com o aquecedor ainda vermelho, fazíamos buracos na porta de madeira. Nos divertíamos muito. Nova reunião...

Logo, aflitos com nossa imaginação tão fértil, nossos pais acharam que a influência de um tutor poderia ser benéfica. Nós nos beneficiamos, então, das aulas de um jovem rapaz que morava ali perto, em um quarto de garagem. Ele começou a nos ensinar cálculo e as letras do alfabeto. Não entendíamos realmente por que tínhamos que aprender a ler e a calcular. Aquilo que nossos pais nos ensinavam nos parecia suficiente. De noite, depois do jantar, quando nos deitávamos, meu pai sempre vinha nos ver em nosso quarto. Lia para nós em voz alta *Le livre de la jungle* (O livro da selva), e, quando achava que já havia lido bastante, tiráva-nos da cama e nos levava ao terraço para que estudássemos o céu. Era sublime.

Pouco importava que algumas de nossas iniciativas acabassem em palmada, cuja execução acontecia de acordo com uma espécie de ritual. Nunca nosso pai nos dava a palmada no momento da desobediência, da traquinagem ou dos prejuízos que havíamos provocado. Com aquele ar sério, ele marcava uma reunião: "Amanhã, às 6 horas, sejam pontuais..." Ele não precisava dizer mais nada, nós sabíamos o que isso significava. No dia seguinte, na hora exata, quando os amigos estavam conversando ou tomando um aperitivo no terraço, nos lembravam: "6 horas..." Nós nos apresentávamos diante de sua amável companhia, para quem era conveniente expor com clareza a narrativa de nossas traquinagens. Meu pai se sentava em uma cadeira e nós deitávamos sobre seus joelhos, de bunda para o ar, e *pam*! Diante de uma assembléia, ele batia seco e duro. Eu não me lembro, no entanto, de ter realmente sentido dor. Eu me lembro, porém, das grandes lágrimas de crocodilo, lágrimas de humilhação, que escorriam sobre meu rosto. E depois desaparecíamos... Somente ao cair da noite, após nos certificarmos de que ele não teria mais testemunhas, voltávamos para dormir. Azar o nosso se não tínhamos comido. Alguns dias mais tarde, tudo era esquecido. Quando uma nova invenção nos tornava de novo candidatos às palmadas.

Uma menina, um pouco mais velha que nós, tinha como missão nos vigiar. Quando passeávamos, em casa ou na praia... Nossos pais esperavam sem dúvida que ela exercesse uma influência positiva sobre nós, e que ela dominaria nossa imaginação infindável. Mas a pobre Josette, ao mesmo tempo irmã mais velha e babá, tinha dificuldade em conter nossos desejos... Eu a revi com emoção, não faz muito tempo. Josette mora ainda em Sanary, onde tem uma quitanda, em uma ruazinha, perto do porto e da igreja.

Nessa época, meus pais recebiam muitas visitas. Algumas dessas ocasiões eram preparadas com muita antecedência, com ardor e excitação, tal como a famosa "Noite de Veneza". Nós não compreendíamos muito bem o que essas palavras significavam. Por isso, esperávamos com impaciência o dia previsto. Nossa decepção foi enorme quando soubemos que não havia a possibilidade de que participássemos da tal festa, e nem de ver o que quer que fosse! Nossos pais, que não nos queriam por perto, tinham decidido nos mandar ao circo, sob os cuidados de Josette, evidentemente. Nós não estávamos insatisfeitos, mas, claro, excitados com a idéia de sair depois do jantar, em vez de ir dormir, como de hábito.

O circo tinha sido erguido em uma vasta esplanada, do outro lado do porto. Quando a apresentação terminou, saímos ainda emocionados com o espetáculo que tínhamos acabado de ver; a noite já estava alta. Uma feliz animação reinava, havia muita gente nos terraços dos cafés. Teríamos gostado de passear um pouco mais, mas Josette parecia apressada para nos levar para casa. O pequeno caminho da Anunciação, que subia a falésia até a vila Reine nos pareceu calmo e sombrio... Mas não por muito tempo... Alguns metros à frente, vimos uma casa que brilhava com todas as luzes. A música, os risos que ouvíamos era um sinal de que a festa estava no auge. Eu ia enfim saber o que era a tal "Noite de Veneza"! Eu não acreditava! Josette e Philippe não andavam, na minha opinião, rápido o suficiente; então eu comecei a correr. Chegando primeiro em casa, empurrando o portão, avistei um jardim desconhecido, iluminado por lampiões presos em todas as árvores. Avançando, tive a estranha impressão de estar andando sobre água e pisar sobre um chão encharcado. Entretanto, não havia chovido.

Pelas grandes venezianas abertas, eu vi com surpresa que a escada que levava ao segundo andar tinha se transformado em cascata. A água descia em grande quantidade, de degrau em degrau, até a sala, que havia se tornado uma espécie de bacia na qual os convidados fingiam ser gondoleiros em pequenas canoas pneumáticas. De chapéus na cabeça, eles cantavam *O sole mio* com toda a força. Eu me lembro de ter sentido, de repente, uma grande solidão, e bruscamente comecei a chorar por ver minha casa transformada em uma vasta piscina. Philippe, que havia chegado logo em seguida, também começou a chorar. Nós estávamos inconsoláveis, choramingando no meio dos adultos, insensíveis à nossa angústia. Muito ao contrário, isso parecia diverti-los, nos ver transformados em "estátuas de fonte" com os pés enfiados na água. Quando vi meu pai, também sob uma canoa pneumática, meu desespero foi ainda mais violento. Meus soluços e espasmos não sensibilizaram ninguém. Eles pareciam divertir-se ainda mais:

– Pare de chorar, Jean-Mine, você vai fazer transbordar...

Como se já não tivesse transbordado!

Felizmente, Josette chegou. Ela me pegou, gentilmente, pela mão, e sem uma palavra subimos a escada-cascata até meu quarto... Eu sabia agora o que era uma "Noite de Veneza". Nunca mais eu a veria com tal amplitude! Até a noite em que, alguns anos mais tarde – em nossa nova casa chamada de Baobab, que era de outro estilo, mas também inesquecível – Frédéric Dumas achou interessante jogar na piscina uma bomba fluorescente, produzindo uma bela água tingida de verde intenso.

– Isto lhe dá uma bela cor esmeralda, disse ele com uma voz satisfeita, ao completar sua obra.

Cúmplice, Simone aprovava. Era outono. Esta estação linda numa casa do Midi onde os convidados se amontoavam no jardim, em torno da piscina, da qual admiravam inocentemente a cor. Apesar da atmosfera agradável, uma "conhecida" – como dizia Simone às mulheres com quem não simpatizava – vestia um esplêndido casaco de zibelina de um branco imaculado. Para ser mais admirada, a dama perambulava lentamente com pequenos passos delicados.

– Não é lindo meu casaco?, parece que dizia.

Ninguém se importava, o humor estava descontraído. Para o diabo com a elegância! Além disso, a noite estava tão agradável, por que não arriscar um pequeno mergulho? Recém-dada, a idéia foi aceita com entusiasmo geral. Frédéric Dumas e meus pais riram discretamente, imaginando a cara dos banhistas quando saíssem da água e vissem seus corpos mais verdes e belos do que uma esmeralda. Todos aqueles que se encontravam perto da piscina foram "pintados", roupas inclusive, com largos traços turquesa, um belo efeito. O casaco de zibelina imaculado não escapou. Sem mesmo poder articular uma palavra, sua proprietária ofuscada foi embora imediatamente, batendo o portão e seguida de seu marido. Foram necessários trinta anos, antes que ela aceitasse rever meus pais, que, por sinal, riram muito dela.

Simone se dobrava de tanto rir, ao contar a anedota que terminava sempre assim:

– Só muito idiota para vir tomar um aperitivo, à beira de uma piscina, com um casaco de zibelina!

7
Sanary

Sanary... "Há quarenta e cinco anos, um velho pescador de Bandol pescou uma proa em bronze. O pescador morreu e o bronze foi vendido imediatamente. Da minha casa, a vista se estende sobre toda a baía de Sanary, e durante longo tempo sonhei com todos os navios afundados ali, na batalha de Taremtum... Sanary é, e continuará para sempre, um sonho para mim", escrevia meu pai no *Le monde du silence.* Um sonho que eu ainda partilho com ele.

1945. Com os pés descalços, shorts desfiados bem antes da moda, meio que nômades quando perambulávamos na cidadezinha, nós, as crianças Cousteau, que não íamos nem mesmo à escola! Felizmente, nossos pais – nosso pai principalmente – estavam acima de qualquer crítica. Além disso, não deixávamos de admirar este oficial da marinha que partia toda manhã para Toulon, apertado em seu uniforme, no volante de seu carrinho verde que tossia, e que tinha o lindo nome de "Balilette". Era um conversível com dois lugares e um *spider*. Quando nossos pais nos levavam para passear, para nossa grande alegria, colocavam-nos dentro do *spider* – um espaço adaptado na parte de trás, destinado a receber originalmente bagagens e não passageiros. Eu não sei quantos quilômetros meu pai percorreu no volante do famoso Balilette, com o qual não pestanejava em "subir" para Paris. Ele suportava um grande número de horas de estrada, a Nacionale 7, tão bem cantada por Charles Trenet, já que as auto-estradas ainda não existiam.

Para nós, a vida era simplesmente bela. Durante o dia, com Simone, que logo se tornou especialista em nos ensinar aquilo que não estava no programa escolar, nadávamos cada vez com mais facilidade. Jacques-Yves verificava nossa performance no final de semana, sem nunca deixar de nos cumprimentar pelos progressos alcançados. Nós ficávamos cada vez mais orgulhosos, pois estávamos nos tornando verdadeiros peixinhos.

De noite, exaustos por causa de todas essas aventuras, subíamos para o quarto; preferíamos, em vez de nos deitar, debruçar na janela para observar as festividades que aconteciam no jardim.

Cada dia era uma festa, para esperar a volta de Jacques-Yves do arsenal em Toulon. Se o mergulho era sua paixão, tinha também uma profissão! No fim do dia, quando voltava, ouvíamos ao longe o barulho do motor subindo a rude encosta. O carro passava diante da casa, o barulho se distanciava e, um pouco mais longe, meu pai desligava o motor, depois de ter estacionado em uma espécie de terreno baldio onde havia os restos de um velho moinho. Os empresários da região vinham abandonar seus refugos nesta *no man's land*[1] que desembocava em uma pedreira. Ao longo do dia, ouvíamos fortes barulhos causados pelas explosões das rochas dinamitadas. Um dia meus pais ficaram sabendo que a pedreira ia ser fechada... Eles correram para comprar esse lugar que ninguém pensava em disputar, mas que oferecia uma vista de perder o fôlego. Ficaríamos sabendo de antemão sobre o chegada de um navio, cortando as ondas com grandes cristas de espuma, que coroavam a paisagem – os *moutons*[2], como dizia meu pai. Essa imagem dos "carneiros" flutuando sobre a água nos divertia tanto quanto nos intrigava. Era bonito, e mais ainda, apesar de nossa tenra idade, éramos sensíveis. Não sabíamos ainda que este lugar se tornaria nosso porto afetivo, o lugar onde a família Cousteau iria ancorar.

---

[1] Terra de ninguém em inglês (N. T.)

[2] Carneiros em francês, no sentido figurado, espuma. (N. T.)

Meus pais compraram então esse pedaço da falésia, para ali construir sua casa. Philippe e eu, achando-nos pioneiros, vivemos esse período com grande excitação, como nossos pais, por sinal. Acordando cedo, vigiávamos as obras de perto. A cada dia, víamos a casa ser levantada, mesmo que esse não fosse o verbo mais apropriado para o caso, pois a construção, sem andares superiores, estava sendo construída longitudinalmente. Era preciso fazê-la casar com a forma do terreno, de maneira que cada peça da casa desse para o mar. Jacques-Yves e Simone queriam que em todos os locais da casa nos beneficiássemos dessa vista, realmente magnífica. Aos poucos, a casa, batizada de "Baobab", foi terminada para que nos instalássemos. E nela eu ainda moro... Claro, não durante todo o ano, mas passo alguns dias lá, desde que minhas atividades permitam. E, para que ela ainda viva e que risos continuem ressoando, eu a empresto voluntariamente para amigos ou para a família. Meus filhos, hoje adultos, hospedam-se sempre que possível. Claro que Sanary mudou muito desde a época da construção, mas a casa Baobab permanece um lugar privilegiado. Apesar da multidão de turistas e outros veranistas, pode-se viver protegido nesse lugar um pouco mágico. Só, defronte ao mar.

Não longe do mar, fundada no alto da falésia que domina o imóvel – os engenheiros tiveram o bom gosto de não conceber seis andares, por exemplo, para não esconder a paisagem –, Baobab permanece um lugar encantador. De lá, podemos ver o mar sobre o qual sopra o vento mistral[3] e os "carneiros" continuam a flutuar na crista das ondas.

A Baobab é, na verdade, a casa da minha mãe. Ela a impregnou com sua alegria, com sua generosidade, com sua personalidade e com sua arte de viver. Simone está sempre presente ali, diante da porta da entrada, graças ao retrato que a imortaliza, jovem mulher, sorridente e feliz, em um vestido florido. Há alguns anos, um dos nossos sócios teve a gentileza de me enviar algumas fotos do *Calypso* e da equipe

[3] Espécie de tufão, vento violento que sopra no mediterrâneo francês. (N. T.)

Cousteau, e entre elas encontrei uma foto dela, que acho magnífica. Onde e por quem a foto foi tirada? Que idade Simone tinha na época? Muitas questões ficaram sem resposta até o dia em que encontrei esse retrato e o coloquei na parede. Nele ela está penteada de forma idêntica e vestindo o mesmo vestido florido. Em um dos cantos, há uma data: 1953.

Meu pai costumava pintar nas horas vagas, ou seja, raramente. Ele não tinha muito tempo de lazer, e é por isso que, quando começava uma tela, não raro a colocava de lado para nunca mais terminar! No entanto, acabou concluindo duas em sua carreira de pintor. Dois retratos. O primeiro é o de Jesus Cristo e, com toda objetividade possível, não posso deixar de reconhecer que é horrível! O suposto rosto mais parece uma falésia com arbustos – ou seja, a coroa de espinhos. O olhar é estranho e perturbador, um olho é castanho e o outro azul... Seria essa sua forma de evocar na mesma face a esperança e o desespero, de exprimir a complexidade do personagem que era?

O segundo retrato é o da minha mãe. É magnífico. Eu assim a vejo, em toda sua energia da juventude, com sua alegria, sua vivacidade e seu entusiasmo. Seria esse quadro a prova de que a fonte da inspiração é também a do talento?...

Meu pai me havia dito um dia: "Este retrato, eu te dou, mas vou guardá-lo em Mônaco. Você ficará com ele quando eu morrer. Quando eu passar desta para melhor, você só terá que o pegar". Mas quando ele morreu, não consegui recuperá-lo.

A carreira de pintor do comandante acabou, por assim dizer, nesse retrato, mesmo que tenha desejado continuá-la durante longo tempo. Eu me lembro... Alguns anos mais tarde, já idoso, ele comprou, por um preço exorbitante, um magnífico cavalete, algumas telas e muitos tubos de tinta a óleo. Havia decidido recomeçar a pintar e anunciava isso em alto e bom som. Como lhe faltava espaço em seu apartamento, eu lhe propus que colocasse o cavalete no meu. Ele acabou aceitando e foi assim que eu herdei um cavalete, que ele nunca usou. Nunca mais retornou aos pincéis. No entanto, fez alguns esboços para um selo, uma comemoração, as Nações Unidas...

Eu tinha uma certa ambição para a Baobab... O que tenho em comum com um de meus amigos íntimos, Philippe Gaxotte – neto de Pierre Gaxotte, historiador e acadêmico –, é que os descendentes de acadêmicos possuem a responsabilidade, como herdeiros morais, de manter e preservar a obra do finado. É por isso que tive a idéia de juntar todos os objetos que haviam pertencido a ele, em particular suas obras escritas e visuais, nessa casa, que é a única que ele concebeu, desenhou e construiu, com a ajuda do arquiteto Edmond Mauric. Uma casa ligada à sua aventura submarina. Assim, uma coluna encontrada no fundo do mar e uma coluna dórica da galé de Mahdia formam agora o pé-direito da chaminé que se encontra na casa.

Por meio da internet, teria permitido a todos aqueles que, no mundo inteiro, quisessem descobrir gratuitamente todos esses documentos. Desejava assim preservar a obra do comandante Cousteau. A história decidiu de outra forma. Quando meu pai morreu, não tive acesso ao que lhe pertencia. Então, por falta de objetos e documentos oficiais, eu me vi forçado a abandonar a idéia de criar esse lugar em homenagem a Jacques-Yves Cousteau.

A Baobab era, do ponto de vista financeiro, propriedade de minha mãe. Ela gostava muito da casa e nunca quis se desfazer. Quando meu pai pensou em vendê-la – certamente ele precisava de dinheiro para financiar alguma expedição –, ela se opôs com tanta garra, que acabou expressando o desejo de me deixar a propriedade, pois sabia que para mim a casa era muito querida, mais ainda que para Philippe. É por isso que agora, que já não posso homenagear meu pai ali, planejei fazer um lugar familiar para a nossa Bergère. Uma espécie de casa Simone Cousteau!

Ali juntei, sem ignorar meu pai, todos os pertences de minha mãe, as lembranças do *Calypso* e da equipe Cousteau, da qual, ao longo de sua vida, Simone foi a grande inspiradora. Venho me prometendo há um bom tempo realizar esse belo projeto, que vai exigir que eu o execute e pare de adiá-lo para depois.

Volta às aulas de 1945. Para mim e para Philippe, as férias terminaram de repente! Até então, nossa educação tinha sido calcada no modelo recomendado por Jean-Jacques Rousseau. Nada nos era imposto, nunca. Nós recolhíamos aqui e ali o que tínhamos vontade, conforme nossa curiosidade. Era extraordinário. Como esquecer aquelas noites que meu pai não hesitava em me tirar da cama, quando eu deveria dormir:

– Acorde, Jean-Mine... Eu vou te ensinar sobre as estrelas...

Com uma mão das mãos, ele me levava ternamente pelos ombros, enquanto carregava nos braços meu irmão Philippe, ainda quase bebê. Philippe tinha dois anos e meio a menos do que eu. Pés no chão, saíamos para o terraço, onde as pedras ainda estavam quentes por causa dos raios de sol. Nosso olhar mergulhava no mar azul escuro, antes de seguir o dedo de meu pai que apontava em direção ao céu luminoso de constelações: "Vênus ou a Estrela Dalva, sempre a primeira a aparecer..." dizia ele. Meus olhos seguiam seu indicador, enquanto ele continuava: "Aquela é a Pequena Ursa... Observe bem os pontos mais luminosos.". Ainda ouço a música das suas palavras, que ainda me encantam da mesma forma. "Cassiopéia é tão bonita quanto Vênus e foi transformada em constelação...", dizia meu pai.

As palavras que utilizava eram mágicas. Eu achava uma idéia estranha essa de transformar uma mulher em constelação. Mas não tive tempo de refletir muito, pois ele continuava: "A constelação de Gêmeos..." Esta era minha preferida. Castor e Pollux eram dois irmãos, como Philippe e eu. Ouvia também as lendas que circulavam sobre eles. Em pouco tempo, entrávamos lentamente nos mistérios da mitologia. Mais tarde, a Ursa Maior também se desenhava, enquanto uma magra lua crescente mergulhava no mar. Pude assim, a cada noite, olhar esse fascinante espetáculo até a madrugada, em uma espera tranqüila para ver o sol nascer...

Despertar? Para nós isso não tinha nenhuma importância, pois nós não íamos ainda para a escola!

Do ponto de vista de meu pai, a educação, para não falar da cultura, só podia ser assimilada e aproveitada se correspondesse a uma expectativa, a uma necessidade. Para ele, era inútil dar-nos coisas que não pedíamos.

– Não se dá água para beber a um asno que não tem sede – tinha o hábito de dizer, lembrando-se da severa e clássica educação que tinha recebido, passando horas estudando matérias que não o interessavam e que esqueceria mais rápido do que havia aprendido.

– Eu só aprendi e "digeri bem" aquilo que me interessava – dizia ele, acabando assim com qualquer crítica quanto à aparente desordem e fantasia que era o fio condutor de nossa educação.

Sem dúvida, ele não sabia, mas nós não esperávamos nada. Não pedíamos nada! E por isso, nossa curiosidade de criança estava sempre satisfeita e contente, tanto debaixo d'água, onde ele nos treinava regularmente, quanto sob o céu, onde nos fez viajar bem antes que o homem colocasse os pés na lua! Na Baobab, vivíamos com a natureza, no meio dos pinheiros em que andavam as lagartas e cantavam as cigarras. A propósito, lembro que elas tinham desaparecido durante um tempo, mas agora voltaram, o que me deixa feliz, pois o canto das cigarras é carregado de sentido. Os pássaros são numerosos, as gaivotas, sobretudo, que vêm fazer seus ninhos na falésia, pôr seus ovos e chocar seus filhotes. Algumas pessoas tendem a espantá-las, por causa dos inúmeros prejuízos, mas elas não me incomodam.

O que nós podíamos sonhar de melhor? Além disso, não sonhávamos, nós vivíamos um sonho. Alguém de nosso meio um dia disse: "O quê, com 9 anos, Jean-Michel não sabe ainda ler?" É, eu não sabia ler! Com dificuldade era capaz de decifrar gaguejando algumas sílabas. Philippe, que tinha apenas 7 anos, era mais inculto ainda.

Por outro lado, nós dois ficávamos perfeitamente à vontade na água. Em caso de necessidade, teríamos até podido nos alimentar, pescando com as mãos os peixes que passavam perto. Éramos pequenos e musculosos. É verdade, que no final da Guerra, ninguém imaginava crianças obesas, enquanto hoje elas representam uma porcentagem alarmante da juventude! Não pegávamos sequer o menor resfriado, tínhamos uma saúde de ferro, ignorando até mesmo as doenças comuns da infância. Porém, nem tudo era perfeito, estávamos longe de sermos crianças-modelo. Se nos comportávamos bem à mesa e passávamos por menininhos bem educados aos que nos viam, em casa éramos realmente pavorosos.

Agressivos um com o outro, vivíamos nos socando de propósito. Qualquer pretexto era motivo para tal. Quem ia mergulhar antes – claro, um precisava mergulhar antes do outro –, para quem nosso pai dava tchau primeiro, de manhã, ou à noite, na hora de aprender sobre as estrelas, quem ele chamaria primeiro... Era geralmente eu, o mais velho, que ia primeiro. E isso deixava Philippe fora de si. Como ele exteriorizava suas emoções mais facilmente que eu, nossas brigas infantis pareciam pequenas guerrilhas. Não esquecíamos de acompanhar nossos socos com xingamentos e ofensas. Não sei onde aprendemos esse tipo de vocabulário, mas o fato é que assimilamos tão bem, a ponto de criar um todo nosso! Simone se divertia com isso. Vinda da alta burguesia, ela não tinha medo, quando necessário – e a necessidade não rareava –, de utilizar palavras que fariam enrubescer um batalhão da Guarda. Ainda bem. Alguns anos mais tarde, estaria perfeitamente à vontade a bordo do *Calypso*, pois seu vocabulário lhe permitiria falar, de igual para igual, com os membros da equipe que, imediatamente, a aceitaram, sem restrição nenhuma, ao invés de a rejeitarem.

Nossa mãe era muito complacente conosco. Crescíamos com toda liberdade.

Por que – e onde? – está escrito que mesmo as melhores coisas devem ter um fim? Quem incitou nossos pais a nos mandar para a escola? Em outubro de 1945, Philippe e eu fomos, de repente, forçados a "sofrer" nossa primeira "volta às aulas". Isso aconteceu na escola comunal de Sanary. Eu ainda posso ver... E imagino que devíamos parecer dois extra-terrestres, os garotos Cousteau!

Claro, não fomos dóceis, não sabíamos nem mesmo o que isso significava. Não tínhamos nenhum senso de disciplina, ou do que era aprender uma lição. E, principalmente, com a nossa idade e sendo filhos de um oficial da marinha, éramos verdadeiros preguiçosos aos olhos dos filhos dos pescadores, escolarizados já há alguns anos. No entanto, nós provamos, imediatamente, nossa boa vontade, pois éramos na verdade bons pestinhas, que podiam se dar bem com qualquer coisa ou em qualquer lugar. Ao menos pensávamos assim... No entanto, no final do ano letivo, estávamos, os dois, entre os mais atrasados de nossas respectivas classes!

Meu pai, que não esperava muito desse primeiro ano de escolarização, nem se preocupou. Era impensável querer fazer um novo ano escolar na escola comunal, principalmente com um resultado tão fraco... Era melhor nos deixar correr pela colina... Mas até quando? Não ler correntemente nos privava dos prazeres da descoberta. Meu pai se perguntava... e também deve ter perguntado a muito de seus colegas oficiais da marinha que tinham filhos de nossa idade:

– Eles vão à escola?

Certamente devia suscitar surpresa e um sorriso indulgente:

– Claro, evidentemente que eles vão à escola...

– E onde?

Pergunta supérflua. Em Toulon, nessa época, era conveniente que as crianças bem nascidas fizessem seus estudos com os maristas. Mande para os maristas...

E assim, Philippe e eu, antes garotos livres que andavam de pés descalços nas ruas, fizemos nosso segundo ano na escola com os maristas, com uniforme, como deve ser! A roupa nos divertia: estávamos vestidos como nosso pai.

Ele nos levava até Toulon, de manhã, quando ia para o arsenal. De tarde, após o dia de aula, voltávamos para casa em Sanary, de ônibus. Turno integral! Disciplina! Tarefas... A descoberta foi dura para os dois pequenos selvagens que éramos.

A solução não foi, porém, salutar para os resultados escolares. Assistíamos às aulas, de qualquer maneira, com o mesmo desinteresse. Nosso pai não ousava se indignar. Sem dúvida, ele se lembrava de sua própria educação, tão rígida... Mesmo que ele não tivesse lembrado, Mutti teria tido o prazer de lhe refrescar a memória.

Nós éramos, sem dúvida, pequenos mandriões, mas nossos pais nos tinham ensinado muito, e o essencial. Com eles, tínhamos descoberto a natureza. Tínhamos acordado para sua poesia, ou melhor, tínhamos assimilado os princípios dessa escuta em relação aos outros, que conduz naturalmente à sua aceitação: a tolerância.

Quanto mais avanço na vida, mais me convenço de que essa é realmente a primeira das virtudes. Se todo mundo a compartilhasse, o mundo seria bem melhor...

8
O *Calypso*

Enquanto estávamos em regime integral com os maristas "disciplinados", mas ainda pouco ajuizados, meu pai – que também não tinha nem um pouco a cabeça no lugar – apaixonou-se, em uma manhã de primavera de 1950, quando passeava pelo porto de La Valette, capital da ilha de Malta.

La Valette é um lugar de rara beleza e de grande interesse histórico; o mais *blasé* dos viajantes não poderia resistir ao seu charme. Malta é ao mesmo tempo mítica e contemporânea, com um passado rico em histórias e lendas. A juventude da ilha, em tempos modernos, progride sem dificuldade. Em Valette, as ruas são enfeitadas com monumentos esplêndidos, e animadas com gente que vive alegre e despreocupadamente passeando sob o sol. O ar é leve... como a vida. É uma espécie de pequeno paraíso no Mediterrâneo, entre a Sicília e a Tunísia – ainda que, em 1950, grandes navios de guerra no porto lembrassem que a ilha continuava sob autoridade inglesa[1], esperando para se tornar membro do Commonwealth[2].

---

[1] Em 1814, como parte do Tratado de Paris, Malta tornou-se oficialmente parte do Império Britânico e passou a ser usada como porto de escala e quartel-geral da frota até meados da década de 1930. Malta desempenhou um papel importante durante a Segunda Guerra Mundial por ser próxima às linhas de navegação do Eixo. (N. T.)

[2] A Commonwealth é o nome em inglês de uma associação de territórios autônomos, mas dependentes do Reino Unido, criada em 1931, e formada atualmente por 53 nações, a maioria das quais independentes, mas incluindo algumas que ainda mantêm laços políticos com a antiga potência colonial britânica. (N. T.)

Foi então, nesse lugar privilegiado, que, passeando no cais, meu pai, ainda ignorando que ela iria abalar o curso de sua vida – e também de sua esposa e de seus filhos – a viu pela primeira vez. Ela tinha tudo para seduzir. E ele se entusiasma imediatamente. Assim ele teria contado para seu cúmplice de escrituras e de aventuras, Yves Paccalet: "Com seu casco de madeira, metade branco, metade preto, entre os barcos dos pescadores e encouraçados, acabou me agradando ali mesmo. Eu a quero e a terei. Já li seu nome: *Calypso* C, escrito sobre o casco. Em um minuto, compreendi que eu a comandaria. Que iria com ela até o fim do mundo"[3].

Calypso... A ninfa do bosque sagrado, que tentou reter Ulisses com seu charme durante dez anos, enfeitiçaria o comandante Cousteau desde que a viu.

Lembro-me de uma outra versão, um pouco menos romântica, mas não sem interesse.

Em Auron, estação de esqui situada acima de Nice, meu pai jantava com amigos. Durante a conversa, confidenciou o desejo de possuir um barco só seu para poder realizar suas pesquisas. O papo acabou sendo ouvido por um senhor da mesa ao lado, um rico parlamentar britânico que se interessava pelos mistérios do oceano. Esse homem nutria profundo desejo de passar para a posteridade ajudando em pesquisas.

O barco *Calypso* pertencia ao armador de Malta, Joseph Gazan, para quem fazia o trajeto entre a ilha Gozo e La Valette. Antiga draga da Royal Navy, o HMS JB 26 1942 foi transformado em balsa e, pelas necessidades da causa, rebatizada "Calypso" em uma cerimônia solene com as bênçãos do monsenhor Michael Gonzi, então arcebispo de Malta. Após o batismo, a católica ninfa *Calypso* teria se tornado mais sensata. O barco transportaria com grande pompa, por ocasião

[3] Yves Paccalet, *Jacques-Yves Cousteau dans l'ocean de la vie*, Lattès, Paris, 1997.

de uma de suas primeiras viagens, a relíquia da cabeça de Santo Antônio, acompanhada de cantos e preces das pessoas da ilha.

Ulisses dos tempos modernos, meu pai não resistiu aos encantos da ninfa. "Cousteau não é o primeiro marinheiro a se apaixonar pela sua embarcação", se lembra Yves Paccalet. "Quase todo navegador tem grande apego por seu barco. Eles os tratam como uma pessoa e falam com ele nos momentos difíceis. Às vezes, chegam a detestá-lo, como se odeia o ser amado depois de uma decepção."[4] Como esquecer o entusiasmo que o *Calypso* suscitou em meu pai, que falava dele com palavras impregnadas de paixão: "Eu apalpo seu casco de pinho de Oregon. A madeira é indispensável para as dragas de minas, quando querem escapar ao perigo deste engenho magnético. Este pinho sólido e perfumado me agrada. Eu me pego imaginando... Se eu me aventurar no cinema e viajar, me separo da estabilidade da carreira militar. Troco o certo pelo duvidoso..." Está disposto a fazer de tudo para satisfazer a sua paixão. E conta sobre essa nova paixão aos seus colegas que teriam-no então julgado "um pouco louco". Seus amigos Tailliez e Dumas, ao contrário, não deixam de encorajá-lo a se lançar logo na aventura. Simone é a primeira a apoiá-lo: "Minha mulher, e isto não me surpreende, me apoiou com todas as suas forças, afetivas, morais e financeiras. Sua família possui mais dinheiro que a minha. Simone me ajuda. No fundo, ela é mais aventureira do que eu. Quer ir mais longe, além do limite do racional. Tem alma de marinheiro"[5].

Com certeza, se o tal projeto fosse concretizado, minha mãe poderia realizar seus sonhos de criança e de jovem mulher apaixonada também. Claro, ela não teria nunca o título de almirante, como seus gloriosos ancestrais, mas poderia satisfazer sua paixão: navegar, com seu marido, que é muito mais o seu "Loubi" e por quem tem admiração e até adoração.

---

[4] *Ibid.*

[5] Jacques-Yves Cousteau, *L'homme, la pieuvre et l'orchidée*, Robert Laffont/Plon, Paris, 1997.

Sir Thomas-Loël Guiness, que tem dinheiro, compra o *Calypso* e praticamente o oferece a Cousteau, colocando o barco à sua disposição, assim como uma quantia de dinheiro considerável para as primeiras reformas, para que o barco possa navegar sem problema. Ele que faça bom uso... Sir Guiness é um mecenas, um tipo de mágico, de quem meu pai sempre diria: "Eu lhe devo tudo o que eu me tornei".

No dia 19 de julho de 1950, o negócio é concluído. Começa, então, uma história de amor, que acabará com o último sopro do protagonista.

Saindo de La Valette, com um novo comandante e uma nova tripulação a bordo, o *Calypso* aporta em Antibes[6]. Sir Guiness possui ali um canteiro naval onde mantém seu iate *Calisto*, irmão menor do *Calypso*, que será agora transformado e colocado em condições de navegação.

Porto de Antibes, abril de 1951. Octave Léandri, apelidado de Titi, 23 anos, retorna da Indochina onde havia passado dois anos como mecânico dos fuzileiros navais. Ainda se sente um pouco perdido, sem trabalho. Titi se lembra:

"Meu primo me telefonou:

– Titi, há um tenente que procura um mecânico para consertar seu barco velho. Ele está no canteiro, vá lá ver...

"Vou ao canteiro encontrá-lo. Posso vê-lo ainda, mexendo em tudo o que podia mexer. Eu me diverti por dentro: 'outro que é apaixonado por barco'. Não me enganei...

"Assim o conheci. Após um 'bom dia' amável, mal pude dizer quem eu era e porque estava ali. Sem me perguntar sobre minhas competências, ele me intimou:

– Ligue o motor!

---

[6] Antibes é uma cidade situada no departamento de Alpes-Maritimes e na região de Provence-Alpes-Côte d'Azur. (N. T.)

"Eu pensei: 'Esse cara é louco'. Tremendo como uma vara verde, eu me aproximei dos motores. Em geral eu me virava, tinha crescido em Cannes, sempre na água, e tinha feito minhas 'provas' na Indochina. Apesar de tudo, eu era ainda um garoto, nunca tinha tido responsabilidades. Então, claro, diante de tal homem, eu só podia tremer no momento de ligar os motores... Eles ligaram, o que me deu uma certa confiança. Em seguida, tive que fazer ainda duas ou três coisas que ele me pediu...

– Muito bem, disse ele simplesmente.

"Eu estava empregado! De fato, eu não tinha nenhuma idéia do que me esperava".

"Após o canteiro naval de Antibes, já que o *Calypso* tinha enfim um mecânico, podia aportar no canteiro de La Seyne, próximo de Toulon, no departamento de Var. Lá ele seria recolocado em perfeito estado", dizia Cousteau. Como La Seyne ficava a alguns quilômetros de Toulon, na estrada de Sanary, ele podia passar no canteiro toda noite, saindo do arsenal, antes de voltar para casa.

– Este foi um período muito duro para mim, se lembra ainda Titi. Eu ficava só a bordo, dia e noite, durante 24 horas; precisava dormir no barco, porque eu tinha que tomar conta.

Mas os trabalhos avançaram rapidamente: dois meses mais tarde, estavam terminados. O *Calypso* podia ir finalmente para o mar...

Missão concluída, o jovem mecânico se prepara para deixar o barco. Não sem uma pitada de tristeza e emoção. Acabou se apegando ao barco – com quem passara um período de solidão e trabalho intensos – e também àquele homem surpreendente, enérgico e afável, que vinha, quase que diariamente, supervisionar o andamento dos trabalhos.

– E agora, o que você vai fazer? Ele lhe pergunta, dando-lhe seu último pagamento.

– Eu não sei... Estou procurando...

– Então, você vem comigo! Eu preciso de um mecânico no *Calypso*. Você conhece o barco, eu te emprego...

– Não tive tempo nem de pensar e já estava a bordo, diz Titi. Eu não tinha nem certeza de ser capaz de tudo aquilo que ele esperava de um mecânico. Mas o comandante era assim! Uma vez que confiava, você só podia executar aquilo o que ele queria. Ele sempre tinha razão e não nos dava tempo para fazer perguntas. Acabávamos sempre fazendo o que ele pedia!

Foi assim que a velha draga de minas, que se transformara em um pequeno barco de cabotagem para turistas, vai se tornando o barco mítico que conhecemos: um navio dedicado à pesquisa oceanográfica e ao cinema, pois Cousteau se sente cada vez mais atraído pela câmera, e principalmente apaixonado pelas filmagens debaixo d'água, no mar em particular. Já que as coisas precisavam estar em ordem, meu pai cria sua primeira estrutura oficial: COF (Les Campagnes Océanographiques Françaises – Os Companheiros Oceanógrafos Franceses), associação regulada pela lei de 1901.

Esse barco magnífico – repintado de preto e branco, com o nome em verde esmeralda sobre sua chaminé –, que acabei conhecendo em junho de 1951, no primeiro cruzeiro inaugural, para o qual Philippe e eu, loucos de alegria, fomos convidados! Eu tinha 13 anos, e ele, 11. Nossa infância, que justamente havia se desenvolvido de forma pouco convencional, ia continuar de maneira menos convencional ainda...

Numerosas personalidades participaram da inauguração, como, por exemplo, os amigos de Jacques e Simone: amigos com os quais eles queriam dividir a primeira viagem. André Mauric, engenheiro naval, tinha vindo com seu irmão Edmond, arquiteto que havia projetado nossa Baobab, e sua mulher Renée. Muito próximos de meus pais, os Mauric tinham duas filhas, Laurence e Anne.

Brincando – mas eles realmente estão brincando? – os jovens casais se perguntavam na gozação:

– E se nós casássemos as crianças?

De acordo com toda lógica, eu casaria com Anne, a filha mais velha, e Philippe, com Laurence, a mais nova. Mas a lógica nunca é assim tão simples: eu estava apaixonado por Laurence, que era atraída por Philippe que, por sua vez, estava apaixonado por Anne... Apaixonado... Bem, ao menos do jeito que se pode estar apaixonado nessa idade. O amor é uma coisa tão misteriosa e incompreensível! Claro que esses grandes projetos nunca se realizaram! Anne e Laurence nem ao menos permaneceram grandes amigas. Uma é professora da faculdade de Aix-en-Provence, e a outra se casou com um veterinário e faz vinho a oeste daqui. Elas têm, cada uma, dois filhos. Conservo a lembrança das amigas muito próximas com quem passávamos nossos dias e nossas noites, tanto na casa delas, como na nossa. Os Mauric possuíam uma propriedade em Six-Fours, a alguns quilômetros de Sanary. Eu que treinava corrida, sonhando sempre em um dia ser selecionado para os jogos olímpicos, não hesitava em correr até a casa dos Mauric, por qualquer motivo.

Nesse dia do batismo, estava também a bordo o cineasta Jacques Ertaud, conhecido por "Jacky", assim como um industrial de Marselha, Roger Gary, que bancava freqüentemente o papel de mecenas para meus pais e o *Calypso*, e também o seu sogro rico, o marquês de Turenne.

O marquês amava o mar, mas não era bom navegador. Uma noite, enquanto os amigos tomavam tranqüilamente o café na cabine, ele se ofereceu para segurar o leme. O mar estava calmo, Jacques lhe entregou o comando sem pensar duas vezes. Um pouco mais tarde, Simone admirava a lua a estibordo, bem de acordo com o lirismo do momento. Os convidados observaram também por um instante e, depois, a conversa recomeçou. Logo em seguida, Simone viu a lua de novo, dessa vez a bombordo. Jacques olhou para a sua mulher com inquietude. Como sua alma de marinheiro podia deixar de se alarmar ao ver a lua tanto à direita quanto à esquerda do barco? Ele correu em direção ao marquês, para quem nada parecia abalar, de tão perdido que estava em sua contemplação das estrelas...

Ele havia simplesmente ligado o piloto automático, sem mesmo perceber! Fazia algum tempo que o *Calypso* estava dando voltas...

A bordo, Titi, novamente promovido a primeiro mecânico do *Calypso* e apenas dez anos mais velho do que eu, rapidamente se tornou meu amigo, claro. Durante anos, iríamos nos encontrar no *Calypso* por ocasião das férias escolares. Mas também mais tarde, durante expedições. Isso facilitou a nossa amizade. Hoje – não arriscaria dizer quantos anos mais tarde! – posso afirmar que Titi não mudou. Ele conservou seu entusiasmo, sua generosidade e um certo júbilo em viver, apesar dos duros golpes que a existência lhe reservou. Continua também intacta sua admiração por seu paxá, apesar das bordoadas não menos rudes que ele não lhe poupou. Nós nunca nos lembramos. Titi é leal e nossa amizade também.

Ninguém, nem o paxá, nem aquela que todos logo chamariam de "a Bergère", nem a tripulação tinham dúvidas de que o *Calypso* se tornaria um barco célebre... um navio mítico! No entanto, ele não é grande, com seus 39,16 metros de comprimento, da proa à popa. Sua grande largura externa é de 7,6 metros e o peso bruto total de 299,67 toneladas.

Uma celebridade, o *Calypso*...

E nós nessa bela aventura? O que íamos nos tornar Philippe e eu? Sempre me perguntei se meus pais, no meio daquela excitação toda proporcionada pelo novo brinquedo, se questionavam sobre isso. Jacques iria navegar, normal, afinal ele não era marinheiro? Quanto a Simone, ela que nunca desejou outra coisa desde sua infância, não iria deixar passar uma oportunidade tão bela de se lançar ao mar e, mais ainda, tendo como comandante seu marido! Isso foi sem dúvida maravilhoso para essa jovem mulher apaixonada: concretizar de repente seu sonho, conciliando seus "dois amores"...

No *Calypso*, sente-se imediatamente em casa e senhora do barco, mais comandante do que o próprio paxá, apesar de seu título simples de a Bergère!

Aos que lhe perguntavam:

– E você, mora onde?

Surpresa com tal questão, para o imbecil que lhe havia perguntado, ela respondia com um certo tom pontuado de comiseração, como se isso fosse uma evidência:

– Claro que no *Calypso*!

Meus pais poderiam, então, viver a paixão deles. O *Calypso* não podia, no entanto, ser lugar de residência de dois garotos com idade escolar. Ponto de vista dos adultos, com o qual nem eu nem Philippe compartilhávamos, claro... Foi necessário, portanto, que nos dobrássemos às regras da educação burguesa que nossos pais estavam determinados a nos dar. E ainda que eles tivessem sido, até então, flexíveis ou mesmo fantasiosos, as relações familiares influenciavam, para que tivessem consciência de que estava mais do que na hora de sermos, enfim, dignamente escolarizados. A influência dos Melchior foi preponderante para a escolha do internato onde os dois pequenos selvagens pudessem se transformar em jovens garotos bem-educados, ou até bem-criados, enquanto o *Calypso* vagaria rumo à aventura.

A opção, um lugar digno para a missão, foi a muito seleta escola de Roches. Afinal, nossos tios e primos maternos não tinham efetuado lá seus estudos, para a grande satisfação de seus pais? Para a nossa felicidade, evidentemente, fomos matriculados no ano letivo seguinte. Entretanto, Philippe e eu estávamos convencidos de que o melhor para nós teria sido navegar com nossos pais, embarcados no *Calypso*, entregues à vontade das ondas e das tempestades. Porém, não havia a menor possibilidade de que esse sonho, essa poesia e aventura se realizassem. No começo dos anos 1950, as crianças não pensavam em se revoltar contra as decisões de seus pais; elas simplesmente as aceitavam sem reclamar. Mesmo não sendo exatamente um contestador, cheguei muitas vezes a me perguntar a causa dessas mudanças de orientação tão rápidas e radicais. Por que me fizeram descobrir a liberdade e as estrelas? Por que me deram o gosto delas, se era para me privar? Mesmo assim, a boa educação e a razão nunca me permitiram fazer a menor pergunta aos meus pais.

Hoje tenho convicção: ao confiar nossa educação a educadores e professores da escola de Roches, Jacques e Simone livravam-se de todo e qualquer peso na consciência. Eles não poderiam nos deixar em melhores mãos. Nossos avós e amigos nos acolheriam durante as férias, ou nos colocariam em um avião para nos juntarmos ao *Calypso* e sua tripulação. Não critico o tipo de organização escolhida, da qual, com o passar do tempo, guardei boas recordações, mesmo se o carinho não estivesse muito presente.

O Roches... O estabelecimento não tinha ainda, na época, o nome que veio a ter depois. Contudo, nos matricular como internos significava um sacrifício financeiro considerável para nossos pais, apesar da ajuda importante da nossa avó materna nos custos de nossa educação.

Hoje, com a distância que a idade propicia, acho que nem eu e nem Philippe sofremos com essa vida de internos, ainda que não a tenhamos vivido da mesma forma, tendo em vista nossas diferenças de personalidade e também de temperamento. Philippe reclamava, manifestava e exprimia o que sentia. Era capaz de exteriorizar seus sentimentos e não se privava de lançar algumas considerações virulentas sobre meus pais. "Eles não se importam conosco!", protestava para quem quisesse ouvir. Eu, de um temperamento mais introvertido, aceitava aquilo que nos impunham, sem jamais me revoltar. Não que eu não sentisse nada, muito pelo contrário, mas então já tinha, como ainda tenho, um olhar indulgente e compreensivo sobre nossos pais. Eles não podiam errar. Se agiam assim, era porque não podiam fazer diferente. Essa era minha filosofia, um pouco simplista, reconheço. Mas minha aceitação não era passiva: eu sentia um profundo reconhecimento em relação ao que meus pais representavam, e por aquilo que me proporcionavam. Então, posso dizer que nunca contestei suas decisões.

Mesmo internos no mesmo estabelecimento, meu irmão e eu nos víamos somente durante as férias. Cada um no seu espaço... Eu convivia com os maiores do ensino secundário, Philippe ainda estava na subdivisão do primário. Ora, a escola era dividida em duas partes distintas. No começo dos anos 1950, a alguns quilômetros de Évreux[7], a escola de Roches ficava em plena área rural, em um vasto parque atravessado por uma estrada de ferro, espécie de fronteira artificial que definia os setores: de um lado, os pequenos, do outro, os grandes. A proibição absoluta de passar de um setor para o outro era respeitada porque os maiores não manifestavam nenhum interesse pelos menores. Eles podiam ficar tranqüilos, pois não tínhamos nenhuma vontade de ir vê-los. Além disso, atravessar a via férrea teria significado uma insanidade, da qual, felizmente, estávamos protegidos por intransponíveis barreiras.

Além de não ser desagradável em nada, essa experiência ainda muito me ensinaria. A escola era cheia de professores conscienciosos e atentos, que zelavam pelo que vivíamos, de forma a equilibrar a infância longe de nossos familiares.

Quando digo, por acaso, ter sido aluno do Roches, não é raro que me façam a seguinte pergunta:

– Os teus pais eram assim tão esnobes?

Esnobes? Eu nem sabia exatamente o que isso queria dizer. É verdade que eu era um garoto. Mas nada no comportamento deles poderia fazer supor que os Cousteau tenham sido esnobes, bem ao contrário.

Após a minha estada, a escola se tornou mista, mas no meu tempo, só havia garotos. Não sinto nenhum pesar, era normal que fosse assim! No entanto, não demorou muito tempo para que eu me apaixonasse. Para usar a linguagem da época, eu fiquei "amarrado" na bela Marina Vlady! De qual filme mesmo ela era a *star*, essa garbosa e loira criatura, cuja visão perturbava de repente meu cotidiano? Não sei. Quem se importa... Eu me lembro de uma bela menina – um pouco perversa, o que lhe dava ainda mais charme – que se relacionava com uma senhora idosa que ela deveria supostamente ajudar. A intriga,

[7] Évreux é uma cidade francesa situada no departamento de Eure, na região da Alta-Normandia, no noroeste francês. (N. T.)

que se passava numa propriedade grandiosa, parecia então um pouco arriscada. Eu achava que Marina tinha mais idade que eu, pois ela já era uma pequena vedete e, sobretudo aos meus olhos, a perfeita encarnação da mulher. De fato, nós tínhamos a mesma idade, com a diferença de alguns dias. Ela nasceu no dia 10 de maio de 1938.

Quer dizer, então, que eu estava apaixonado por Marina Vlady, nascida Baïdar-Poliakoff. Podia sonhar com algo mais romântico? Eu a achava incrível e aproveitava o menor tempo de liberdade para pegar um cinema em Évreux, desde que projetassem um filme no qual ela aparecesse. Podia ser *Grand Gala,* de François Campaux? *Orange d'été,* de Jean Gehret? Ou então *Avant le déluge,* de André Cayatte? Quantas vezes eu a vi? Não sei dizer. Nas quintas-feiras – pois nesse dia havia sessão –, sábados e domingos, eu subia no pequeno ônibus que levava os internos para Évreux. Logo ao chegar, eu corria para o cinema; suponho que houvesse, na época, um só na cidade. Semana após semana, cuidadosamente eu economizava minha mesada para comprar a entrada. E me empanturrava na sala escura. No final da sessão, ficava quieto no lugar – para que a funcionária do cinema não percebesse minha presença – para assistir à sessão seguinte. Eu só saía da sala no último momento, a tempo apenas de não perder a condução que me levava ao Roches. Lá permanecia sempre com o charme de Marina Vlady. Ela estava na minha cabeça; em meu coração também, claro. No refeitório, bastava que, com ar inocente, tocasse em seu nome para que uma conversa se instalasse imediatamente em torno do meu assunto predileto. Era uma forma de prolongar a tarde, de reviver a projeção do filme, de rever Marina, como se ela estivesse sempre ali, bem presente. Sua imagem seguia ainda para a minha cama. Na hora de dormir, ficava com os anjos...

Minha paixão era ainda mais exacerbada pelo fato de que um primo de minha maravilhosa Marina, Éric Lipmann, membro da família que fabricava os relógios LIP[8], também estava interno em Roches. Eu

[8] LIP era uma grande marca fabricante de relógios. (N. T.)

fazia de tudo, estava sempre pronto para qualquer ação comprometedora que chamasse a sua atenção. Eu pensava que graças a ele...

Graças a ele, efetivamente, encontrei, anos mais tarde, a divina Marina, por ocasião de uma festa particular... Tentei me munir de todas as vantagens possíveis. Tentei ser elegante e sedutor. Não podia, entretanto, lutar contra meu primeiro defeito: a timidez. Nessa noite, não ousei me aproximar do meu ídolo. Marina me ignorou completamente! Ela nem mesmo me viu, ainda que eu lhe tenha sido apresentado. Eu podia sonhar, mas ela ignoraria para sempre minha existência.

Em Roches, o ano escolar passava mais rápido quando havia a luminosa perspectiva de juntar-me ao *Calypso* nas próximas férias!

Era uma boa escola de vida. O internato nos fazia descobrir as regras e respeitar a sociedade. Isso não era lá muito aproveitável para dois pequenos selvagens que éramos ainda, apesar de nossa passagem pelos maristas – é verdade que, durante este período, retornando nos fins de semana para casa, não tardávamos em recuperar os maus hábitos. Em Roches havia os cursos para assistir, os deveres para fazer, as lições para aprender... os estudos preenchiam nossos dias. Eu era apaixonado por ciências naturais. Os esportes também ocupavam uma boa parte de nossos horários. Eu praticava alguns com sucesso; a corrida, principalmente. Isso me permitia cultivar meu velho sonho de um dia ser selecionado para os jogos olímpicos. Descobri igualmente algumas formas de arte, que eram para mim, que sempre fui tímido, uma maneira positiva de me expressar: pintura, aquarela, escultura e também modelagem... fiz tudo isso. Eu pratiquei também a soldagem, para poder desenvolver minha habilidade manual. Como nunca tive tempo de praticar, essa seria mais uma das formas de expressão em que me sinto um pouco frustrado. Será que um dia terei um ateliê... Quando?

Enquanto a maioria das pessoas desacelera seu ritmo de vida a partir de uma certa idade, o meu se acelerou. Eu não sei bem quanto vou viver ainda; sei que não vou viver três ou nem mesmo duas vezes mais e me restam ainda tantas coisas para fazer. Minhas preocupações giram em torno dos mesmos assuntos que sempre me fascinaram: a água, a terra, o espaço... Tento fazer o melhor. Sei que devo essa possibilidade de adaptação – que, com o passar do tempo, tornou-se uma forma de sabedoria – à infância e à juventude absolutamente extraordinárias, fora do comum, que foram as minhas.

Para começar, soube fazer amigos. Daquele tipo que não se esquece, que marcam uma vida. Luciano foi meu melhor amigo durante os anos de internato. Muito legal, simpático, como toda a sua família. Luciano era da Colômbia. Quando seus estudos terminaram, ele retornou para o seu país onde, como artista e pintor, tornou-se conhecido e dono de um certo renome. Muito robusto fisicamente, desses que via de regra chamamos de "marombado", não tinha, porém, boa saúde. Ele morreu muito jovem. Eu perdi um grande amigo. Eu me lembro também de um garoto com o qual eu tinha muitas afinidades. Era o filho de uma grande família argentina, cuja origem devia ser francesa a julgar pelo sobrenome: La Tour d'Auvergne! Já na época eu tive a sorte, antes mesmo de ter viajado, de conviver com culturas diferentes graças a esses jovens originários de todas as partes do mundo. Inglaterra, Europa e também África ou ainda América Latina. Isso me marcou muito e percebo, hoje mais do que na época, o quanto tudo foi para mim uma vantagem. Tive uma grande abertura de espírito, uma certa atitude em relação à humanidade, oposta às concepções protecionistas, provincianas, nacionalistas, ou ainda uma certa tendência de "glorificar a pátria" – atitudes que acho deploráveis ou até perigosas.

Esses contatos e encontros, essa abertura de espírito... tudo isso me marcou durante toda a vida, e de certa forma explica porque permaneci uma espécie de cavaleiro errante. A idéia de me fixar, de me prender e de viver sempre no mesmo lugar, seja em Sanary – que eu considero, entretanto, um pequeno paraíso, ou em outro local, é totalmente inconcebível. Desde o momento em que consideramos o planeta em seu todo, somos obrigados a nos questionar: não importa o quanto somos cultos ou curiosos, não sabemos nada, temos sempre o que aprender. Tudo muda muito rapidamente, é preciso ver sempre o que acontece em outros lugares. É necessário interessar-se, informar-se, ser receptivo a tudo o que vem de fora, do outro...

Paradoxalmente, foi no meio privilegiado e um pouco fechado de Roches que eu descobri que existia também "uma outra coisa".

9
No internato

Aprendi muitas coisas no internato, principalmente a autonomia, o trabalho e a vida em grupo – que vão além da vida escolar. Também pratiquei esporte, no meu ritmo e conforme minha vontade. Hoje tenho coragem de admitir que, como garoto inocente que era, treinava, corria e corria... para chegar aos jogos olímpicos. Ah, mesmo que não pudesse me ver com uma medalha de ouro, o simples fato de ser selecionado já me fazia sonhar!

Não parei de sonhar... Não lamento o fato de a escola de Roches não ser mista em minha época, pois percebo, hoje, que isso evitava que nos perdêssemos no meio de preocupações amorosas, sempre muito perturbadoras. A adolescência era um período da vida que não se comentava na época! Talvez seja por essa razão que a vivíamos mais facilmente. Confesso que eu era um adolescente que não fazia muitas perguntas e nem buscava muitos problemas... Não tinha essa revolta constante que é própria dos adolescentes de hoje, admito. Além disso, quando toco nesse assunto não raro me olham como um bobo, ou como um velho reacionário; por isso, tenho que me defender. Não tive muitos atritos nem choques com meus pais nessa época. Esse não era o caso de Philippe, pois, devido ao seu temperamento, acabava sendo sempre provocador e revoltado. Philippe era o que se chama hoje de "pavio curto", ao contrário de mim. Isso não quer dizer, no entanto, que eu aceitava tudo sem discordar.

Fui marcado, de forma muito positiva, por certas obrigações da escola de Roches. Internos, deixávamos a escola somente nas férias. O que fazer então, nos momentos de liberdade, além de ir ver os filmes de Marina Vlady? Nos finais de semana, éramos incentivados a nos voltar para o exterior, a nos interessar pelos outros – os menos privilegiados –, a trabalhar para ajudar os necessitados. Assim, descobri meios e condições de vida que nem supunha existir.

Guardei algumas lições e mantive algumas lembranças muito vivas disso. Lembro-me, especialmente, de uma senhora muito velha que tinha dificuldade em se locomover. Ela morava no segundo andar de um pequeno prédio sem elevador. No final de cada semana, em duplas, sempre voluntários, nós nos propúnhamos a fazer suas compras ou acompanhá-la e carregar os pacotes. Isso me ajudou a desenvolver um certo sentido cívico, que somente se reforçou com o passar dos anos.

Conservei também uma forte lembrança de uma família muito modesta que vivia, numerosa, em uma espécie de casebre mal construído, no fundo de um declive. Quando chovia, e chove freqüentemente nessa região da França, a água penetrava no piso, a ponto de terem os pés sempre úmidos. Ainda vejo essa mãe, certamente ainda jovem, mas prematuramente envelhecida, cercada de seus filhos. Quantos eram exatamente? Não me lembro mais. Seis ou sete, com uma diferença de apenas um ano entre eles. O penúltimo, que não sabia ainda andar, agarrava-se nas saias da mãe, que, por sua vez, segurava o último no colo, enquanto o próximo já estava em sua barriga. O último estava doente? Era mal nutrido? Ele chorava o tempo todo. Então, para acalmá-lo, sua mãe misturava vinho tinto ao leite de sua mamadeira! Não é preciso dizer que ela já estava colocando o menino em um estado de dependência e o predispunha a seguir os passos de seu pai, desempregado, que passava a maior parte do tempo nos bares. Ele voltava para casa cambaleando, logo que caía a noite, e batia em sua mulher, que já tinha deitado, antes de, provavelmente, lhe fazer um outro filho...

Sempre voluntariamente, e sempre em duplas, íamos buscar baldes d'água, pois, claro, eles não tinham água corrente no casebre. Levávamos também lenha para o fogo. Brincávamos com os filhos maiores, para ocupá-los e, sobretudo, para permitir a essa infeliz, sempre em ação, que tivesse um pouco de paz.

Desse modo, sem ter me transformado em santo, tornei-me sensível às injustiças da vida. Mantive uma grande preocupação para com todos, um respeito pelos outros, em particular por aqueles que estão em estado de sofrimento. Desenvolvi também um sentido de responsabilidade de que muitos adultos tendem a fugir, como esse aí que se refugiava no álcool, sem dúvida para não enfrentar as realidades do cotidiano. Esse aspecto de nossa educação marcou-me mais que os próprios cursos, pois, é preciso reconhecer, eu não era um aluno exemplar... Todo ano passava raspando para o próximo nível escolar, sem estrelinhas e com no máximo meio ponto acima da média. Devia este último seguramente à clemência de professores compreensivos, que previam com apreensão o futuro desses dois garotos, cujos pais viviam onde o *Calypso* os levava. Em cada começo de ano letivo, tínhamos alguns dias de atraso, que resultavam invariavelmente em gentis gozações: "Ah, aí estão, os dois passarinhos das ilhas..." Isso nos protegia também: que professor poderia esperar que um "passarinho das ilhas" fosse bom aluno! Nossos educadores toleravam então com indulgência uma certa falta de presença e de interesse, o que explicava a mediocridade de nossa educação.

Em relação aos estudos, os resultados foram, então, mais para modestos. Em termos de amizade e de encontros, por outro lado, foi um sucesso. Devo minha abertura de espírito à educação que recebi, quer se tratasse de viagens, que logo pontuariam meu ano escolar, quer se tratasse da forma como meu pai nos levou a adquirir confiança sobre a riqueza que a natureza representa para o homem. Tão longe quanto me lembro, essa sensibilidade me fez compreender o quanto a natureza é frágil e preciosa, e por que é preciso tomar conta, não usá-la em demasia. Mais tarde, no internato, tomei consciência de tudo o que significava essa educação paralela que se impõe quando se vive em comunidade. É necessário fazer algumas concessões das quais a gente nem teria consciência se fosse em contextos diferentes.

Aprendi, então, a viver com os outros, e a respeitá-los também. Isso nem sempre é fácil em um ambiente que, mesmo privilegiado, é um pouco fechado. Foi, sem dúvida, graças a isso que desenvolvi a capacidade de olhar o planeta como um todo – não como a justaposição de vários elementos – e de compreender que, desde o princípio, tudo está "conectado". Cada elemento, cada molécula, cada instante... Todos estão ligados uns aos outros, e seria louco imaginá-los independentes ou pensar que cada um pode se virar sozinho.

Mesmo correndo o risco de ser visto como um gentil sonhador, vejo o mundo como uma magnífica sinfonia executada por uma gigantesca orquestra. Cada planta, cada animal, cada individuo tem uma participação que lhe é própria, seu papel, sua própria marca. É, por isso mesmo, indispensável aos outros. Se existem, por exemplo, 150 violinos na orquestra, se um for suprimido, passará desapercebido. Mas, se eliminarmos um após o outro, sem grande consideração, chegará o momento em que, se retirarmos apenas um, de repente, bum! Tudo desmorona, a harmonia da sinfonia se transforma em barulhos impossíveis de serem dominados! Já está na hora de o homem tomar consciência de seu papel, antes de chegar no ponto crítico em que eliminar uma só espécie pode desequilibrar a totalidade do planeta.

Assim, certo desses princípios, comportei-me, durante toda a minha vida, um pouco como um médico que escolhe o tipo de profilaxia. É antes, bem antes, que se produz a catástrofe, e por isso é preciso antecipar. É necessário sermos vigilantes, estarmos sempre em ação e termos consciência de que podemos, a qualquer instante, apesar da boa vontade, cometer erros. Isso não tem nada de espetacular e pode até mesmo parecer um pouco abstrato. Mas é uma antecipação e nada mais. Estou convencido de que no ponto em que estamos é a única forma positiva de raciocinar, se quisermos proteger o futuro de nosso planeta. A lucidez de meu pai me impediu de cometer muitos erros. E ainda que não tenha estado presente fisicamente todo o tempo durante minha infância, sempre esteve presente moralmente. Seu raciocínio, sua forma de ver as coisas, foram meus fios condutores. Ele quis que eu assumisse minhas responsabilidades, o que chamamos de "liderança", o que nem sempre é fácil colocar em prática.

No internato de Roches, o tempo passava agilmente. As pessoas se surpreendem quando hoje confidencio: o internato sempre parece uma punição, mas não o senti dessa forma. Philippe e eu estávamos, se não felizes, ao menos perfeitamente adaptados, e, além disso, motivados pela perspectiva das férias! Como a maioria dos alunos, sem dúvida, só que as nossas férias não pareciam em nada com as de nossos colegas. No começo dos anos 1950, as crianças privilegiadas iam esquiar no inverno e nadar nas praias durante o verão. Era totalmente inusitado deixar um garoto de 10 anos tomar um avião sozinho. Hoje já é comum vermos crianças desde a mais tenra idade viajando sozinhas, carregando em volta do pescoço uma pequena bolsa com passagem, documentos e os dados de quem vai recebê-las. Na época, quando Philippe e eu viajávamos "desacompanhados", o negócio não era assim tão organizado. Se alguém nos esperava no aeroporto, raramente era a pessoa prevista! Isso não teria deixado de causar problemas.

Dezembro de 1953. Após um primeiro trimestre de internato, estávamos loucos de felicidade com a idéia de nos juntarmos aos nossos pais para passar as férias de Natal a bordo do *Calypso*, e ainda mais em outras latitudes! De Roches fomos para Paris, onde nos esperava a nossa avó materna Guitte – pessoalmente, jamais ousei chamá-la assim. Após a morte de seu marido, Guitte tinha se casado, pela segunda vez, com o almirante Decoux, comumente chamado de almirante "Panpan" – apelido um pouco sarcástico, que exprimia bem a simpatia que provocava a personagem. Mas a origem do apelido não vinha da família, já que este o acompanhava desde o exercício na marinha.

Homem duro, o almirante Panpan não era amado por ninguém, nem a bordo nem em casa. Creio que posso acrescentar que ele não fez feliz a minha avó e por isso eu o detestava, já que adorava minha avó. Por que então ela tinha se casado com ele? Talvez para não estar mais sozinha... Mas sem dúvida porque ele era almirante. Marguerite tinha mantido a mesma atração pela vida mundana e pelas recepções. Nós, filhos e netos, víamos com maus olhos esse homem que veio morar na casa dela, onde nos considerávamos em casa.

Minha avó e seu marido almirante tinham, então, como missão recepcionar meu irmão e eu antes de nos levar ao aeroporto de Orly e nos entregar à aeromoça do vôo Air France que ia para Jidá[1]. Em dezembro de 1953, a companhia estava em greve. Lembro que não foi possível pegar o telefone para preveni-los do atraso – coisa que parece tão simples hoje. O avião não partindo, Philippe e eu ficamos em Paris, enquanto o *Calypso* nos esperava em Jidá! Quanto tempo podia esperar? Não muito... Era impensável imobilizar um barco, uma equipe de marinheiros e pesquisadores – isso implicava muitas despesas e significava que o trabalho não poderia ser feito no prazo previsto –, ainda mais quando se tratava de esperar dois meninos que vinham passar as férias e que não tinham nem mesmo uma data prevista de chegada! Enquanto em Paris o avião não decolava, em Jidá, o *Calypso* voltava para o mar. Meus pais e a tripulação se preocuparam. Dois ou três dias mais tarde, ainda sem previsão de partida, eles se renderam à razão: "Eles não estão podendo decolar. Houve sem dúvida um contratempo, um imprevisto, sem dúvida um defeito... Vamos embora!"

Eles solicitam, então, ao embaixador da França:

– Agradecemos se puderem recepcionar nossos filhos, quando eles chegarem...

Podiam ficar tranqüilos, pois ele, depois de se colocar à disposição, afirmou que cuidaria de nós, que éramos muito preciosos, ainda

[1] Jidá (Jiddah em árabe) é uma cidade da Arábia Saudita, na costa do mar Vermelho. (N. T.)

mais que levávamos material, câmeras, películas, indispensáveis para o filme que meu pai deveria rodar durante a expedição.

Leal a sua promessa, todos os dias, na hora prevista da chegada do avião, o embaixador da França enviava seu motorista ao aeroporto. Quanto a nós, em Orly, depois de muito esperar, pudemos embarcar em um avião que ia para Beirute, aonde chegamos no meio da noite. Lá nos desembarcaram, com um único comentário:

– Vocês têm conexão para Jidá dentro de três horas... Mais ou menos.

E ali ficamos nós, os dois, um pouco confusos, andando em um local minúsculo, proibidos de sair, pois estávamos em trânsito. Ao nosso redor, homens que achávamos inquietantes. Éramos ainda muito jovens, estávamos sozinhos e em nossa primeira grande viagem! Tudo nos parecia estranho, o desconforto era total. Algumas horas mais tarde, quase de manhã, fizeram-nos embarcar em um DC4, posso me lembrar. Nós éramos as únicas crianças a bordo e, claro, os únicos europeus. Entretanto, ninguém se preocupava conosco. Fomos nos sentar no fundo do avião, onde, para minha grande surpresa, pude ver homens vestidos com uma *djellaba*[2] prepararem em pequenos aquecedores a gás, pães de farinha que constituíam suas refeições. O fato de haver fogo dentro do avião não parecia perturbar ninguém, nem o comandante, nem a tripulação, nem os passageiros. Três ou quatro horas mais tarde, o avião anuncia sua descida e logo pousa no meio do deserto. Nenhuma construção, nem cidade, nem mesmo alguma cabana, somente dunas a perder de vista. Um pouco confusos, descemos, sem nem mesmo saber onde estávamos. Nos explicaram com mais gestos do que palavras, que era necessário passar pela imigração. Suponho que nossos passaportes estavam em ordem, e que tivéssemos os vistos necessários, pois não nos colocaram nenhuma dificuldade. Depois dessa primeira etapa vencida, rumamos em direção a uma guarita de alfândega de onde saíram homens que falavam alto e pareciam muito nervosos. Fazendo grandes sinais, eles

[2] Longa vestimenta islâmica. (N. T.)

nos fitaram com um olhar desconfiado, antes de requisitar tudo o que estava conosco: filmes, câmeras, claro, mas também as malas que continham nossas roupas. Não ousamos protestar. Éramos crianças, e eu só balbuciava algumas palavras de inglês – que não era o mesmo que o deles. Sonolento, bobo de cansaço, sem dizer uma palavra, Philippe olhava nossos interlocutores com estupefação. Com grandes gestos desenhados pelos braços, emitindo onomatopéias para nós incompreensíveis, fizeram sinal para avançar. Nós não discutimos. O que podíamos fazer? Eu me perguntava o que seria de nós quando, a alguns metros, um homem com um grande bigode fez vários sinais que só poderiam ser para nós. Ele se aproximou e gaguejou algumas palavras, em um inglês que eu não compreendia tanto quanto ele não compreendia o meu. Isso não pareceu me importar muito, já que eu tinha a responsabilidade de acompanhar meu irmão mais novo. Segui o homem. Alguns minutos mais tarde, quando nos encontrávamos dentro de um carro que corria ao máximo em uma estrada, no meio do nada, perguntei-me se tinha feito bem em segui-lo. Não havia nada no horizonte, nem mesmo um cacto, somente areia e areia a perder de vista. Essa viagem teria me parecido interminável se a fadiga não tivesse se apoderado de mim. Como Philippe, adormeci, enquanto no volante o bigodudo tagarela falava sem parar.

Com a mudança do barulho do motor, eu acordo. No deserto que se estende cada vez mais, o carro começa a diminuir de velocidade. Estamos diante de muros altos. Um portão se abre e deixa entrar o carro, que penetra lentamente em uma espécie de oásis. O paraíso. Após a aridez e a areia, andamos agora em um caminho margeado por uma vegetação suntuosa. Palmeiras, bananeiras, flores e fontes de água... Eu não acredito no que meus olhos vêem. O carro pára diante de uma esplêndida casa de onde sai uma elegante jovem, e fala conosco com um francês cristalino. Estávamos na residência do embaixador, cujo motorista tinha ido nos buscar no aeroporto, como fazia todos os dias. Com muita delicadeza, a jovem mulher nos apresenta sua filha que tinha nossa idade. E nos explica:

– O *Calypso* partiu... Não sabíamos quando vocês chegariam... Seus pais não puderam esperar mais e nos pediram para acolhê-los. Vocês ficarão conosco alguns dias, até o retorno deles. Eu espero que vocês não estejam decepcionados demais.

Seguro em minha posição de mais velho, agradeci calorosamente à senhora, antes de lhe contar que acabaram confiscando as malas no aeroporto, com todo o material que levávamos para o *Calypso*. Sentindo-me inquieto, ela tenta me assegurar:

– Meu marido vai fazer o necessário. Não se preocupem, vocês recuperarão todas as suas bagagens.

Eu lhe explico as razões de nosso atraso, a espera em Orly, que não sabíamos o quanto duraria, nossa impotência, nossa impossibilidade também de avisar nossos pais... Minha angústia parece lhe divertir.

– Estamos acostumados – ela me assegura. Isso acontece sempre assim, aqui. Quando esperamos alguém, o motorista vai ao aeroporto e pergunta: "Vocês sabem quando chega o avião?" A resposta é sempre a mesma: "Sabemos que ele chega... quando, veremos!"

Nessa época as coisas eram assim, e não fazíamos mais perguntas.

Serviram-nos uma farta refeição – café da manhã? Almoço? Que importa! Nós a achamos suculenta e a devoramos com apetite e vontade. Mal acabamos de dar a última garfada, nossa anfitriã nos convidou para irmos descansar, e não nos fizemos de rogados. Dormimos 24 horas direto e, renovados, no dia seguinte, acordamos no fim da manhã, recuperados e dispostos, prontos para aproveitar a hospitalidade calorosa desse casal que era tão atencioso e delicado conosco. O embaixador nos impressionou um pouco; ficamos maravilhados com sua presença, seu título, e nossa timidez foi sumindo rapidamente. Aí, naquele cenário digno de *Mil e uma noites*, com uma inconstância e fraqueza bem masculinas, logo esqueci Marina Vlady. Eu me apaixonei pela filha do embaixador! Nada mudou – sempre a inconstância e a fraqueza masculinas; tenho vergonha de confessar que desde então esqueci o nome daquela menina tão bonita, que me parecia tão sedutora quanto frágil, vulnerável e... desejável. Ela era realmente muito jovem, quase uma criança ainda. Era preciso, definitivamente, protegê-la.

Um xeique que a viu ficou louco de amor por ela, querendo desposá-la. Mas corria o risco de provocar graves incidentes diplomáticos, pois o embaixador recusou-se categoricamente a aceitar a idéia. Por causa do interesse do xeique pela menina, ela tinha que ser estritamente vigiada, ficando quase enclausurada, de tanto que seus pais tinham medo que os altos muros que circundavam a residência não fossem suficientes para protegê-la da paixão do xeique.

Por ter um jeito de conto, daquele tipo que contava Scherazade durante as mil e uma noites, essa história é quase de uma veracidade banal.

Após ter dormido e recuperado as forças, Philippe e eu nos encontrávamos em plena forma, prontos para os passeios que nos propunham os anfitriões, a começar pela visita a Jidá, perspectiva que nos fez andar de carro novamente pelo deserto, mas desta vez sem medo. A impressão de penetrar em um mundo virgem era cada vez mais estranha, já que ao longo do trajeto podíamos ver enormes carros, Cadillacs prateados brilhantes, estacionados ao lado da pista. Mas não havia ninguém no interior deles. Eu me surpreendi quando me explicaram que eles ficavam abandonados durante o tempo em que seus proprietários iam buscar gasolina, a pé ou de *babuche*[3]! Surpreendente, de qualquer forma, essas pessoas riquíssimas e, a maioria, proprietárias de poços de petróleo, ficarem sem gasolina! E, no entanto, isso era comum nessa época e nessas latitudes. Eu o constatei em vários momentos, durante meus passeios no deserto.

Nessa ocasião, pela primeira vez, eu vi um oásis. E conservo ainda o impacto inebriante que senti quando vi essa vegetação luxuriante que brotava do deserto. Eu me lembro da tribo de nômades que

[3] Sapato ou pantufa árabe, sem salto. (N. T.)

capturavam gafanhotos. Eles os grelhavam para vender aos habitantes das cidades, principalmente os de Jidá. Essa era uma cidade magnífica. Mesmo não sendo mais a capital – Riade a tinha substituído em 1932 –, ela ainda conservava os vestígios de sua suntuosidade e beleza. Hoje temo que ela se tenha tornado moderna demais, desfigurada por altos edifícios construídos de forma barata, barulhenta, empoeirada, e engarrafada pelos inúmeros carros.

A descoberta de Jidá permanece marcada em mim, pois eu entrei em contato com uma civilização completamente diferente da nossa. E quanto! Como esquecer a imagem daquele infeliz, um delinqüente, provavelmente, que havia tentado roubar o que eu imaginava ser um banco, visto que, evidentemente, não tinha nada a ver com os bancos que conhecia? Será que ainda se faz isso em nossos dias? Não sei. Em 1953, a punição foi imediata, na rua, diante de uma multidão excitada com a idéia de ver tal espetáculo: ele teve a mão cortada! A direita ou a esquerda? Não me lembro, era aquela com a qual acabara de cometer seu furto. Imagina o choque que isso representou para um garoto que eu era: um choque cultural dramático, um desses acontecimentos marcantes que o assombram e o fazem refletir durante toda a vida. Como se não vissem nada, como se nada tivesse acontecido, nossos guias nos levaram para continuar o nosso passeio...

Alguns dias mais tarde, o motorista da embaixada nos levou até o *Calypso*, que tinha ancorado. As férias se anunciavam com boas perspectivas. Nossos pais nos receberam com os braços abertos, mas sem mais nenhuma demonstração de afeto fora do comum, como se o contratempo que tínhamos acabado de viver fosse sem nenhuma importância. Efetivamente, graças à hospitalidade do embaixador e de sua esposa, à gentileza e à atenção e de ambos, tudo aconteceu da melhor forma possível para nós. Foi uma sorte. Eu não estou certo de que JYC – e muito menos Simone – tenha tido consciência do impacto que esse contratempo poderia ter causado em garotos de nossa idade. Eles nos educaram para sermos capazes de enfrentar o imprevisto, qual fosse a situação. E nós o enfrentamos.

Ao escrever estas palavras, pergunto-me se não fui desencaminhado nos meandros da psicologia, coisa de hoje que não havia naquela época... Penso que nossos pais nos criavam sem pensar que éramos apenas crianças. Eles nos consideravam e nos tratavam como adultos. Às vezes isso era bem desconcertante, mas, com a distância, constato que não nos fez tão mal assim. É verdade que nós não fomos mimados por carinho em demasia! Carinho... Aí está uma palavra que não fazia parte do vocabulário do casal Cousteau. Não é uma recriminação, os dois tinham outras qualidades e, além do mais, nos deram outras riquezas. Mas o carinho, acho que, quando crianças, também nunca souberam o que isso significava. Pais, tampouco. Como poderiam ter oferecido aquilo que não conheciam? Isso não fazia parte do cotidiano deles. Quando manifestavam algum sentimento, era entre eles. Era o amor que testemunhavam os "Loubi" e outros diminutivos que não economizavam quando se dirigiam um ao outro. De fato, formavam um casal... além de serem pais... Claro, eles nos amavam, jamais tivemos dúvida; apesar disso – de toda essa evidência –, nem Philippe nem eu estávamos no horizonte de suas prioridades, de suas primeiras preocupações. Isso nos marcou? Não estou certo de que tivéssemos realmente essa consciência quando crianças. Por outro lado, posso afirmar que isso nos amadureceu, ajudando-nos a ser independentes mais cedo.

Um pouco mais tarde – promessa cumprida –, graças à intervenção do embaixador, o material que levávamos foi recuperado. Ficamos no cais alguns dias. Tudo corria bem, até a manhã em que vimos chegar a bordo homens que, sem sabermos por quê, manifestavam clara hostilidade em relação a nós. Estavam armados com grandes espadas, com as quais cortaram as amarras do *Calypso*, que começou a ficar à deriva, num momento em que os homens que estavam a bordo eram pouco numerosos. A maior parte deles ficara em terra, sendo necessário buscá-los com urgência. Nada muito grave. Porém, esse incidente fez parte daqueles que não esqueci... Durante muito tempo me perguntei, sem jamais encontrar uma resposta, qual a razão daquela agressividade para conosco.

Meu pai falava sempre do mar Vermelho com admiração e "vontade": "É um dos mais magníficos viveiros do mundo", dizia voluntariamente. Isso significava que, no mar Vermelho, mesmo os polvos e os camarões tornavam-se animais um pouco mágicos, incríveis, tanto em sua cor como em sua forma. Quanto aos peixes, alguns se chamavam "periquitos", "anjos", "borboletas" e até mesmo "esquilos"... O suficiente para fascinar os garotos que éramos.

As primeiras férias no *Calypso* nos permitiram descobrir um mundo novo. A tripulação era composta de homens jovens que, em parte, navegavam pela primeira vez. Nós os tratávamos com respeito, utilizando sempre "o senhor" e "os senhores" para nos dirigirmos a eles, enquanto eles, claro, dirigiam-se a nós empregando o "você"[4]. A bordo havia também cientistas e personalidades. O convívio e as trocas eram simples, naturais, sempre animadas. Titi Léandri se lembra:

– Quando nos pediam para levar-lhes algo ou fazermos alguma coisa específica, os cientistas tinham sempre a paciência de nos explicar o que queriam, o por quê queriam e para que servia... Para nós, isso era bem estimulante e fazíamos sempre com interesse e prazer. Nada a ver com o trabalho que eu havia conhecido na marinha nacional, onde nos davam ordens que tínhamos que executar sem discutir ou mesmo tentar compreender. Obedecíamos, claro, não tínhamos escolha, mas éramos completamente indiferentes! Estávamos divididos em classes que não se encontravam jamais. Quando se fala e se explica, tudo se torna mais interessante e ficamos contentes de realizar o que é pedido.

Titi tem um pequeno momento de reflexão, antes de concluir:

– Nisso o comandante era bom!

[4] No francês a segunda pessoa do plural (*vous*) é utilizada como pronome de tratamento em relações formais ou hierarquizadas. O *tu* é empregado com crianças ou quando se tem muita intimidade. (N. T.)

Único mestre a bordo... o comandante, claro, mas sobretudo a Bergère, a mulher do comandante. Descobria minha mãe, convivendo em um meio que ainda me era desconhecido. Linda, bronzeada, alegre, a Bergère reinava a bordo do *Calypso* e sobre a tripulação com contentamento evidente. Causava a admiração de todos, por sua beleza e, mais ainda, por sua autoridade natural, com a qual se impunha. Pois se minha mãe era uma mulher de charme raro, também sabia ser dura, o que não excluía um calor humano que se manifestava em mil detalhes. Acima de tudo, ela dominava a arte de fazer reinar a bordo um bom clima caloroso e descontraído, o que nem sempre é fácil no universo estreito de um barco. O *Calypso* era uma antiga draga de mina, um pequeno barco com pouca preocupação para com a tripulação. Vivíamos amontoados, em grande "promiscuidade". A presença de minha mãe atenuava as tensões, muito freqüentes nessas situações.

André Laban subiu a bordo pela primeira vez em 1952, quando tinha 24 anos. Passou lá 25 anos de sua vida. Com algumas palavras, faz o retrato de minha mãe, bem próximo da verdade:

– A Bergère é realmente a madame Cousteau. Pode-se escrever um livro sobre ela. Um sinal particular importante era a sua ligação com a Air Liquide. Isso favoreceu o nascimento do escafandro Cousteau-Gagnan e a criação da Spirotechnique.

– Ela chamava o *Calypso* de "meu barco" e, insensível ao mal que pudesse causar ao mar, fumava, bebia e blasfemava como um verdadeiro marinheiro... E, como ninguém, sabia, se necessário, transformar-se na melhor dama do mundo para receber o cônsul da França ou o governador de uma ilha. Nesse caso, utilizava com eficiência seu domínio do inglês e do japonês.

Surpreendente Laban! Engenheiro de formação, permanecia no mar o mais freqüentemente possível, mergulhava, pintava, escrevia e tocava violoncelo. Sempre embarcava com seu instrumento, do qual nunca se separava e com o qual tocava toda noite trancado em sua cabine.

Após um acidente de mergulho livre, com meu tímpano danificado – acamado, sofrendo terrivelmente com dores de ouvido que nada parecia atenuar, vi Laban com seu violoncelo entrar na cabine que dividíamos. Sem uma palavra, ele se sentou, colocou o instrumento entre os joelhos e, suavemente, começou a fazer tocar o arco sobre as cordas. Durante muito tempo ele tocou para mim, fazendo-me esquecer da dor, que naquele momento desaparecera... É impossível esquecer tais trocas e tais momentos de generosidade.

Que alegria reencontrar Simone naquelas condições. A bordo do *Calypso*, para os adolescentes que éramos, estávamos mais próximos do sonho do que da realidade. Quando retornávamos para Roches, era bem comum que nossos estudos fossem um pouco prejudicados. Naturalmente – quem poderia nos censurar? –, nós, recém-chegados, "passarinhos das ilhas", pensávamos mais nas próximas férias do que nos teoremas e equações que nossos professores tentavam nos ensinar. Só tínhamos uma idéia na cabeça, uma imagem: o *Calypso*, que nos assombrava. Era a musa de meu pai e também de toda a família, com exceção de meu primo Jean-Pierre, que passava muito mal no mar, vomitando tripas e vísceras. Para ele, as férias no barco eram bem mais um pesadelo do que qualquer outra coisa.

"Eu creio, diz ele, que foi isso o que me estimulou a ficar no internato. Eu tinha horror do mar, horror desse velho barco. Eu preferia trabalhar como um louco a ter que navegar."

Como esquecer as amizades que se formaram durante o dia-a-dia no mar em um pequeno navio que, ninguém imaginava no momento de sua construção, acabaria se tornando um barco mítico. Escrevi isso com uma certa satisfação e um tanto de pesar e de amargura também. Como não ter saudades quando se sabe que o *Calypso* está apodrecendo – essa palavra me dói – e, com ele, tudo o que representa. Que desperdício!

É pouco dizer que tivemos uma infância maravilhosa, Philippe e eu. Uma infância fora do comum...

10
As casas submarinas

Com tal educação, não é de surpreender que eu jamais tenha vivido os conflitos que normalmente colocam todo adolescente contra seus pais! Eu via os meus dentro de um quadro privilegiado, pois eles tinham a sorte de viver sua paixão, cercados por uma tripulação que, assim como eu, lhes dedicava admiração e devoção.

Não é de admirar também que, em tal contexto, eu não tenha sido o que se convencionou chamar de bom aluno. Eu nunca estava entre os primeiros – jamais entre os piores também –, isso dependia das matérias! As ciências naturais eram o meu ponto forte; o tema me apaixonava, junto com o esporte! Minha irregularidade não deixava de confundir os professores, que esperavam ao menos uma certa constância: bom ou ruim, mas sem oscilações. Minhas notas, ao contrário, sempre com "altos e baixos", flertavam tanto com o dez quanto com o zero! Mesmo depois de ter deixado a escola de Roches por outros estabelecimentos, ao longo das peregrinações dos meus pais, continuei sendo considerado um "passarinho das ilhas" por meus professores... Quer dizer, alguém que não se define bem, que não cria problemas, não se rebela, mas de quem não se espera grande coisa. Alguém que só dá o que quer dar e... quando tem tempo! Ora, eu estava sempre muito ocupado com as atividades extracurriculares, que absorviam meu interesse e muito do meu tempo.

Após Roches, fiquei um tempo no liceu Janson-de-Sailly, em Paris. Um período abençoado, porque me permitiu seguir os passos de minha avó materna, que exercia sempre a mesma fascinação sobre mim. Tive também uma passagem por um desses estabelecimentos privados caros, denominados "fábricas de *bac*"[1], pois até mesmo o menos dotado e o menos assíduo dos candidatos tem alguma chance de ser aceito, tamanha a pressão que exercem sobre a escola.

Chamava-se Sainte-Barbe o colégio particular do qual guardo principalmente a lembrança do dinheirinho que ganhava cortando os cabelos dos colegas. Em que ocasião eu teria descoberto esse talento? Não me lembro.

Em 1957, tendo meu pai sido nomeado diretor do Museu Oceanográfico de Mônaco – o que supunha, se não uma certa base, pois meus pais continuavam a realizar explorações com o *Calypso*, ao menos uma certa estabilidade –, acabei terminando o ensino secundário no liceu de Mônaco.

O principado era manchete de todas as revistas desde que, dois anos antes, o príncipe Rainier III desposara a bela atriz norte-americana Grace Kelly. Seu casamento deslumbrante foi relatado pela imprensa do mundo inteiro. Os amores da família Grimaldi fizeram a fortuna dos jornais por muito tempo, e mais ainda quando foi ventilada a possibilidade de uma maternidade próxima, após a viagem de lua-de-mel no iate do príncipe.

Mônaco... Ainda ouço os sarcasmos dos detratores do comandante Cousteau. À época, eles já não se continham: "O que ele vai fazer num paraíso fiscal? O que ele tem a esconder?" Nada!

Não, Jacques-Yves Cousteau não tinha dinheiro a esconder. Para dizer a verdade, ele não tinha dinheiro, com exceção do seu soldo de oficial aposentado – que não tinha nada de mirabolante –, ao qual se juntou um salário de diretor de museu que, como era justo, era apenas um salário de funcionário.

O Museu Oceanográfico fora construído em 1910, por vontade do príncipe Albert I, apaixonado pelo mar e seus recursos, uma espécie

[1] Abreviação de *baccalauréat*, exame equivalente ao vestibular, realizado na própria escola, durante o último ano do 2º grau. (N. T.)

de visionário nesse campo. No estilo das construções que se faziam sobre o Rocher à época, o museu, situado nas proximidades do palácio, parecia um bolo gigante e cremoso. Contudo, desde a sua concepção, ele foi colocado sob a tutela do Instituto Oceanográfico de Paris, do qual ainda depende. Como diretor, meu pai tinha, portanto, o status de funcionário francês residente em Mônaco; ele foi um dos últimos a se beneficiar das vantagens dos residentes monegascos, às quais o governo do general De Gaulle pôs fim em 1959. O comandante tinha à sua disposição todos os recursos e informações do museu: documentos, biblioteca, bem como uma certa caução científica da qual ele não deixou de usufruir. É sempre gratificante, por exemplo, poder inscrever no final dos créditos: "Filmado com o apoio científico do Museu Oceanográfico de Mônaco", especialmente quando realizamos filmes que têm por tema uma odisséia submarina.

Minha mãe, que passara a infância no Japão, detestava morar em Paris. Ela considerou uma sorte poder viver em outro lugar, quando era preciso descer de seu querido *Calypso*. Por essa razão, não se instalou na residência funcional do diretor do museu – que achava muito ostensiva –, mas no último andar de um imóvel construído no alto (o metro quadrado é raro e caro em Mônaco!) e de onde se avistava o mar. Do seu terraço, ela podia ver o porto onde ficava atracado o seu *Calypso*, quando esse se encontrava nas águas do principado.

De minha parte, duas vezes por dia, de manhã cedo, antes de ir para o liceu, e à noite, ao voltar, eu passava pelo Museu Oceanográfico, para alimentar os golfinhos. Já atraído por tudo o que dizia respeito ao mar – especialmente pelas atividades do meu pai e pelo sentido que ele dava às suas pesquisas –, eu me interessava cada vez mais por esses animais do que pelos programas escolares. Era o que eu respondia então ao meu pai quando, durante nossas conversas, ele me perguntava: "O que você gostaria de fazer na vida?" Eu não sabia exatamente. Mas – atitude paradoxal, que não deixava de irritá-lo às vezes – ao menos eu tinha certeza de querer viver e trabalhar em torno do mar, sem por isso estar tentado pela idéia de fazer carreira na marinha. Para grande desgosto de minha mãe! Simone teria ficado feliz em ver seus dois filhos seguirem os passos de seu pai e de seus avós! Nem Philippe e nem eu correspondemos às suas expectativas. Mais tarde, quando comecei a me perguntar seriamente sobre o futuro, considerei fazer Direito. Advogado? Por que não? Aí também eu estava sendo influenciado por minha mãe, que dizia:

– Jean-Mine, você que sempre questiona tudo, qualquer que seja o assunto; você que está sempre replicando, procurando um argumento, conclusões... Sabe que você daria um bom advogado?

Uma outra idéia insidiosa germinava em mim. As descobertas feitas durante meus mergulhos submarinos tinham sido bem-sucedidas desde a infância, sobretudo durante as férias no mar Vermelho. Elas se manifestaram bem cedo de outra forma, novamente sob a influência do meu pai.

Ele vociferava sem parar contra uma certa falta de eficácia, relacionada aos limites que nem mesmo o melhor e mais experiente dos mergulhadores saberia ultrapassar. Pensou, então, em um aparelho que pudesse impulsioná-los. Meu pai sabia bem que havia uma linha imperceptível sob a água, a partir da qual o homem se arriscava a sofrer graves acidentes, especialmente de descompressão. Não se pode brincar com a famosa "embriaguez das profundezas": ela pode atingir qualquer mergulhador, em diferentes profundidades, conforme seu estado físico – se ele estiver cansado, ansioso, se tiver dormido mal... Não dá para lutar contra ela. Os estágios de descompressão são, no entanto, quase perfeitamente previsíveis, e é absolutamente necessário prevê-los, embora algumas pessoas sejam mais sensíveis do que outras. As regras de mergulho foram estabelecidas pelo comandante e seus colegas no âmbito da marinha francesa. Aprimoradas diversas vezes, elas permitem avaliar quanto tempo um mergulhador pode permanecer sob a água e a qual profundidade. Tudo isso determinou os limites a partir dos quais meu pai se colocou a questão:

– Agora que atingimos os limites do mergulho, o que podemos fazer para descer mais fundo e permanecer por mais tempo sob a água?

Uma primeira reflexão levou-o a pensar nos submarinos. Por que, então, não construir um pequeno submarino destinado à exploração civil? Para ilustrar sua proposta, ele pegou dois pires, colocou um contra o outro, obtendo assim um objeto resistente à pressão atmosférica. Bastava reproduzi-lo numa escala suficiente para que duas pessoas pudessem entrar; assim, elas sofreriam uma pressão atmosférica normal. Portanto, não poderia ocorrer um acidente de descompressão. Nessa pequena cabine, os mergulhadores-oceanautas teriam a possibilidade de se auto-propulsar. Essa segunda idéia deu origem a uma nova invenção: a propulsão por jato de água, ou seja, por mangueiras de água. Nascia, dessa forma, o primeiro submarino equipado com bombas que lançavam água. Orientar as mangueiras num sentido ou noutro permitia mudar imediatamente de direção e de profundidade.

O objetivo era substituir as hélices, sempre muito perigosas para o piloto porque havia o risco de se prenderem nos cabos ou nas redes, contrariamente às mangueiras. Meu pai sempre teve essa obsessão pelo melhor, que me orgulho de ter herdado. Sempre dizíamos – mesmo que isso pudesse parecer de gosto duvidoso – que, "para sermos eficazes, nós mergulhadores precisávamos ser como os supositórios", de maneira a penetrar na água sem esforço, contrariamente àqueles que praticam o mergulho amador, que parecem "árvores de Natal". A imagem nos agradava porque eles têm sempre tubos, acessórios pendurados por todos os lados e toda espécie de asperezas que os retardam na água. Nós queríamos entrar na água facilmente porque, ao contrário deles, passávamos de quatro a cinco horas por dia dentro dela, o que é fatigante. "Quanto menos resistência encontrarmos, mais eficazes seremos..." costumava dizer meu pai. Essa foi a base de suas pesquisas.

As mangueiras, as estruturas, os discos, verdadeiramente lisos e revestidos de uma carenagem sobre a qual não havia nada, foram concebidos dentro desse espírito. Os homens ficavam deitados de barriga para baixo, cada um com óculos para observar e manoplas para dirigir. Esse primeiro "disco" deu origem a uma nova família de submarinos.

Primeiro vieram as "pulgas-do-mar", pequenos submarinos concebidos para uma pessoa. Obcecado pela segurança, meu pai achava que, em caso de dificuldade, era preferível enviar dois submarinos para o local ao mesmo tempo, a fim de que eles pudessem se ajudar mutuamente. Isso também permitia que um filmasse o outro.

O disco submarino estava aprovado para 350 metros; a "pulga" podia descer a até 500 metros de profundidade. Embora suas formas fossem diferentes, ambos eram propulsados por mangueiras. Meu pai, a seguir, foi convidado a fabricar outros submarinos. Após o disco, veio o *Deep star*, concebido pela Westinghouse, nos Estados Unidos. E, após as "pulgas", foi criada a *Cyana*, pelo governo francês. Evidentemente, na fase de estudos, nós lhes daríamos nomes bem menos memoráveis. Falávamos de SP 350, ou ainda de SP 500...

Somente após estar em condições de descer a 350 metros de profundidade com o disco é que o comandante teve essa revelação que até hoje me ocupa: nada substituirá a presença humana e a possibilidade de o homem tocar, com suas mãos, e manipular os objetos no meio ambiente. É o que dá origem ao conceito de casas submarinas. O disco submarino foi lançado em 1959, não sem dissabores. Inicialmente, ele tinha sido testado com um simples casco, pois se tratava de saber até que profundidade ele poderia resistir. Ele ficou destruído e se perdeu, mas não foi grave: não havia ninguém em seu interior. Um segundo disco foi então testado e, apesar da perda de tempo sempre lamentável, mas inevitável quando fazemos experiências com protótipos, o resultado foi conclusivo.

Albert Falco adora remontar à origem dos discos e das "pulgas" ao dia em que estavam almoçando no refeitório. Como eu disse, o comandante pegou dois pratos e colou um no outro, borda com borda, antes de declarar, solene e ao mesmo tempo brincalhão: "Eis o nosso submergível!"

– A explicação era um pouco rápida, comenta Albert Falco... Entretanto, apenas alguns dias mais tarde, os engenheiros do OFRS (Office

Français de Recherches Sous-marines – Agência Francesa de Pesquisas Submarinas) já se debruçavam sobre o assunto. Foram necessários quatro anos para pôr em funcionamento um projeto adequado para Cousteau, que batizou o equipamento de *Tortue*, em homenagem a David Bushnell, que assim chamara o primeiro equipamento submergível que concebeu em 1775. Fora dado o primeiro passo.

Durante esse tempo, fazíamos ensaios de laboratório com animais, para testar as experiências em mergulho, saturação, mistura gasosa.

Meu pai não conseguia conter seu desejo de querer ir cada vez mais longe, sempre mais para o fundo e lá permanecer por mais tempo. Ele sonhava com uma casa submarina. Mas seriam necessários alguns anos, antes que os engenheiros da OFRS, que se tornou Cema (Centre d'Études Marines Avancées – Centro de Estudos Marinhos Avançados), entregassem uma "casa" de cuja concepção e construção eu cuidei. Foi em 1961 que aconteceu a primeira experiência de "pré-continente".

Claro, no mesmo instante em que expôs sua idéia, o próprio Cousteau preveniu: "Não se trata de ir morar nas profundezas abissais, a 3 ou 4 mil metros de profundidade. Penso, ao contrário, que o homem poderia colonizar a plataforma continental, esse prolongamento dos continentes sob a superfície do mar". Ele antevia uma profundidade entre zero e 250 metros.

Aos seus olhos, tratava-se da "parte mais rica e mais interessante do oceano e a razão pela qual decidi batizar nossa experiência de *Précontinent*, mais precisamente *Précontinent 1*, esperando que houvesse outras..." Quem melhor que Albert Falco para relatar essa primeira experiência? Esse cidadão de Marselha, mais conhecido como Bébert e louco pelo mar, embarcou certa manhã no *Calypso* por um desses acasos dos quais a vida é rica em nos reservar. Apenas por uns dias, pensava ele. Não pisou mais em terra em toda a sua carreira. O capitão do *Calypso* relembra:

"O comandante Cousteau me designou, junto com meu amigo Claude Wesly, para ser o primeiro morador da primeira casa submarina do mundo. O primeiro oceanauta!... O paxá não poderia ter me concedido honra maior... Não imagine um palácio, nem mesmo uma casa de subúrbio... É um tonel de aço pintado de amarelo, de cinco metros de comprimento por dois metros e meio de diâmetro, que possui um poço de entrada inferior. Por se tratar de um tonel, nós o batizamos de *Diogène*, em referência à habitação que o filósofo escolheu para si".

Foi ao largo do castelo de If que o habitáculo foi colocado, a dez metros de profundidade, sobre um balcão de rocha. "Estou me concentrando", escreveu Falco. "Ficaremos sete dias sob o mar. A princípio, essa missão não envolve riscos. Os especialistas do Cema testaram os efeitos do mergulho por saturação em animais – carneiros, bodes, porcos... Deveríamos resistir tão bem quanto o gado! Todavia, sinto crescer a angústia. Observo meu companheiro de experiência, Claude Wesly: ele também tem o sorriso crispado. Faremos o que nenhum homem jamais tentou."[2]

Alguns dias mais tarde, o humor passou à euforia. Lírico, Falco relatou: "O sexto dia é maravilhoso. Usufruo da minha condição de oceanauta. Pela primeira vez, tenho tempo de observar sob o mar. Terminou a obsessão pelo cronômetro! Observo detalhadamente cada metro do herbário de posidônias. Algumas dessas plantas floriram: belas corolas discretas, amarelo-verde, que jamais havia observado. À noite, sob a luz dos projetores, a campina submarina está cheia de vida. As anêmonas-do-mar e os ceriantos deslocam seus penachos de tentáculos: infeliz do camarão que toca um desses chicotes venenosos! Caranguejos percorrem o fundo... Estrelas-do-mar vermelhas, e outras, ocre... Hipocampos se engancham para a fila... Vejo os que se acasalam... esta noite, monsieur dá à luz... Claude e eu começamos a esquecer o que acontece lá em cima..."

[2] Albert Falco e Yves Paccalet, *Capitaine de la* Calypso, Robert Laffont, Paris, 1990.

Como resistir, de minha parte, a esse entusiasmo, a essas descobertas, a esse mundo novo que se abria para o homem? Não era de surpreender que um desejo passasse a me perseguir: eu seria arquiteto, construiria casas. Não importando quais casas, nem onde: eu construiria casas submarinas. E estudaria arquitetura marinha.

Quando, pouco depois, me abri com meu pai, ele fez uma cara de dúvida.

– Você quer mesmo construir casas submarinas? Tem certeza?

– Não tenho nenhuma dúvida.

Ele deu um sorriso indulgente diante o meu entusiasmo, que atribuiu à juventude.

– Pense bem.

E, de repente, ele evoca a razão, o que não era do seu costume.

– Você tem consciência de que as oportunidades serão limitadas? Sempre se construirá menos sob o mar do que...

Por uma vez, eu me dei ao luxo de cortar-lhe a palavra, e foi com insolência satisfeita que terminei a frase:

– ...que sobre a terra! Isso é claro.

Pode falar, meu querido pai! Seus argumentos não têm como esfriar um entusiasmo que logo virará obsessão... Quero fazer arquitetura submarina em oposição à arquitetura tradicional e à arquitetura naval. Eu tinha apenas um problema: não havia escola de arquitetura marinha naquela época... Aliás, não existe ainda! Portanto, tomei a decisão de fazer, primeiro, arquitetura tradicional. Depois veríamos... E é por isso que sou arquiteto diplomado... É minha profissão, eu poderia exercê-la normalmente na Comunidade Européia se quisesse. Poderia também trabalhar na Califórnia, desde que passasse em alguns desses exames chamados “equivalências”.

A seguir, tudo aconteceu rapidamente. Somente com o diploma em mãos, tive a oportunidade de fazer contato com um arquiteto parisiense que tinha muito interesse na arquitetura tubular. Membro do júri do Grande Prêmio de Roma, ele sugerira como tema do concurso a realização de uma ilha flutuante ao largo de Mônaco. Esse tema só podia me apaixonar, na medida em que tinha a ver com o que eu queria fazer. Então, sob suas orientações, apressei-me em aperfeiçoar minha formação nos canteiros navais de Saint-Nazaire. À época, eles estavam em greve e, todos os dias, eu precisava passar diante dos piquetes para entrar na sala de estudos! Um pequeno detalhe! Lá, adquiri certa experiência em arquitetura naval, que me permitiu compreender melhor os aspectos técnicos e as obrigações dos engenheiros nesse campo. Algum tempo depois, eu estava pronto para me lançar nisso que chamo de arquitetura marinha.

Meu pai não estava muito otimista quanto ao meu futuro profissional. Ele tentava me fazer entender, sem contudo dizer explicitamente, que as oportunidades seriam raras para um arquiteto marinho. E com razão! A profissão nem existia! Ele se preocupava ainda mais na medida em que não conseguia ver, de maneira precisa, como o seu projeto de casas submarinas poderia evoluir. Mas ele não queria me enfraquecer o moral, nem me fazer perder o entusiasmo. Tampouco desejava denegrir minha especialidade. Pois ela era verdadeiramente minha: uma especialidade que eu acabara de criar.

Após a *Précontinent 1*, o comandante Cousteau fez uma segunda experiência de casas submarinas, desta vez no mar Vermelho. Chefiando os voluntários, Falco, evidentemente. Mais tarde, o capitão do *Calypso* reconheceu que fez mal em se entregar ao entusiasmo provocado por sua primeira permanência de longa duração sob o mar:

"Quando vivemos a exaltação de uma estréia mundial, é difícil voltar ao real", admite. "Confesso que, após a *Précontinent 1*, as clássicas missões de oceanografia do *Calypso* me parecem sem graça, enfadonhas, repetitivas... Mas, como diz o paxá, a ciência do mar avança palmo a palmo. Grandes experiências e idéias de gênio são raras. Esforço-me para me restabelecer"[3].

[3] Albert Falco e Yves Paccalet, *op. cit.*

Dessa vez, a aventura é mais ambiciosa. Não se trata mais apenas de uma casa – de um tonel –, mas de uma "aldeia". Seus habitantes batizam de *Estrela-do-mar* a estrutura principal, por causa da sua forma: quatro raios que partem de um bloco central. A distribuição das peças e sua organização foram pensadas em função do bem-estar e do conforto dos que irão habitá-la.

Cinco pessoas lá coabitaram, trabalharam, dormiram e comeram. Elas também ofereceram sua hospitalidade a visitantes durante um ou vários dias. Albert Falco recorda:

– Criei, por assim dizer, o táxi submarino.

Com o disco, naturalmente! E, como eles tinham batizado a habitação principal de *Estrela-do-mar*, os usuários batizaram de *Ouriço* a garagem na qual o disco era guardado. Não era assim tão fácil. De novo, o "chofer" coloca as coisas no lugar: se temos a tendência de pensar que, sob o mar, estacionamos como quisermos, estamos enganados! Albert Falco explica: "Entrar nele [no *Ouriço*, claro] não é tão simples. Eu miro – em três dimensões: cuidado com o teto! – a fim de fazer o submergível passar entre dois dos três pés do *Ouriço*. Estabilizo-o quando ele chega à vertical da entrada inferior. Aguardo que meus auxiliares externos icem o equipamento: um guincho me ergue até o nível da água... Tão simples quanto estacionar o carro numa garagem de uma casa de subúrbio! Um ou dois mergulhadores devem me guiar. Isso, duas a três vezes por dia".

Falco também acompanha os oceanautas em suas atividades, e não apenas os oceanautas... É que há um estranho ser vivo com eles: um papagaio! Por quê? É preciso lembrar que, à época em que os homens desciam nas minas, eles sempre levavam com eles um canário. Às vezes, o canário voltava vivo à superfície. Mas, na maioria das vezes, ele morria asfixiado por falta de oxigênio. Isso significava, para os homens, que era hora de subir se não quisessem ter a mesma sorte.

Por várias vezes, o comandante, a quem pertencia a idéia dessa "aldeia" submarina, visitou os oceanautas. Jacques-Yves vinha conferir o que a câmera transmitia na tela de televisão que ficava ligada permanentemente. De fato, era muito interessante ver de que maneira seu comportamento se modificava ao longo dos dias que passavam. Os oceanautas mudavam de caráter, mas seus gostos também evoluíam. Após apenas três ou quatro dias, eles deixavam de lado, às vezes até mesmo fechadas, as cartas da família que abriam com tanta impaciência no início da estadia. E, logo, nem as respondiam mais. Eles se desligavam cada dia mais daquilo que fora seu mundo até então. Os oceanautas abandonavam as canções populares para ouvir música clássica, assim como abandonavam os livros de aventuras ou os romances policiais em prol de leituras mais sérias, mais profundas! Para a refeição, pediam que o cozinheiro lhes preparasse saladas e grelhados, e não mais os pratos fortes cheios de molho que tanto apreciavam antes. Eles mudavam também de comportamento, tornavam-se taciturnos e reclamavam de tudo e de nada. Mas o humor conservava-os inteiros e evitava os atritos que essa estreita convivência pudesse causar. Na outra casa, a mais profunda, a mistura de oxigênio e hélio, que constituía o gás ambiente, transformava as vozes. Logo, ninguém mais se reconhecia e tinha-se a impressão de se estar falando como o Pato Donald. Era inútil se dirigir num tom seco a um interlocutor quando se tinha vontade de manifestar mau humor: a entonação à Donald desencadeava imediatamente uma irreprimível vontade de rir e, forçosamente, o humor voltava a bom tempo.

Em experiências desse gênero, a parte técnica e fisiológica costuma sempre preocupar muito, sendo um pouco negligenciada a parte psicológica. O que se passa na cabeça dos indivíduos isolados assim? É o que me apaixona, o que reforçou meu desejo de construir casas submarinas.

Os cinco oceanautas permaneceram 27 dias na *Estrela-do-mar*, durante os quais a Bergère veio partilhar sua vida. Minha mãe teria sido, portanto, a primeira mulher oceanauta!

No momento de subir, alguns estavam felizes, outros teriam prolongado sua estada nesse meio confinado de bom grado, mesmo que suas únicas "saídas" consistissem em trabalhar em diferentes projetos, como fazem os astronautas.

Dessa experiência, deduz-se, claro, que o homem não viverá sob o mar. Mas constatou-se que era possível... Observou-se também que ele pode trabalhar sob a água de forma mais rentável, eficaz e rápida do que as máquinas. Isso foi o início de uma outra forma de conceber alguns "canteiros". Veio, a seguir, o *Précontinent 3*. Seis homens, entre os quais meu irmão, trabalharam numa frente de poços de petróleo. A partir dessa experiência, começou-se a chamar mergulhadores para as explorações petrolíferas. Meu pai quis demonstrar que era possível.

Ele amava abrir portas, ser um pioneiro; então, uma vez efetuada a demonstração, segundo seu hábito, ele passava para outra coisa...

11
Madagascar

A vida estava melhor para mim. Os estudos de arquitetura me interessavam. Sem dúvida, coloquei meu coração nisso e dediquei um pouco mais de tempo, coisa que eu não fazia durante o secundário. Eu havia amadurecido também, sabia agora o que queria fazer. E, o que vale, estávamos entre jovens da mesma idade – ou quase – com os quais compartilhávamos o mesmo objetivo. Podíamos, contudo, questionar as motivações de alguns... Eu me lembro especialmente de uma aluna do primeiro ano, embora eu a tenha conhecido apenas de vista. Eu somente cruzava com ela, pois não circulávamos nas mesmas rodas. Era uma dessas moças por quem não se tem interesse. Longe de ser bonita ou atraente, era morena, de cabelos batidos, lanugem, e até mesmo gorducha. Será que ela fez o segundo ano? Acho que não. Lembro-me de que, pouco tempo depois, por razões de Estado, ela foi habilmente transformada. A tal ponto que pode-se dizer que foi quase uma bela mulher quem desposou o xá do Irã! Pelo menos foi o que declarou a imprensa de variedades, pois, claro, a minha colega não me convidou! Essa estudante de arquitetura, já deu para entender, chamava-se Farah Diba. Alguns anos mais tarde, foi sagrada imperatriz do Irã.

Diploma na mão, pouco a pouco compreendi a mensagem que meu pai queria me passar. Meu entusiasmo não diminuiu, mas eu aceitava a idéia: era um bom projeto querer construir casas submarinas, mas era bom saber que a clientela seria rara! O futuro anunciava-se incerto. E os acontecimentos jamais se desenrolam tão simplesmente quanto gostaríamos.

Estávamos em plena guerra da Argélia e eu estava em idade de prestar o serviço militar. À época, ele durava 27 meses. Era um período de vida do qual não se podia escapar, a menos que se fosse seriamente deficiente. A idéia não nos ocorria, aliás. Mas eu não queria ser enviado para a Argélia como simples soldado. Assim, decidi fazer minhas "aulas" para me tornar aspirante, ou seja, suboficial sem soldo. Meu objetivo não era desinteressado! Não tenho do que me vangloriar – o que, aliás, não faço –, mas, é compreensível, eu preferia dar ordens a recebê-las! De minha experiência no deserto, de minha viagem à Arábia Saudita especialmente, tirei uma lição: nós, ocidentais, muitas vezes nos comportamos com falta de habilidade, geralmente por ignorância. Uma formação de oficial só poderia me ser benéfica. Foi dentro desse estado de espírito que fiz uma preparação militar para me tornar aspirante, em Mourmelon, de onde guardo uma lembrança de chuva e lama. Quanto mais chovia, mais a lama era abundante... e mais nos faziam marchar, sem dúvida para forjar nosso caráter.

A seguir, fui enviado a Toulon, mais precisamente ao quartel Bazeilles, em Mourillon, bairro que me viu nascer. Lá, eu tinha verdadeiro horror do que nos ensinavam – como manejar um fuzil, por exemplo! Eu detestava a forma como nos ensinavam. Mas fazia assim mesmo. Quando meu período de treinamento terminou, ironia do destino, a guerra da Argélia havia acabado! Eu fiz tudo isso por nada! Tinha me submetido à violência, usado um uniforme, fora contra algumas das minhas convicções por nada! Enfim, não completamente... Esse treinamento possibilitou a minha inscrição na *coopération*[1]. Aliás, tive uma sorte absurda. De fato, quando me perguntaram o que me interessava, para onde eu desejava ir, escolhi três países, por

[1] Em português, cooperação: serviço civil voluntário que um jovem pode executar no estrangeiro no lugar do serviço militar. (N. T.)

ordem de preferência: Madagascar, Daomé e Senegal. Madagascar vinha, de longe, em primeiro lugar. E foi para Madagascar que fui enviado! Essa sorte não me abandonou durante os três meses de treinamento que precederam minha partida. Vivi uma experiência positiva.

À questão:

– O que você sabe fazer?

Alguns respondem, por exemplo:

– Sou engenheiro...

E ouvem:

– Bem... Você irá descascar batatas...

Ou, ainda:

– Você vai limpar as privadas.

Na minha vez, respondi:

– Sou arquiteto...

E me vi sendo enviado para um escritório de arquitetura com a missão de levar a bom termo os projetos que me interessavam, especialmente no plano do grafismo.

Terminado esse período de treinamento, deram-me uma passagem de avião. Destino: Madagascar. Fiquei lá vinte meses como cooperador. Foi para mim um período fantástico. Digo isso hoje com o mesmo entusiasmo. Tive a oportunidade de assumir responsabilidades que levaria vinte anos para ter num escritório de arquitetura na metrópole. Estava alojado no subúrbio de Tanarive e recebia um soldo, modesto é verdade, cujo montante era suficiente para cobrir a manutenção do meu velho carro – um pequeno Renault azul de segunda mão, presente do meu pai.

Trabalhava num escritório no terceiro andar de um prédio, entre desenhistas e engenheiros; éramos apenas dois europeus. Tínhamos enormes responsabilidades – é preciso considerar a minha idade, eu não tinha mais do que 27 anos – e um trabalho louco. À frente dessa empresa privada que se beneficiava de subvenções de Estado, havia um malgaxe, José Ravelomanantsoa, que fizera a mesma escola de arquitetura que nós. Mais tarde, José se tornaria ministro do governo. Eu estava muito interessado nas responsabilidades que me cabiam e nunca resmungava quando era preciso trabalhar até tarde da noite ou durante o fim de semana. Logo adquiri meus hábitos, entre os quais alguns podem fazer rir, concordo. Assim, quando caía a noite, por volta das 6 horas, via chegar à janela do escritório uma enorme aranha, que começava a tecer sua teia, onde moscas e insetos logo iriam se perder, atraídos pela luz. Os ritos dessa aranha, que aparecia toda noite à mesma hora, me divertiam muito. Ela me intrigava. E, rapidamente, passou a fazer parte do meu cotidiano, a ponto de me preocupar com o que aconteceria com ela se eu não estivesse lá na "sua" hora. Cheguei a voltar lá durante o fim de semana, unicamente para acender a luz, a fim de que minha aranha tivesse do que se alimentar. Quando não podia ficar, não hesitava em apanhar insetos e moscas e colocar em sua teia! Esse joguinho continuou durante vinte meses, a aranha tornou-se minha companheira, por assim dizer. Quando tinha que partir em missão por uma semana, não hesitava em pedir ao meu colega, o arquiteto francês Alain Crouan:

– Você poderia cuidar da minha aranha e lhe dar de comer?

Ele erguia os olhos para o céu, com ar aflito por minha saúde mental! Azar, não querendo me contrariar, ele o fazia.

Mais seriamente, tratava-se de conceber e finalizar um programa pesado e difícil, que eu resumiria na construção de uma série de escolas para as regiões costeiras. Não perdi meu tempo! E foi com o entusiasmo que caracteriza a juventude que participei, com um pequeno grupo de engenheiros e arquitetos, da construção de seis escolas, um dispensário, alojamentos sociais e da universidade Charles-de-Gaulle. Lá, qual não foi a minha surpresa! Por hábito, sem dúvida – a menos que tenha sido por distração ou desinteresse de sua parte –, o arquiteto francês que concebeu o projeto tinha colocado os pára-sóis – indispensáveis sob essas latitudes – ao sul... No entanto, eles devem ser colocados ao norte quando nos encontramos no Hemisfério Sul!

Também dirigi os trabalhos de reforma do quartel-general do partido socialista e da casa de um homem do governo. Podiam me enviar para qualquer parte da ilha; graças ao meu velho Renault, eu não hesitava em me deslocar. Trabalhando, pude descobrir as belezas das quais Madagascar é rica e generosa, e conhecer seus habitantes. Tive a oportunidade de conhecê-los com o olhar de alguém que trabalhava para eles e não como turista. Devia, portanto, respeitar seus hábitos e seu modo de viver, que supostamente eu tinha que conhecer.

Isso me foi possível graças à elaboração de uma espécie de "aldeia". Tratava-se de um programa de residências econômicas, composto por um grupo de casas geminadas, mas independentes. Elas imbricavam-se umas nas outras e ofereciam aos seus habitantes um conforto ao qual não estavam acostumados. De nossa parte, isso era uma aposta audaciosa em vários planos, especialmente no financeiro. De fato, bem equipadas, com cozinha, banheiro e lavabo, os "quatro-cômodos" custavam menos que os carros estacionados à sua porta. Seu tempo de vida era mais longo também! Nada surpreendente, considerando **o** lastimável estado das estradas, às quais os carros não resistiam por muito tempo.

Durante essa estada em Madagascar, recebi de uma mulher uma lição que deveria servir a todo arquiteto, e a outros também, cada um em sua área. Quando eu lhe expunha, não sem uma certa satisfação, os planos da residência que seu marido projetava construir, essa mulher me escutou, sem interromper, examinando-os com atenção. Quando terminei, ela virou-se para mim e me fez essa pergunta, simples, que no entanto não tinha me ocorrido:

– E meus vasos de flores? Onde vou poder colocá-los? Estou vendo que você não previu um lugar para eles...

Seus vasos de flores... Eu achava que havia pensado em tudo, ou quase. Mas em nenhum instante pensara nos vasos de flores que lhe eram tão caros. Esse comentário, que a princípio me soou disparatado, me ensinou muito sobre a escuta, a atenção que devemos dar aos outros e às suas preocupações. Eu ainda não tinha chegado ao fim das minhas descobertas...

Essa estada, esse trabalho, essas pessoas tão diferentes daquelas com que eu costumava me relacionar iriam fortalecer o que eu sentira por ocasião de minhas viagens a bordo do *Calypso*, quando, ainda criança, ia me reunir aos meus pais. É indispensável – o que quer que façamos, se quisermos levar um projeto a bom termo – ter sempre em conta os hábitos e costumes daqueles a quem nos dirigimos. Assim, felizes por construir casas com banheiros incorporados – o que considerávamos um grande progresso de conforto e higiene –, estávamos enganados! A inovação não foi recebida de forma tão positiva pelos futuros usuários, pelo contrário. Com o risco de parecer vulgar, enquanto tento ser apenas prático, nós outros "fazemos" em casa. Para os malgaxes, que preferem a natureza, isso era uma incongruência. Para eles, estava fora de questão a utilização dos banheiros instalados na casa, e logo os transformaram em despensa. Foi então que tive um lampejo "de gênio", se ouso dizer: fiz com que a porta dos banheiros, que abria dentro da casa, fosse murada e feita uma abertura na parede oposta, que dava para a parte externa. Assim, o usuário tinha que sair de casa para utilizá-lo! Não é difícil colocar-se ao alcance do interlocutor, com a condição de escutá-lo e estar atento aos seus hábitos.

Esse caso me lembra a história do famoso missionário Jacques Marquette, cujo objetivo era conquistar, em nome da França e de Luís XIV, a planície dos Estados Unidos, que se estende dos montes Apalaches às montanhas Rochosas – bem se pode dizer, quase a metade do país! Pelo que sei, sua conquista se limitou à Luisiana e a alguns pequenos estados vizinhos.

Marquette desceu o Mississipi de barco e – imagem espantosa –, vestido com seus paramentos, com um imenso chapéu ornado de plumas, dirigiu-se aos indígenas. Seminus, embora com a cabeça coberta de penas também, eles chegavam em magníficos cavalos para discutir e estabelecer seus acordos. Para seu grande espanto, eles viram Marquette tirar do bolso um magnífico lenço, ornado de renda, que levou ao nariz para assoar ruidosamente... Após isso, delicadamente, ele dobrou o lenço para colocá-lo novamente no bolso. Esse gesto feria o hábito dos índios. Como um homem com funções tão importantes, vestido de tecidos preciosos, podia colocar seu muco no bolso? Eles assoavam nos dedos. Ao menos não punham nada de sujo em seus bolsos, que, aliás, não possuíam!

Essas cenas me abalaram. A diferença que existe entre nossas culturas e nossos hábitos acerca do lenço é a mesma que aquela que constatei em Madagascar quanto ao uso dos banheiros nas casas. Os malgaxes mostraram-se chocados com aquilo que eu considerava um progresso! A partir do momento que compreendemos, que aceitamos as formas de viver dos outros, sua diferença, sempre encontramos uma solução satisfatória. É preciso um tempo de transição? Sem dúvida, é importante não queimar etapas.

Essa abertura e essa escuta dos outros me foram úteis muitas vezes durante a vida. Meu pai também sabia praticá-las, embora nem sempre fosse tão atento quanto deveria àqueles que o cercavam. Ele os "usava", dirão alguns. Não é mentira, mas não é necessariamente algo negativo; era sua maneira de demonstrar-lhes confiança!

– Eu acabara de me formar, quando me apresentei no *Calypso*, em 1952. Ouvira dizer que o comandante procurava um engenheiro, relembra André Laban.

Ele continua:

– Eu não sabia fazer nada, mas era apaixonado por tudo o que dissesse respeito ao mar. Conversamos, o comandante mais que eu, aliás... Após alguns minutos, ele me disse: "Bem, vamos fazer uma tentativa por uma semana... Está bem para você?"

– Claro que estava!

André Laban ri do episódio ainda hoje.

Somente anos mais tarde ele compreendeu que o comandante não esperava nenhuma resposta.

– Eu estava contratado... Fiquei no *Calypso* vinte anos. Somente anos mais tarde eu soube que, quando o comandante me recebeu pela primeira vez – nesse dia em que ele me contratou sem esperar mais nada –, ele procurava um engenheiro eletrônico. Sou engenheiro químico!

O caso dispensa comentário. Ele revela o caráter do meu pai. Confiar. Sem condição, a partir do momento em que se percebe que o interlocutor é digno dela.

Ao volante de meu velho Renault, percorri as estradas intransitáveis de Madagascar, que tenho a pretensão de conhecer melhor do que muitos de seus habitantes. Pude constatar, aliás, que, como muitos insulares, eles eram pouco atraídos pelo mar, com exceção, talvez, dos que habitavam no sudoeste da ilha. Rodeadas de areia fina e ladeadas por coqueiros, essas costas são bem diferentes das do norte, recortadas e ladeadas de recifes de corais, que dão para uma ilhota próxima, que responde pelo lindo nome de Nossi-Bè. Essa ignorância de seus relevos e do mar, sem dúvida, valeu aos malgaxes a intrusão de muitos estrangeiros, que exploram suas riquezas marítimas. Esse povo caloroso, inteligente, esperto e trabalhador, dotado de uma profunda sensibilidade, poderia ter feito isso sozinho. Em seu próprio benefício!

Durante os dois anos que tive a sorte de passar por lá, liguei-me a Madagascar, onde poderia ter me instalado definitivamente, sem dificuldade: lá eu me sentia em casa. Se me dediquei a descobrir a ilha, seus recursos e suas costas, além de suas profundezas marinhas, mergulhando sempre que me era possível, era porque eu estava motivado por uma curiosidade intelectual, científica ou esportiva. Por nenhum instante, imaginei que o que eu descobria me seria útil num futuro próximo. Por nenhum instante, imaginei, ao deixar Madagascar – com pesar –, que muito em breve eu teria a oportunidade de para lá voltar e trabalhar novamente.

De volta a Paris, modifiquei minha orientação graças a um encontro. Jovem arquiteto também, François Marotti era de origem húngara. Imediatamente nos simpatizamos e decidimos abrir um escritório juntos. De início, cada um trazia um projeto: ele, o da biblioteca da universidade de Nanterre; eu, o do Cema. Dessa forma, eu mantinha um contato com meu elemento favorito: o mar. Esse contrato, devo a meu pai. Alguns anos antes, JYC criara um laboratório de pesquisa e desenvolvimento, a OFRS, onde foi montado o famoso disco do qual já falei. A OFRS era uma espécie de quartel-general das operações técnicas do comandante Cousteau em Marselha. Ele estava situado em Estaque, mais precisamente, próximo ao lago de Berre, local mágico cuja luz encantou mais de um pintor! O projeto que me foi confiado consistia em desenhar e levar a cabo os trabalhos de construção de edificações compostas de duas partes principais. A primeira era reservada aos escritórios de projetos e de administração. Entre nós, a chamávamos de "camembert": era redonda e chata, coberta por uma estrutura sobre a qual era possível construir um andar suplementar em caso de necessidade. A segunda parte, um hangar, compreendia as oficinas destinadas à construção de submarinos e oferecia, graças a um gigantesco elevador submarino, diversos outros serviços. Havia especialmente uma oficina de reparos, de verificação e manutenção para pequenos submarinos e outros navios que podiam ser colocados em doca seca, a fim de raspar-lhes o casco, refazer a pintura ou efetuar outros trabalhos de reparação... Apresso-me em destacar: esses locais existem até hoje e estão em perfeito estado de funcionamento.

Não era uma casa submarina... Mas eu já tinha a chance de trabalhar, se não no mar... ao menos em volta.

Um dia, em Paris, meu pai, muito animado, anunciou com satisfação não disfarçada:

– Acabo de assinar um contrato com a televisão americana.

O comandante sempre acalentou essa idéia, que remontava à infância e o seguiu por toda a vida – criança, adolescente, oficial da marinha... Mergulhador, oceanógrafo, poeta, pianista, acordeonista, pintor nas horas vagas, e tudo isso não lhe bastava. Ele sempre desejou fazer filmes, antes de qualquer coisa. E fez. Ele queria ser reconhecido como realizador, considerado um verdadeiro cineasta, contando belas histórias, portadoras de uma mensagem... Não lhe bastava que *O mundo do silêncio* (*Le monde du silence*) fosse premiado em Cannes em 1955. A Palma de Ouro teria deixado qualquer um satisfeito. Não ele. E, no entanto, ela lhe foi atribuída por um júri excepcional, do qual não se podia esperar complacência. Ele era composto, entre outros, por Louise de Vilmorin, Otto Preminger, Henri Jeanson e presidido por Maurice Lehmann, então diretor da Ópera de Paris. Na sala, Jean Cocteau, Ingrid Bergman, Brigitte Bardot, Michèle Morgan, Kim Novak, Orson Welles, Ginger Rogers... Todos aplaudiram ruidosamente esse documentário, gênero ao qual, pela primeira vez, a Palma de Ouro era atribuída. E, contudo, a concorrência era acirrada: *Le mystère Picasso*, de Henri-Georges Clouzot, e *Othello*, de Serge Youtkévitch, para citar apenas dois filmes, estavam na competição.

Jovem assistente de Cousteau – ele tinha apenas 23 anos, mas já era dotado do talento, da inteligência e da sensibilidade que teceram o fio condutor de sua obra –, Louis Malle afirmava: "Cousteau é certamente o mais talentoso dos realizadores". A imprensa do mundo inteiro confirmou unanimemente. O crítico do *New York Times* entusiasmava-se escrevendo: "Trata-se do mais belo e do mais fascinante documentário jamais realizado desde que o cinema existe". O crítico do *Daily Mirror* confessava-se "estupefato", enquanto, mais perto da gente, Claude Mauriac, no *Figaro Littéraire*, fazia-se de poeta para falar de ciências, poesia, plástica e metafísica... Uma simples e pequena frase resumia seus pensamentos: "Até o menor arabesco dourado de flancos reluzentes do menor animal coloca um enigma".

Alguns meses mais tarde, em 8 de fevereiro de 1956, *O mundo do silêncio* era projetado no teatro dos Champs-Elysées, em Paris, diante de uma platéia de celebridades. Ocorreu-me, então, pela primeira vez, que meu pai fosse verdadeiramente um grande homem, um pai diferente dos outros! Até esse dia, eu vira nele, antes de tudo, o homem que me levava a passear no fundo do mar, que me acordava à noite para contar estrelas, ou mesmo que me convocava para uma "sessão palmada"! Eu achava, ingenuamente, que todos os pais, ou quase todos, tinham essa índole.

Naquela noite ele foi aplaudido por todos os que eram importantes no mundo da política e das artes. Almirantes, generais, presidentes, embaixadores... todos responderam "presente" e reencontraram sua alma de criança para descobrir um mundo até então desconhecido. Lembrando como espectador, jamais um filme provocara tanto aplauso, tal entusiasmo, um "maremoto", confirmado no dia seguinte pelo grande público, quando *O mundo do silêncio* passou a ser exibido. Muitos teriam se contentado com esse sucesso. Muitos teriam ficado satisfeitos em ser o homem de um só filme. Não meu pai. Orgulho desmedido? Vaidade? Acho que não. Ele achava esse sucesso normal, sem mais. Daí a dividi-lo... Com exceção, talvez, de Louis Malle, que ele sempre apresentou como assistente, não estou certo de que tenha demonstrado à equipe, aos mergulhadores e técnicos, todo o reconhecimento que lhes era devido. Evidentemente, ele não realizara essa obra sozinho. Para esse filme, mais ainda do que o normal, a parte da montagem havia sido especialmente primordial. Dá para imaginar a cara de Georges Alépée, que não assistira à filmagem, quando se viu diante de 30 mil metros de película desenrolados sobre sua mesa de montagem! Surpresa, deslumbramento, dúvidas? Alépée falou de suas emoções a Bernard Violet, relatadas em *Cousteau, une biographie*[2] (Cousteau, uma biografia) – não-autorizada, que reproduzo: "Não havia corte e pouco fio condutor. Havia seqüências excepcionais. Em último caso, não havia necessidade de história. Propus a Cousteau montar o filme como um espetáculo de circo, uma seqüência de números formidáveis".

---

[2] Bernard Violet, *Cousteau, une biographie*, Fayard, Paris, 1993.

Sabe-se o resultado: entre realidade e deslumbramento, um relato marcado de verdades, mistérios e magia. Meu pai nunca reconheceu a Alépée a parte que lhe cabia? Nunca fez referência ao seu trabalho? Não tenho certeza. Não que ele pretendesse se apropriar de todas as honras... Ele realmente não pensava nisso, ao menos naquela época. Somente mais tarde, com a idade, ele começará a se interessar pela glória. Talvez fosse por egoísmo... Aos seus olhos, seus colaboradores faziam parte de equipe Cousteau. Isso já dizia tudo e devia bastar-lhes. Assim, às vezes minha mãe observava:

– JYC, você não acha que, às vezes, a equipe gostaria de sair do anonimato por ocasião de uma operação bem realizada ou de um sucesso?

JYC sempre se surpreendia:

– Hum... você acha?

Em 16 de junho de 1957, as imagens submarinas filmadas por sua equipe foram difundidas diretamente pela televisão. Mas isso não lhe bastava. No entanto, na época, foi um verdadeiro acontecimento, saudado como tal, aliás. Já não lhe bastava ser considerado o homem graças a quem a fotografia e a cinematografia submarinas passaram a ser vistas como uma arte. Ele almejava um reconhecimento de seu talento como realizador ainda mais oficial. Mas o que ele podia desejar além de Cannes e da Palma de Ouro?

A idéia do cinema o perseguia. Ser reconhecido nesse campo era sua ambição suprema. Mais tarde, ele teria outras...

Foi, portanto – e destaco novamente –, com uma satisfação quase tocante para um homem da sua inteligência e com tal lucidez que ele me anunciou, quando retornei de Madagascar, que acabara de assinar um contrato com a televisão americana. Uma boa notícia decididamente! Ao menos por algum tempo, isso iria resolver os problemas materiais costumeiros e financiar algumas expedições. Sim, mas havia um "porém"... E dos grandes. Enquanto o *Calypso* fazia navegação de cabotagem no mar Vermelho, onde a equipe realizava o primeiro filme da série sobre tubarões, em 5 de junho de 1967, eclodiu a terceira guerra árabe-israelense – a famosa Guerra dos Seis Dias. Embora tenha sido alvo da aviação israelense, que o metralhou antes de perceber seu erro, felizmente o *Calypso* não sofreu grandes estragos. Mas era-lhe impossível chegar ao Mediterrâneo. O canal de Suez, coberto de destroços, estava fechado e impraticável. Seria preciso esperar meses até que ele estivesse acessível de novo. Era preciso, portanto, voltar para trás, para passar pelo cabo da Boa Esperança. Essa volta tomaria muito mais tempo do que o previsto e custaria também muito mais dinheiro. JYC pensou, então, em diferentes possibilidades a fim de realizar vários filmes, cuja venda permitiria amortizar, ao menos em parte, essas despesas inesperadas.

Nunca lhe faltavam idéias. Já que era obrigado a dar a volta pela África, por que não aproveitar para filmar em Madagascar – onde eu acabara de passar dois anos... – e, talvez, outras regiões ao longo do trajeto?

– Jean-Michel, você que conhece bem as costas malgaxes, poderia nos ajudar? Você teria idéia de temas originais? Poderia nos indicar locais interessantes, fornecer pontos de contato?

Foi assim que a Guerra dos Seis Dias significou uma guinada fundamental na minha vida e foi responsável por vários acontecimentos que se seguiriam. Apesar da amizade que tinha por Marotti, meu colaborador – ela permanece intacta até hoje –, atendi imediatamente ao chamado de meu pai. Aliás, é o que eu viria a fazer durante toda a minha vida, toda vez que ele precisava de mim. Foi o que fiz. Então, sem sequer refletir, veio-me a idéia e eu propus:

– Vou partir primeiro para preparar as expedições. Assim, quando o *Calypso* chegar ao local, livre de todas as preocupações – pedidos de autorização e outros incômodos administrativos –, a equipe poderá operar imediatamente. Terei resolvido tudo, eles só precisarão começar a trabalhar.

JYC pareceu satisfeito, o projeto lhe convinha perfeitamente.

Foi o tempo de fechar algumas pastas e dizer a François Marotti:

– Espero que você entenda... Meu pai precisa de mim. Estarei de volta daqui a seis meses.

Sempre amigável e caloroso, Marotti compreendeu. Parti imediatamente para Madagascar, onde comecei a preparar a expedição. Era preciso agir depressa. Após ter dado meia-volta e se dirigido para a ilha, o *Calypso* não tardaria a entrar no porto de Diego-Suarez. Eu havia preparado um bom programa, vários temas eram inéditos, especialmente um projeto de filme sobre os crocodilos gigantes que vivem em um lago. Segundo a lenda, eles seriam, de fato, homens que cometeram inúmeros pecados durante a vida. Para se redimir, eles teriam suplicado ao deus Zanahary que lhes perdoasse por seus erros... *Se non è vero, è ben trovato...*[3], diriam os italianos.

Terminada a minha missão, parti imediatamente para outros horizontes, a fim de preparar outras expedições, enquanto o *Calypso* fazia uma entrada muito esperada, saudada com aclamações de boas-vindas. E, evidentemente, esqueci dos crocodilos...

A tripulação foi muito bem recebida pelos habitantes de uma aldeia próxima ao lago, que não hesitaram em dar-lhes alguns conselhos. "Para ter certeza de ver os crocodilos e de poder filmá-los nas melhores condições, seria bom oferecer-lhes, em sacrifício, o sangue de um zebu..." Ninguém nunca me falara sobre isso.

Um zebu? Não temos por hábito, no *Calypso*, gastar dinheiro à-toa. Mas, vá lá! Se isso é necessário, não vamos regatear o preço de um zebu! Além disso, o investimento parece razoável. Zebu pago, os indígenas o sangram, com muita seriedade e cerimônia, nas águas do lago. Depois se vão, deixando os homens do *Calypso*. Em traje de mergulho, câmera na mão, eles esperam que os crocodilos venham à superfície... O tempo passa e começa a parecer muito longo. Não se observa nenhum crocodilo nas águas do lago. Cansados de esperar, os homens do *Calypso* retornam à aldeia. Eles querem interrogar a população, saber por que os crocodilos não aparecem. Estariam enfurecidos a esse ponto?

---

[3] Se não é verdade, é bem provável. (N. T.)

Chegando à aldeia, eles encontraram os habitantes festejando, sentados à mesa em torno do zebu assado e grelhado, lambendo os beiços. O que fazer, a não ser rir, apesar da amarga impressão de ter sido enganado? Fica a lição.

"Bem! Esses supostos 'primitivos' são extraordinariamente mais espertos do que nós, os pseudo-sabidos!", no único comentário que consegui obter de Albert Falco.

Anos mais tarde, o capitão do *Calypso* ainda não esquecera os famosos crocodilos e o deus Zanahary! Embora ele nunca tenha me confessado se rezava para ele...

De minha parte, eu preparava outras expedições. Às Gloriosas – pequeno arquipélago entre Madagascar e as Comores –, às Comores, a Moçambique, à África do Sul...

Apesar de algumas tempestades memoráveis, o mar é sempre belo. Em suas águas, as otárias, conhecidas como "a pele da África do Sul" por causa de sua pelagem suntuosa, de um castanho brilhante renovado por reflexos ruivos, são particularmente graciosas. Numerosas, "brincalhonas e amáveis", as otárias acompanham o *Calypso*. O comandante tem a idéia de capturar algumas. Nesse caso, serão duas a acompanhar a equipe até a América do Sul.

– Assim poderemos estudar sua capacidade de adaptação, diz o paxá, que nunca era apanhado desprevenido.

Esse homem era um personagem no mínimo complexo e paradoxal. Isso explica, sem dúvida, o fascínio que ele continua exercendo sobre aqueles que o conheceram e que trabalharam com ele. E também a admiração que exercia, na época, sobre a juventude do mundo inteiro.

Foi nesse momento que Pépito e Cristobal entraram em cena. As palavras podem parecer duras, mas é preciso reconhecer que, muitas vezes, nós nos servimos delas, utilizando-as um pouco como animais de circo. Não é desculpável, mas podemos compreender essa atitude situando-nos no contexto: nessa época, ainda não se tinha consciência da fragilidade do mundo animal e vegetal e do respeito que lhe é devido. Somente nos anos 1980 é que essas noções foram admitidas pelos homens e realmente passaram a ser consideradas, graças à influência e à luta do meu pai. Sobre isso, devo admitir que também mudei muito. Há muito tempo já não pratico mais a caça submarina; oponho-me frontalmente à captura e ao adestramento de animais.

Podemos, claro, reprovar o comandante Cousteau por não ter hesitado em apanhar, e às vezes também matar, animais selvagens. Mas é preciso lembrar que isso parecia normal então. Os baleeiros sangravam baleias aos milhares a cada ano, e sem chocar ninguém! No Museu de Mônaco – e ninguém contestaria o real interesse do príncipe Albert I pelo mundo marinho –, quando se queria estudar um golfinho, começava-se por arpoá-lo, antes de abrir-lhe o ventre para dissecá-lo. Os homens da geração do meu pai – sem falar das gerações precedentes – foram criados com a idéia de que era preciso lutar pela vida para subsistir e alimentar-se. Nesse sentido, tudo era permitido, mesmo em detrimento das outras espécies. Parecia, pois, normal aos homens do *Calypso*, como aliás ao conjunto da comunidade científica, fazer seu trabalho, cumprir sua missão sem hesitações... Eles iam direto ao ponto.

Quanto ao comandante, quando ele tinha um projeto, fazia de tudo para realizá-lo imediatamente, sem se preocupar em saber por quais meios!

– Como pude aprovar *O mundo do silêncio*?, questiona-se hoje André Laban.

Ele foi fiel ao *Calypso* e à equipe durante vinte anos – e poderia ter sido ainda mais –, porém, não deixa de questionar-se. Para realizar *O mundo do silêncio*, no ano seguinte, meu pai quis recriar no oceano Índico os incidentes e os acontecimentos ocorridos no golfo Pérsico em 1954, que deram origem à concepção do filme. Como todos os outros a bordo do *Calypso*, Laban participou dessa reconstituição, que custou a vida de alguns cachalotes.

– Como pude ser cúmplice, deixar que isso fosse feito sem dizer nada?, pergunta-se hoje. Parecia que eu era uma espécie de assassino profissional... Mas não, eu era simplesmente um "coustófilo" convencido!

André Laban, como muitos de seus colaboradores, explica sua cumplicidade, esse entusiasmo que o comandante sabia provocar e que ele chama de "enxerto". Assim explica:

– Para mim, durou vinte anos. E teria durado ainda mais se eu não tivesse sido... rejeitado.

Anos mais tarde, em sua voz, uma ponta de amargura ainda bem viva. Todos aqueles que foram "rejeitados" pelo comandante suportaram mal: "Acreditávamos que éramos uma família e, de repente, sem que suspeitássemos, sem que esperássemos, não existíamos mais".

Eles não existiam mais aos olhos do comandante. Era o que contava para eles...

Entretanto, meu pai não era uma espécie de arrivista insensível, ao contrário. Era verdade, porém, que, homem sempre determinado, chegava a se comportar como tal. Cousteau era obstinado e queria, a qualquer preço, demonstrar a validade de suas convicções. Assim, ele soube modificar nosso olhar e nosso comportamento em relação às "espécies" que julgávamos "diferentes". Ele nos fez compreender que, não somente elas não eram tão diferentes como poderíamos supor, como também estamos intimamente ligados a elas. Todas, no planeta, são dependentes umas das outras, e nós delas...

No dia seguinte à sua morte, o *Le Monde* de 27 de junho estampava em seu editorial: "Cousteau além do mito". Ele começava com esta questão: "Poderemos viver sem o comandante Cousteau?" Sim, claro, mas sem dúvida não da mesma forma. Ele fez com que o mundo tomasse consciência dos problemas colocados pelo futuro do planeta. Podemos achar condenáveis alguns dos meios que tenha utilizado, mas o importante não é essa tomada de consciência que ele possibilitou?

12
Leões-marinhos

Jovens, os leões-marinhos são menos desconfiados do que quando se tornam adultos. Assim, quando de sua expedição na África do Sul, em 1967, a equipe do *Calypso*, sem muita dificuldade, capturou dois deles em suas redes, enquanto o bando se dourava ao sol sobre as rochas. Uma vez embarcados, e logo batizados de Pépito e Cristobal, os cativos permaneceram prostrados durante vários dias.

Conhecendo unicamente a liberdade, suportam mal ficar presos nas gaiolas antitubarões. Pouco a pouco, eles se adaptam ao seu novo meio ambiente, e ainda mais facilmente na medida em que a equipe tem a habilidade de amansá-los, oferecendo lulas e peixes pescados especialmente para eles. Ao final de alguns dias, Pépito e Cristobal não mostram mais os dentes quando nos aproximamos deles com um peixe na mão, pelo contrário. Eu não diria que eles dão um sorriso guloso, mas quase...

Essas capturas do comandante serão censuradas por muito tempo. Como ele ousa agir assim, ele que sempre defendeu os animais selvagens e que não hesitou em clamar em alto e bom-tom: "Não adianta dizer que o cativeiro – sob qualquer forma que seja – não é cruel". Certamente... Mas como fazer quando se trata de estudar seu comportamento diante do homem e sua capacidade de adaptação? Assim, apesar do seu desejo de proteger esses animais, meu pai estabeleceu um objetivo e escolheu dar-se os meios de alcançá-lo – como sempre fez, em todos os domínios. Ao diabo com as críticas, geralmente sem indulgência, que isso poderia provocar. Richard Munson, aliás, não se priva de fazê-las em sua obra (não-autorizada) *Cousteau, le commandant et son monde*[1] (Cousteau, o comandante e seu mundo):

"Cousteau poderia ter rejeitado a idéia de domar, de condicionar os animais e ensinar-lhes alguns truques, como se costuma fazer em zoológicos e circos, mas ele recompensava os leões-marinhos. Na realidade, ele tentava domesticar os leões-marinhos com perseverança... Ele falou da captura e do adestramento como de uma experiência apaixonante".

É preciso reconstituir o contexto. O que se sabe hoje, era ignorado naquele tempo. Portanto, é fácil criticar violentamente os erros que o comandante Cousteau e tantos outros possam ter cometido naqueles anos. Atualmente, é evidente que nós não reproduziríamos os erros cometidos em 1967.

Portanto, Pépito e Cristobal atravessaram o Atlântico a bordo do *Calypso* até uma pequena baía de Tobago Bay. Lá, após fechar a baía com uma rede, os homens da equipe devolveram os dois jovens leões-marinhos ao mar, com o propósito de brincar com eles para observar seu comportamento. Rapidamente, eles perceberam que as otárias são como os homens: cada uma tem caráter e reações próprios. Habituadas às águas frias do Cabo, as otárias pareciam mergulhar com o mesmo prazer nas águas tépidas do mar das Caraíbas.

Pépito é o mais agitado; dá a impressão de procurar fugir, enquanto Cristobal permanece tranqüilo. Ele brinca sem segundas intenções, e por isso é qualificado de "calmo", "ponderado" e até mesmo "fiel"... Alguns dias mais tarde, uma vez que pareciam aclimatados e mesmo felizes no espaço que lhes tinha sido devolvido, o comandante avalia que já se pode confiar tanto em um como no outro: é preciso levantar a rede. Assim, poderemos filmá-los em liberdade. Surpresa! Erro de julgamento: o "tranqüilo", o "fiel" Cristobal foge imediatamente para o alto-mar e desaparece bem depressa. A estupefação dos

[1] Richard Munson, *Cousteau, le commandant et son monde*, Ergo Press, Paris, 1989.

homens é tal que eles não tentam nada para impedi-lo de escapar. Chocados, eles observam Cristobal ganhar o alto-mar...

Ele será recapturado, alguns dias mais tarde, a 100 quilômetros dali, por um pescador de Porto Rico. Esse se apressará em revendê-lo, por uma soma módica, a uma rica americana, para quem a idéia de uma otária fazendo evoluções em sua piscina parecia muito divertida! Mas ela não resistirá ao charme do comandante e "aceitará" revendê-la... bem mais caro!

Essa experiência teria sido interessante. Seu desfecho, todavia, foi triste: um fracasso. O objetivo era demonstrar que os homens e as otárias podiam coabitar em harmonia e estabelecer trocas positivas. Mas, ao final de algum tempo, o doce Cristobal foi morto por envenenamento, após ter comido um sapo-boi. Mais tarde, enquanto o *Calypso* navegava ao longo do Peru, onde se pode ver evoluir colônias e colônias de otárias, a equipe decidiu libertar Pépito. Assim, ele poderia reencontrar "os seus". Mas nem tudo é simples. O fato de serem "parentes" não significa que os sinais de reconhecimento, os modos de comunicação e de vida, bem como a forma de se alimentar sejam os mesmos. Será que Pépito poderia adaptar-se a essas novas águas e a outros companheiros, ao mesmo tempo semelhantes e tão diferentes?

Albert Falco relembra esse episódio com certa nostalgia: "Vivemos momentos de intimidade extraordinários com Pépito e Cristobal. Eles encantaram nossa travessia do oceano Atlântico e nos ensinaram alguma coisa sobre o modo de vida de mamíferos anfíbios. Mas, afinal de contas, foi um erro tê-los tirado de seu bando e do seu ambiente natural. Jamais repetiríamos isso".

Meu pai foi nitidamente otimista, não hesitando em afirmar, após Cristobal ter escapado: "Sua necessidade de liberdade é um dado que ele compartilha com os homens; é algo que podemos entender". Mas ele não se alongava sobre o assunto e não abordava a suposta incapacidade do mesmo Cristobal de encontrar alimento no mar das Caraíbas...

Por que prosseguir a experiência? "Nosso objetivo era demonstrar que os mamíferos marinhos eram capazes de quase tanta afeição quanto os animais terrestres. E provamos isso." Mal terminara o interlúdio Pépito/Cristobal, e o comandante, como de hábito, passaria a outra coisa...

Força? Fraqueza? Ele não podia estar errado. Ele não podia – sobretudo! – não ter razão... Quando os homens ou os elementos o contradiziam, e isso acabou ocorrendo muitas vezes no curso de sua longa vida, ele mudava de rota, sem nenhum comentário, nem da sua parte, nem da minha nesse caso.

Eu gastara muita energia para negociar a compra das duas otárias do governo sul-africano e experimentei um certo sentimento de frustração. Mas não era o caso de se retardar nesse pseudofracasso. O tempo passava... Eu tinha que preparar a próxima expedição: várias negociações com autoridades locais e pedidos de autorização um tanto quanto difíceis de obter me esperavam. Eu também tinha que ter muita diplomacia. Era representante do *Calypso* perante embaixadas e chefes de tribo na selva... Quando o barco precisava de obras, eu precisava contatar um estaleiro, informar o reparo a ser efetuado e as peças a serem trocadas. Tinha que negociar os preços e os prazos, a fim de que o *Calypso* ficasse parado pelo menor tempo possível. À sua chegada, eu só dava à equipe um dossiê contendo informações e conselhos úteis, tais como os perigos que as costas poderiam apresentar, os restaurantes onde era possível comer bem e os que deviam ser evitados... Eu fornecia o máximo de informações recolhidas em todos os setores, depois partia para preparar a próxima expedição. Assim, eu tinha sempre uma escala, um país adiante. Naquela época, tudo era diferente, mais trabalhoso do que hoje. Enfrentávamos dificuldades que não ocorrem mais. As técnicas ainda não tinham evoluído desde o meu encontro mal-sucedido com o *Calypso* no deserto da Arábia. Nem sempre era possível telefonar, corresponder-se com facilidade para obter um sim ou um não, e muito menos mudar de opinião no último momento! As comunicações não eram nada simples. Então, eu fazia o que achava necessário nos mais diferentes campos. Assim, fui eu que concluí a compra de Cristobal e Pépito. Lembro-me do franco simbólico que o governo da África do Sul pediu em troca, embora me pareça que ele pudesse ter nos dado de presente!

As etapas seguintes do programa eram o Peru e a Bolívia. Era preciso negociar a possibilidade de colocar dois pequenos submarinos em um trem – vagões-plataforma, na verdade – de forma a poder transportá-los até o lago Titicaca, a 4 mil metros de altitude.

Submarinos sobre um trem! Desnecessário dizer que me olhavam como se eu fosse um louco, quando expunha essa idéia. Eu tinha que dar mil explicações. Naquela época, ninguém conhecia o comandante Cousteau, nem o *Calypso*. Eu realizava um trabalho verdadeiramente pioneiro, em condições difíceis. Além disso, na maioria das vezes, eu tinha que me defrontar com hábitos, costumes e ritos bem diferentes dos nossos.

Enquanto esperava pelo *Calypso* em Lima, eclodiu um golpe de Estado contra o presidente Fernando Belaúnde Terry, que foi obrigado a exilar-se na Argentina. Eu não o conhecia pessoalmente, mas sentia por ele uma certa simpatia, talvez porque ele também fosse arquiteto! Havia tanques por todos os lados, até sob a minha janela. Eu estava sitiado em meu hotel, sem poder sair. Eu tentava encontrar o pessoal do *Calypso,* passar telegramas, preveni-los: "Não venham". Era impossível. Eu telefonava regularmente para a embaixada da França, mas sem sucesso. Isso não durou muito tempo – três ou quatro dias, se tanto –, mas me pareceu uma eternidade.

Bruscamente, fez-se silêncio. Tudo tinha terminado. Os ministros com os quais eu havia me encontrado estavam no exílio ou na prisão, e quando o *Calypso* chegou, o país estava em calma novamente. Tudo parecia funcionar normalmente, então, decidimos prosseguir com nosso projeto, como se nada tivesse acontecido. E partimos para o lago Titicaca. Por toda parte, nós nos apresentamos com papéis e autorizações assinados por autoridades e responsáveis que não estavam mais em seus cargos desde que o governo ao qual pertenciam fora derrubado. Mas os carimbos eram oficiais e ninguém contestou ou colocou nenhuma dificuldade. Tudo transcorreu sem obstáculos. Felizmente, pois, por várias razões, já não era fácil organizar uma expedição para os mergulhadores no lago Titicaca, a 3 812 metros de altitude. Foi preciso subir até Puno com o pequeno trem que transportava os dezessete homens da equipe e seu material: compressor, garrafas de mergulho, roupas de mergulho e submarinos, ou seja, mais de vinte toneladas de material. O percurso que esse trem segue é magnífico, mas de tal forma acidentado que, às vezes, é preciso parar e recuar para fazer a curva. É perigoso, mas tão bonito! Atravessamos florestas nas quais é possível ver até 56 espécies de madeira diferentes, depois escalamos o flanco da montanha, que domina paisagens de uma beleza de tirar o fôlego. Por toda parte, vêem-se pastagens e lhamas, que são os verdadeiros animais "para toda obra" dos peruanos. Eles os utilizam como animais de carga, bebem o seu leite, comem a sua carne, tecem a sua lã e utilizam o seu couro.

Nossa chegada não deixou de espantar os índios, quando nos viram desembarcar todo o nosso material! No entanto, eu os havia prevenido quando fiz o reconhecimento para preparar a expedição. Mesmo assim, dá para imaginar a surpresa desses homens que vivem em aldeias flutuantes, feitas de juncos (as *totoras*) – único material que dispõem e com o qual constroem também suas casas e suas embarcações. Assim, chamam-se "povo dos juncos" esses urus, que, pelo que se diz, são os mais antigos habitantes dessa região. Parece que chegaram bem antes dos incas. Os urus vivem sobre a água, da qual, no entanto, têm medo, convencidos de que podem morrer ao cair dentro dela, e alimentam-se de peixes e ervas do lago, não muito apetitosos.

Fiz as "apresentações". Qual não foi o espanto dos urus ao verem os mergulhadores colocarem na água o *Zodiac*, com o qual chegariam à ilha do Sol, com grande movimento e a toda velocidade! Um senhor idoso – que diziam ser centenário e que, juro, parecia ter ainda mais – contara-me que uma corrente de ouro fora outrora estendida entre a ilha do Sol e a ilha da Lua, distantes cerca de 12 quilômetros. O que seria verdade em seu relato? Seria pura lenda? Era preciso marcar a entrada de um túnel de mais de 300 quilômetros, que desembocava em Cuzco. Cuzco ou "o umbigo do mundo" – a palavra significa "umbigo" em quechua – era, então, a capital do império inca. O lago Titicaca é imenso, cobre 6 900 quilômetros quadrados e sua profundidade pode atingir 280 metros. É o lago navegável mais "alto" do mundo. Encontraremos lá o tesouro dos incas? A lenda diz que ele foi lançado por ocasião de sacrifícios de jovens virgens...

Colocamos os pequenos submarinos na água, após batizá-los durante uma linda cerimônia. Houve uma procissão, à frente da qual era levada uma Virgem negra que, como todas as virgens negras, tinha a fama de ser milagrosa. Enquanto um padre benzia os submarinos, a assistência entoava cânticos, lançava flores em torno dos submarinos – as pulgas! – e colava caramelos em seus cascos! Era muito bonito. Poético e marcado por uma certa magia...

Certamente, não era o incentivo do ganho que o motivava, mas JYC tinha o comportamento de um menino que parte à procura do tesouro e espera encontrá-lo. Com Falco e os outros, não ficávamos atrás! Por isso, foi com um pequeno *frisson* de excitação que, vestidos com nossos trajes de mergulho, penetramos na água azul-escuro do lago. A equipe mergulhou e tornou a mergulhar dias seguidos, esmiuçando quilômetros de profundidade, mas o lago é tão vasto... Apesar da nossa perseverança e da ajuda da Virgem negra que, nesse caso, não se mostrou milagrosa, não encontramos nada, exceto alguns remanescentes de antigas cerâmicas utilitárias. O tesouro existe realmente? Nunca teria existido? Será que alguém o encontrará um dia? Recentemente, ouvi dizer que um tesouro foi descoberto numa outra parte do lago. Teríamos dado azar? É verdade que, em razão do seu tamanho – ele é tão grande quanto o mar –, não poderíamos ter percorrido o lago em sua totalidade. Após um certo tempo, sempre de mãos abanando, decidimos abandonar nossas buscas.

Quando digo que não encontramos nada, não é exatamente a verdade. Havia sapos aos milhões! Uma raça estranha, pouco e mal conhecida, chamada "telmatobius". Parece que esses estranhos animais podem viver em até 120 metros de profundidade e que não precisam subir à superfície para respirar, pois sua pele pode captar oxigênio suficiente na água.

Estávamos lá para fazer um filme. Não era esse o objetivo principal de nossas missões? Por isso, achamos sensato nos rendermos à evidência: como não tínhamos tesouro a filmar, mais valia nos contentarmos com os anfíbios. Observamos, filmamos e, assim, no mundo inteiro tornamos célebres os telmatobius – tão feios! – que pululam no lago Titicaca.

Esses sapos me ensinaram muito, não no plano zoológico, mas no âmbito de uma certa filosofia, embora isso possa surpreender. Essa mudança de rumo, de realização, foi uma grande experiência para mim. Eu ainda era jovem, especialmente na minha forma de abordar a vida. Eu me precipitava, ia direto ao ponto para satisfazer minhas vontades e meus desejos, e me revoltava quanto não atingia esse objetivo, às vezes sem saber exatamente o que ele representava. Sim, até eu – que sempre fui considerado naturalmente sensato quando comparado ao meu irmão ou ao meu pai – tinha esse comportamento, esses reflexos. A aventura do lago Titicaca foi, portanto, uma lição para mim. A esperança era apaixonante, mas um pouco louca. Se esse famoso tesouro dos incas existia, por que outros não o encontraram antes de nós? E mesmo sendo claramente menos excitante, menos glorioso, realizar um filme sobre os sapos, a experiência, em contrapartida, foi muito interessante.

O mais importante era sem dúvida a rota, o caminho... Claro, teríamos preferido encontrar o tesouro, mas, afinal de contas, nosso "fracasso" não era tão grave. Em contrapartida, esperar, procurar, tinha sido algo rico em ensinamentos. Ousaria eu comparar – faço-o sempre naturalmente – essa experiência a uma espécie de busca do Paraíso?

Hoje, a vida me ensinou, o essencial é seguir o caminho do Paraíso. Alcançá-lo é uma outra história... Cada um que tire seu proveito.

Aliás, os próprios sapos não tardariam em transformar-se numa espécie de tesouro, quando se criou toda uma nova "indústria" em torno deles. Logo, surgiram inúmeras oportunidades nas quais ninguém nunca pensara. Em algumas universidades e colégios, pesquisadores e professores interessaram-se pelos telmatobius a fim de dissecá-los; o comércio do sapo então se impôs. Foi necessário enviar um grande número aos laboratórios das universidades, onde eles seriam estudados. Isso se tornou um recurso substancial para os autóctones. Assim, nós criamos a indústria do sapo! Pareço estar brincando, mas não é o caso. Após refletir, não tenho dúvida: estou convencido de que essas aventuras e esses caminhos imponderáveis acabaram forjando o caráter e o comportamento do meu pai. O que quer fizesse, ele precisava obter um resultado. Pouco importava se aquilo era o que estava esperando. Satisfeito, ele passava então para outra coisa, pois cultivar ou comercializar o fruto de suas expedições não o interessava... Ele queria descobrir. É por isso que podia dar a impressão de quase não ter consideração pelas coisas e pelas pessoas. Isso lhe foi muitas vezes atribuído, aliás. Ele não se demorava sobre um sucesso pela simples razão de que, uma vez alcançado, o alvo não o interessava mais. Com o espírito livre, ele se voltava para um outro objetivo, uma outra pesquisa que o arrebatasse outro tanto, até que encontrasse o que queria de novo. E assim sucessivamente... Que não se pense, por isso, que era volúvel. Ele avançava, mas nem sempre na mesma direção, é verdade!

Alguns poderiam pensar que essa missão ao lago Titicaca havia sido um fracasso. Depois de tudo, partir em busca do ouro dos incas e voltar com um filme sobre sapos, fossem eles telmatobius, não tinha nada de muito glorioso... Mas se a equipe não tirou disso nenhuma glória, os urus e os incas, por sua vez, encontraram recursos importantes, que ainda exploram. Então, após ter criado a indústria do sapo, podíamos partir de cabeça erguida!

Não sei bem por quê, mas éramos assistidos pela marinha boliviana nessa aventura. Essa é pletórica, visto que a Bolívia não tem saída para o mar. A única "costa" do país caminha ao longo do lago, no meio do qual se desenha uma fronteira imaginária com o Peru. À época, os bolivianos dispunham de uma lancha magnífica, concedida pelos norte-americanos. Um dia, seu comandante nos fez um convite, que a tripulação do *Calypso*, sempre encantada com a idéia de festa, aceitou com prazer...

Nosso anfitrião boliviano estava muito orgulhoso de nos impressionar com sua bela lancha. Os motores giravam a toda; para frente... para trás... quando, de repente, pluft! A hélice caiu no fundo do lago. Como recuperar a hélice, sem a qual a magnífica lancha não passaria de um monte flutuante? Para os mergulhadores do *Calypso* foi uma brincadeira!

Foi assim que salvamos a marinha boliviana, ao menos do ridículo...

13
A aventura do *Queen Mary*

Uma vez mais, de forma inesperada, e sempre a pedido de meu pai, uma nova expedição marcaria uma outra guinada em minha vida. Nem bem terminamos de rodar os últimos filmes sobre os urus e o lago Titicaca, já iniciávamos outra expedição, dessa vez, à ilha – rochedo seria mais conveniente – de Guadalupe, situada a mais de duzentos quilômetros ao largo da Baixa Califórnia. Meu pai me disse então:

– Jean-Michel, pegue as películas e os filmes que fizemos e leve para Hollywood, ao laboratório da Wolper produções. Lá, você examinará as provas. Fica por sua conta; você avaliará se estão tecnicamente boas... ou não.

Portanto, após a Guerra dos Seis Dias, Hollywood representou para mim uma segunda mudança de rumo. À época, eu pouco conhecia dos Estados Unidos, embora meu pai tivesse me enviado por duas vezes à costa Leste, em 1956 e 1961, quando eu ainda era estudante. Ele queria que eu melhorasse minha prática da língua e que visitasse diferentes sítios "históricos".

Portanto, voltei pela terceira vez em 1968, desta vez para a costa Oeste. Com os filmes debaixo do braço, tomei a direção de Los Angeles, onde devia me encontrar com Alan Landsburg, produtor com quem meu pai trabalhava. Foi o início de uma longa e profícua colaboração. E, embora às vezes caótica, nunca foi uma convivência difícil! Juntos, Landsburg e eu produzimos um magnífico filme sobre o Mississipi, pelo qual recebemos um prêmio Emmy.

Landsburg esperava-me no aeroporto. Ele estava ao volante de uma Corvette, que me pareceu ainda mais suntuosa por ser um dos primeiros carros conversíveis. À época, aliás, tudo me parecia absolutamente suntuoso nessa descoberta do oeste dos Estados Unidos. É preciso lembrar que, com exceção da preparação de algumas expedições, eu estava apenas começando a sair da realidade e das imposições dos estudos na França. A vida podia parecer ainda um pouco acanhada, comparada à opulência de que se usufruía, então, nos Estados Unidos. E, embora eu circule num meio privilegiado e meus pais possuam o espírito aberto, não levamos uma vida dispendiosa – nem em terra, nem a bordo do *Calypso*! Apesar de todas as qualidades que nele sempre encontrei, esse pequeno barco não tinha nada em comum com os iates magníficos que rasgavam os mares. Antes de tudo, era um objeto de trabalho, no qual o conforto não era prioridade. Assim, ao desembarcar em Hollywood, logo tive a impressão de sair do mundo real para penetrar num outro universo, próximo da ficção.

Foi meu primeiro contato com a Califórnia, seu lado hollywoodiano e seus excessos: eram fogos de artifício para os meus olhos! Durante alguns dias, minha vida transcorreu tão fácil, até mesmo tão luxuosa, que eu parecia ter o papel principal num desses filmes que, na França, considerávamos o reflexo do famoso *american way of life,* e que tanto nos faziam sonhar! Landsburg levou-me para o hotel Bel Air, onde meu pai tinha o hábito de se hospedar. Lá, quando me propuseram, achei normal ocupar a mesma suíte que costumava ser reservada para ele. Nesse ambiente pomposo, não resisti ao prazer de tomar um bom banho, quente e espumoso, ainda que, por temperamento, eu normalmente preferisse as duchas fortificantes. Era uma necessidade irresistível depois daquelas semanas passadas a me enregelar à beira do lago Titicaca. Um pouco mais tarde, finalmente limpo, exalando o perfume dos sais de banho, sentia-me com apetite suficiente para descer ao restaurante. Estava faminto! Quase salivava ao ver desfilar diante dos meus olhos os diferentes pratos que finalmente iria saborear após essa longa expedição. Nunca conhecera a privação, nunca nos faltou nada, mas daí a comer tudo o que queríamos... Prazer e gula não faziam parte do menu do *Calypso* em expedição, apesar dos louváveis esmeros do cozinheiro, que precisava se esforçar para lidar com os meios dos quais dispunha a bordo.

A dieta devia ser simples, nutritiva e respeitar o orçamento! Seriam os traços de sua infância, passada no Japão? Minha mãe jamais se sentava à mesa, contentando-se em beliscar o que encontrava ao seu alcance, conforme o seu desejo. Não conhecia a gula! Para ela, um pouco de peixe cru, queijo, um copo de vinho tinto... e pronto! Ela tomava muito cuidado com a qualidade da refeição a bordo; os hóspedes do *Calypso* não deixavam de comentar.

– É nos detalhes que reconhecemos um "três-estrelas", brincava ela em resposta a esse espanto.

Ela achava completamente normal que os homens comessem diferentemente e de acordo com o que ditava o apetite, e que a equipe precisasse de quantidade.

Foi com outro estado de espírito que, na primeira noite, desci para a sala de jantar do hotel Bel Air. Vestido com calça e camisa limpas, estava finalmente apresentável após semanas de camiseta, short ou parca, que me protegiam do frio a 4 mil metros de altitude. Eu estava excitado com a idéia de finalmente saborear uma refeição elaborada, de acordo com minha nova vida. Desejava reencontrar um certo bem-estar. Fui servido! E, melhor ainda. Sem perguntas, com toda naturalidade, segui o *maître* até a mesa que costumava ser do comandante. Uma vez sentado, tive o indisfarçável prazer em ler e reler o cardápio antes de escolher os pratos mais refinados e, portanto, mais caros. Não demorei em pedir caviar! O que beber com o caviar sob essas latitudes? Não pensei um segundo em pedir uma vodca, que, aliás – sem politizar o debate – constava apenas discretamente do cardápio. Então, que venha o champanhe!

Com a displicência – para não dizer o desplante – da juventude, não regateei nada. Parecia-me normal colocar a despesa na conta do comandante! Há meses que eu me dedicava totalmente, que executava sem discutir tudo o que era pedido, o que era possível fazer, sem limites e sem jamais levar em conta minhas aspirações pessoais – profissionais ou particulares. Não economizara nem meu tempo nem minha energia para preparar todas as expedições – aliás, jamais receberia uma retribuição, apesar das sedutoras propostas que meu pai não hesitava em me apresentar. Depois de tudo, eu bem que merecia esses pequenos prazeres! Eles representariam apenas um modesto salário, uma magra compensação pelo trabalho ao qual eu me dedicava sem restrição.

Foi dentro desse contexto e estado de espírito que descobri Hollywood. Isso foi ainda mais decepcionante! Não sei com quais critérios fiz meu julgamento, mas imaginara uma cidade muito diferente de todas as que visitara até então, uma cidade de sonho, por assim dizer. E eis que eu me encontrava numa espécie de enclave em meio à cacofonia de Los Angeles. Ela se estendia sem fim, com suas pequenas casas, todas parecidas, ladeando ruas que nem mesmo tinham nome! Somente os números permitiam distingui-las. Essa cidade não tinha centro, não tinha "coração", como têm as nossas, na França ou em qualquer lugar da Europa. Além disso, ao contrário do que eu tinha imaginado – eu sonhara e esperava, sem dúvida, inconscientemente –, não encontrávamos as estrelas pelas ruas. Em suma, fiquei muito decepcionado com esse retorno a uma pseudo-civilização após meses de expedição, difícil, sem dúvida, mas sempre enriquecedora!

Eu não estava lá para sonhar. Estava cheio de energia e entusiasmo, sempre motivado pela admiração que sentia pelo comandante, por seu talento, e pela justeza, pela precisão com a qual ele sabia prever o desenrolar dos acontecimentos. Tanto para o futuro do homem quanto para o do planeta. Sem dúvida, meu pai ficou satisfeito com a forma como cumpri as diferentes missões que me confiou. Assim, nem bem terminadas a revelação e a seleção das inúmeras películas filmadas no lago Titicaca, ele já me submetia a um novo projeto, a ser realizado dentro dos melhores prazos – sem a menor alusão à minha dispendiosa nota de gastos. Com uma exaltação, que pode parecer um pouco pueril, pus-me imediatamente ao trabalho.

Dessa vez, não se tratava do *Calypso*! O que ele iria me propor então?

Eu me perguntava para onde ele pretendia me conduzir. Estaria eu apto a trabalhar nesse novo projeto, sobre o qual ele fazia tanto mistério?... Isso iria me interessar, agora que eu pegara gosto pela aventura e pelas expedições? Meu pai me intrigava com seu sorriso meio de lado. Que idéia estaria atravessando o espírito desse homem surpreendente a quem jamais faltavam invenções, inovações? Essa qualidade não deixava de seduzir sua equipe, de estimulá-la, mas às vezes de cansá-la também.

Como sempre, ele parecia ter urgência...

– Jean-Michel, você, que é arquiteto...

Quando meu pai atacava assim, eu já me arrepiava. E me perguntava onde ele queria chegar e o que se passava em sua cabeça. Em matéria de preâmbulo, nada era gratuito de sua parte. Certo, eu era arquiteto, e daí?

Tratava-se de "reciclar" o *Queen Mary*. Em termos claros, ele desejava utilizar da maneira mais eficaz e rentável possível os recursos que o barco podia oferecer agora que ia permanecer atracado.

O *Queen Mary* era um barco luxuoso! À época, a última das "*Queens*" acabava de terminar um de seus inúmeros périplos. Após adquiri-lo, a municipalidade de Long Beach, ao sul de Los Angeles, tomava de repente consciência de que o *Queen Mary* não seria tão fácil de tornar-se rentável quanto desejariam seus compradores. O que fazer de um barco que não podia mais navegar e cuja manutenção continuava a custar muito caro? Foi então que meu pai, com sua imaginação transbordante, sugeriu:

– E se construíssemos um teatro no interior do *Queen Mary*...?

Por que não? A idéia era sedutora... Sobretudo se esquecêssemos as pressões, pesadas e inúmeras!

O comandante Cousteau não queria levá-las em conta. Ele via nesse barco, definitivamente atracado, um quadro ideal e original que ele poderia modificar a seu gosto a fim de projetar ali inúmeros filmes sobre diferentes assuntos.

A idéia interessou-me imediatamente, e por várias razões. Meu pai não estava errado, parecia que eu tinha as qualificações para realizar e levar adiante essa idéia. Afinal, eu não era arquiteto? Além disso, eu era bilíngüe, o que facilitava a comunicação, e mergulhador! Eu tinha, portanto, vários trunfos a meu favor, e deveria poder me sair bem sem maiores dificuldades.

Era um belo projeto, pelo qual fiquei ainda mais entusiasmado quando, com sua habilidade costumeira e seu famoso sorriso, do qual eu devia desconfiar, JYC achou por bem explicar:

– Jean-Michel, por esse trabalho, ofereço a você 750 dólares por semana.

Setecentos e cinqüenta dólares! Uma soma que teria mexido com qualquer pessoa, sobretudo naquela época. Além do interesse que o projeto apresentava, esses 750 dólares por semana mereciam que eu me comprometesse com a operação. Ainda mais que, sem ao menos dar-me tempo de responder, de dar-lhe o meu acordo, meu pai acrescentou:

– Se tudo der certo, após dez meses, haverá, ainda, 50 mil dólares de lucros para você.

Isso representava dinheiro suficiente para comprar a casa que eu cobiçava.

Cinqüenta mil dólares! Eu não iria mais me fazer de rogado para aceitar uma proposta dessas. Assim, embora nunca tenha sido particularmente motivado pelo dinheiro, comecei a trabalhar imediatamente.

Neste momento, 36 anos mais tarde, espero ainda o primeiro dos dólares com que meu pai me acenou... Mas não me arrependo de nada. Que aventura!

Tive, porém, que me render à evidência. Por mais sedutor que fosse, o projeto era praticamente irrealizável. Logo compreendi que seria impossível modificar a estrutura do navio para lá instalar um teatro. O casco não resistiria à pressão da água.

Todavia, hesitei por muito tempo e pensei muito antes de aceitar o que era uma evidência. E, embora não tendo a pretensão de ser tão talentoso quanto meu pai na arte de adaptar as situações ao contexto – até mesmo contorná-las –, tentei seguir seu exemplo. Era materialmente impossível transformar o barco em teatro. Portanto, propus uma solução alternativa:

– Por que um teatro? Isso seria complexo, para não dizer impossível de realizar, e custaria muito dinheiro, sem representar uma solução satisfatória. Haveria muitos riscos... Por que não transformar o *Queen Mary* em um museu marinho? Essa alternativa seria mais original e mais rentável.

A idéia agradou, e logo foi aceita. Foi assim que concebi um projeto que pensava concretizar em uma dezena de meses, mas cuja realização durou três anos e meio... Três anos durante os quais, paralelamente, eu supervisionava a integralidade da pós-produção dos filmes realizados em Hollywood. E assumia também uma parte da responsabilidade das diferentes operações relacionadas à logística, assim como algumas dublagens de vozes francesas para nossos filmes.

Estávamos em 1968. Pensei em me reinstalar em Los Angeles por alguns meses... E ainda vivo na Califórnia uma parte do ano! Contudo... Realizar filmes, viver nos Estados Unidos, essa perspectiva não correspondia à minha linha de vida, ao objetivo que acalentara durante meus anos de juventude. Não era para isso que me decidira a ser arquiteto. Então, obra do acaso? Sinal do destino? Influência paterna mais ou menos disfarçada? Tudo junto, sem dúvida.

Não me arrependo. Seria má-fé da minha parte não admitir isso. Seduzido pela beleza das profundezas marinhas, rapidamente me tornei um fã incondicional do Pacífico. E ainda sou. Mas é certo que, nisso também, meu pai tem participação; se não de responsabilidade, ao menos de influência, o que está longe de ser negligenciável.

Comecei a mergulhar muito cedo. E com razão! Foi ele quem me induziu – jogou seria mais certo – muito cedo! Philippe mergulhou mais cedo ainda, não tinha mais que 4 anos e meio. Acho que não tivemos medo. O medo é um sentimento que jamais sentiríamos, tínhamos muita confiança em nossos pais. Eles podiam fazer o que fosse – e não deixavam de fazê-lo –, nós os admiraríamos sem restrição.

Uma vez na água, o desconforto provocado pelas máscaras que portávamos pela primeira vez – elas não eram nada comparáveis ao material leve e maleável de hoje – fazia com que não quiséssemos retirá-las a todo custo. Mas bem depressa a curiosidade, o gosto pela descoberta, a singularidade desse novo meio venceria. Seduzidos, assombrados, exclamaríamos:

– Você viu essas "flores"?, dizia um, apontando para as anêmonas marinhas, cujos "braços" flutuavam levemente.

– E você? Rápido, olhe o peixe, com suas listras amarelas e azuis... Olhe!, intimava o outro.

Inebriados com suas descobertas, os meninos que éramos não sabiam para onde virar-se. Estávamos fascinados por essa nova vida, desconhecida e intensa, que vibrava à nossa volta.

As algas balançavam-se docemente. Os rochedos estavam cobertos de flores multicoloridas. Cercados por nossos pais, flutuávamos docemente, leves, quase "aéreos", se ouso dizer, sobre rochedos recobertos por um tapete macio aos nossos pés. Então, para falar melhor, para nos comunicarmos melhor entre nós, erguíamos os êmbolos, que nossos pais se apressavam em colocar novamente em nossa boca para não nos afogarmos! Essa foi uma das raras ocasiões em que eles demonstraram autoridade sem mais explicações. Como poderiam ter feito diferente? Como fazer crianças da nossa idade compreender que era perigoso largar o êmbolo ou o tubo respiratório? O perigo é um conceito que descobrimos somente muitos anos mais tarde. E ainda... Nossos pais tiveram a inteligência, provavelmente também a força em fazer com que jamais duvidássemos deles ou de nós. Não éramos presunçosos por causa disso. Mas como sabíamos que éramos amados, nada podia nos acontecer. A maneira que nossos pais tinham de nos proteger foi, sem dúvida, a nossa força, talvez para além dos limites razoáveis... Isso poderia explicar o lado ousado de Philippe, além do seu temperamento. Ele, porém, não era inconseqüente. Aliás, jamais se comportou como tal, mesmo que a seqüência dos acontecimentos pudesse fazer supor o contrário.

Atrevo-me a dizer, com o risco de parecer sentimental, que o nosso caminho estava traçado. Por que negar? É comum que, de uma geração para outra, numa mesma família, se busquem os mesmos objetivos, sobretudo quando se tem orgulho daqueles que o precederam. É o meu caso, dos meus filhos e dos meus sobrinhos também. Assim, conscientes da legitimidade da causa, é mais fácil para nós do que para os outros transmitir a mensagem.

Não somos os únicos, felizmente. Muitos são aqueles que procuram alcançar as mesmas metas, e eu os respeito. Eles também fazem um bom trabalho, mas podem ter mais dificuldades em se fazerem entender do que nós, os Cousteau. É certo que temos o privilégio de contar com uma certa escuta, com uma espécie de reconhecimento, devidos, sem dúvida nenhuma, ao trabalho pioneiro de meu pai – que, mesmo que possa ter sido inábil ou intransigente, não deixou de dizer o que precisava ser dito e de provocar críticas. Portanto, não é de surpreender que, junto de tal homem, Philippe e eu, depois nossos filhos, tenhamos os mesmos interesses, as mesmas aspirações. Nas pegadas do meu pai, não escondo minha satisfação de ter sabido comunicar esse poder de admiração do qual sou herdeiro. É uma qualidade insubstituível, uma grande sorte, que nossos pais souberam nos inculcar. Hoje ainda, 65 anos passados, guardo intacta essa capacidade de me admirar.

Assim, há pouco tempo, em Paris, um pouco antes das festas de fim de ano, ao entrar no hotel após uma jornada de reuniões estafantes, ocorreu-me sair novamente. Por quê? Tenho quase vergonha de confessar minha ingenuidade... Mas também tenho orgulho de ainda sentir as emoções de outrora. Sim, ocorreu-me sair novamente, numa noite de inverno e frio, para ver as vitrines dos grandes magazines! Na verdade, não eram tanto as vitrines que me atraíam, mas as crianças, trepadas em pequenas plataformas, sem fôlego, de olhos arregalados. Admirados diante dos personagens animados e das luzes que piscavam, elas exultavam de alegria. Seu sorriso, seu olhar admirado, o extraordinário frescor que é privilégio da infância, essa matéria-prima tão bela, tão pura, desde que ninguém a corrompa, tudo isso é um bálsamo para o coração. Tenho a íntima convicção de que é nessa idade que tudo se prepara. É junto às crianças que precisamos intervir, se quisermos ser ouvidos e seguidos.

As crianças são surpreendentemente ricas, porque estão abertas para dar e receber. É por isso que os jovens são nossos melhores aliados na luta pela proteção e defesa do planeta. Num mundo onde domina egoísmo, eles não perdem o frescor, representam a esperança, garantem a sobrevivência da Terra.

Essa convicção, que proclamo alto e forte – de tanto que está visceralmente arraigada em mim – era um dos meus raros pontos de profundo desacordo com JYC, que, na intimidade, confessava-me, para meu grande espanto, não acreditar no futuro da nossa espécie.

No fim da vida, ele se fazia de indiferente. Mas sempre me pergunto se isso não era uma forma de orgulho desse homem que não sabia confiar, que se recusava a delegar.

Ele estava convencido de que detinha a verdade. Por que, então, se recusava a transmiti-la? Seria por isso que ele nada fez para deixar uma situação clara atrás de si, somente o caos?...

14
Deus não tem herdeiro

Deus não tem herdeiro...

A frase pode parecer dura e de mau gosto sobre um homem que acabara de perder um filho de maneira tão trágica – o filho que a imprensa se deleitou em apresentar como seu herdeiro escolhido. Por que não... É difícil que alguém pudesse ser o herdeiro desse homem, pela simples razão de que ele não queria! Pois, se o comandante era complexo em seu comportamento, não foi menos em suas afeições.

Aconteceu de, muitas vezes, eu ter uma conversa num tom mais duro com meu pai, especialmente quando o ouvia declarar que não acreditava no futuro do homem, nem no do planeta. Acho que não estava necessariamente errado. Parece até que, mais uma vez, o futuro dá razão a ele. Anos após sua morte, os cientistas – os mesmos que não deixaram de censurá-lo por não ser um dos seus – sustentam discursos alarmantes, exatamente iguais aos que defendia em seu tempo!

O futuro do homem, bem como do planeta, estará seriamente comprometido – ou mesmo limitado no tempo – se continuarmos a poluir o meio ambiente como fazemos. Entretanto, essa advertência não parece ter muita influência em nossos comportamentos, com exceção de alguns convictos, entre os quais me incluo. É verdade que o fim nos parece muito distante; para o homem, cujo espírito só consegue imaginar o que representam quatro ou cinco gerações, é difícil conceber claramente o que significam bilhões de anos. Ora, quatro ou mesmo cinco gerações não representam nada diante desses bilhões de anos a que nos referimos. Podemos imaginar, claro, mas sem compreender o que isso significa concretamente...

Voluntarioso e obstinado, meu pai, porém, baixava os braços ou dava de ombros quando o assunto era o futuro. Idade? Para um homem com tanto potencial físico e intelectual, ele não era tão "crescido" assim. Além disso, ele nem sempre antevia o futuro de forma tão sombria e pessimista. Então, a que se devia isso? A um certo cansaço? Talvez ele estivesse cansado de lutar... De certa forma, era conveniente não acreditar no futuro, ele que jamais soube – ou quis – delegar. Se não haveria futuro, por que organizá-lo? Ele nunca disse, mas sempre se comportou um pouco como se a Terra fosse parar de girar no momento do seu desaparecimento.

Alguns de seus detratores tiveram prazer em traduzir esse pequeno defeito assim: "Deus não tem herdeiro..." Uma frasezinha sarcástica, um jogo de palavras fácil, que, aliás, não o desagradava por completo. Mas esse mesmo gracejo transformou-se em crueldade no dia em que meu irmão, Philippe, encontrou brutalmente a morte num acidente de hidroavião. O olhar que meu pai tinha para o planeta tornou-se mais pessimista ainda. Quem poderia se surpreender com isso? Perder, dessa forma, violentamente, aquele que o acompanhava, que devia ser seu sucessor – mesmo quando não se queria um herdeiro –, não está de acordo com a ordem das coisas... Ocorria-nos, a Philippe e a mim, fazer um revezamento.

Meu pai amava a vida. Tanto que precisou procriar mesmo em idade avançada. Mas, embora acreditasse naturalmente que era eterno, nunca lhe ocorreu a idéia de que um de seus filhos pudesse morrer antes dele. Segundo a imprensa, era em Philippe que o comandante pensava para dar continuidade à sua obra. Por que não? Mesmo assim, seria preciso que isso fosse do seu temperamento...

É sempre difícil falar do desaparecimento de alguém próximo. Ainda hoje, passados mais de vinte e cinco anos, tenho dificuldade em falar do acidente de hidroavião que provocou a morte do meu irmão. Nunca deixei de sentir essa morte, de vivenciá-la como uma profunda injustiça. Philippe não estava em idade de morrer. E, embora a nossa diferença de idade fosse mínima, era o meu irmãozinho caçula, e eu me sentia totalmente responsável por ele quando, ainda crianças, corríamos a montanha em Megève, internos em Roches, e, principalmente, anos mais tarde, na vez em que fomos encontrar nossos pais no *Calypso* em Djeddah... Era o fim do mundo naquela época, para os garotos que ainda éramos. Eu não me acanhava, pois ele me via com a indiscutível autoridade de mais velho. Aliás, Philippe, com seu temperamento inquieto, não deixava de reclamar desse estado de coisas. Na verdade, ele contestava tudo que lhe era imposto.

Éramos bem diferentes fisicamente, eu já disse: ele era um Melchior, enquanto eu era um Cousteau. Além disso, ele sempre foi do tipo "ousado", o que se convencionou chamar de ânimo exaltado, enquanto eu parecia mais sensato. Ele queria tudo, e logo. Isso explica seu gosto pelo risco, pela provocação também. Philippe fazia tudo o que lhe vinha à cabeça. Em geral era por causa de uma idéia dele que acabávamos convidados, por meu pai, para a famosa "sessão palmada", junto com Françoise e Jean-Pierre, nossos primos. Quando meu primo e eu – nós que somos os dois únicos sobreviventes – falamos da nossa infância, da nossa juventude, Jean-Pierre não deixa de lembrar, com certa admiração, as loucuras de Philippe.

– Ele era adorável, gentil, atencioso com as pessoas, mas é preciso admitir que ele tinha um senso inato para loucuras. Nesse campo, sua imaginação estava sempre alerta, ele não perdia uma!

Com pretensa sabedoria de mais velho, eu tinha prazer em dizer, em tom condescendente: "Philippe tem alma de piromaníaco". Ele tinha grande atração pelo fogo e não deixava de acender tudo que pudesse queimar – um raminho que fosse – sempre que podia. A despeito das conseqüências que isso pudesse ter... Nossas nádegas, para começar! Um fósforo, algumas cascas, pontas de pinho, um pouco de madeira seca... e crac! Philippe não resistia ao prazer de pôr fogo! Desde criança, tinha gosto pelo imprevisível, pela aventura, o que só se acentuou com o passar dos anos. Essa vocação fascinava nosso pai, que, por possuir também o gosto pela aventura, nunca fazia nada descuidadamente.

Não se mergulha sem cuidado. Também não se emerge. No mergulho, cada gesto e cada decisão devem ser perfeitamente ponderados. Não há lugar para o imprevisível nem para a fantasia ou para a imaginação. O mergulho exige uma grande precisão.

Philippe era ousado, encantador, aventureiro e, quase sempre, agradável. Ele também podia ser insuportável, até mesmo arrogante, quando se aproximava empertigado, bradando um tipo de "abre-te Sésamo", esperando que lhe abrissem todas as portas: "Sou filho do comandante Cousteau..." Isso, claro, não deixava de agradar o meu pai, ainda que ele negasse.

O comandante certamente não suspeitava que esse jovem que se vangloriava de ser o filho do famoso "comandante Cousteau" pudesse ter uma outra faceta além da admiração por ele. Philippe, toda vez que discordava de seu pai, saía clamando em alto e bom som sua opinião. A Bergère era a primeira para quem ele esvaziava seu saco de rancor, dizendo:

– Seu marido é um idiota...

Simone, que não queria que o clima ficasse pesado, fingia que não ouvia! Aliás, o bom humor voltava rapidamente, pois Philippe geralmente emendava, certo do efeito que causaria:

– Está certo que é bem mais fácil ser filho de Jacques-Yves Cousteau do que do doutor Petiot[1].

Ofendida um segundo antes, a Bergère só podia desatar a rir. Em geral, Philippe divertia. E provocava também. Em Mônaco, um casal cuidava de nossa casa. Élise, que me achava gentil e fácil – e não

[1] Marcel Petiot (1897-1946), médico acusado de charlatanismo; além de golpes financeiros, foi acusado de vários crimes, entre eles o de prescrever morfina a seus pacientes. Foi colaborador do III Reich. (N. T.)

mudou de opinião –, considerava Philippe um terror. Ela o detestava, certamente, porque temia o que ele podia fazer:

– Ele não tem mais o que inventar... dizia Élise, erguendo os braços e os olhos para o céu.

Arrogância de juventude? Sem dúvida! Apesar das críticas feitas sempre em voz alta, Philippe também tinha uma grande admiração pelo nosso pai. Como eu, ele se maravilhava com o olhar sobre a natureza que ele soube nos transmitir. Mas a distribuição dos genes é uma coisa misteriosa. Se, fisicamente, eu parecia com meu pai, Philippe assemelhava-se a ele na forma de pensar e de apreender o futuro, especialmente em relação ao homem e ao planeta. Enquanto eu sou um otimista obstinado nesse ponto – desde que estejamos atentos, claro –, Philippe, como meu pai, tinha uma visão mais sombria do futuro. O comandante previa:

– Acredita-se que o mar seja imenso e que o homem jamais consiga estragá-lo. É aí que está o erro fundamental. Quanto mais esperarmos, mais pobre ficará o mundo para salvarmos.

Philippe, um verdadeiro ecologista, aprofundava a questão. Ele também se preocupava com o mar, especialmente o Mediterrâneo, e afirmava:

– Daqui a pouco não será mais possível nadar no mar, porque somente os organismos mais simples – bactérias e vírus – resistirão à poluição.

Estranhamente, esse jovem tão ativo e alegre acrescentava, num tom aparentemente nostálgico:

– Um dia, talvez mais cedo do que se espera, o mar, onde a vida começou, seja o lugar onde tudo acabará.

Premonição? Ele amava tanto o mar, que tinha prazer em dizer: “Passei minha vida na água...” E foi na água que ele terminou.

Vivíamos a quilômetros um do outro, raramente no mesmo continente, porém nos víamos regularmente, meu irmão e eu. Embora diferentes em muitos pontos, tínhamos muitas coisas em comum, sobretudo uma cumplicidade que remontava à infância. Nós nos víamos sempre, geralmente durante a estada na França. Tínhamos o mesmo prazer em descer para o Midi, com Anne-Marie e Janice, nossas respectivas esposas. Philippe, então, assumia o volante de seu pequeno carro esporte, que sempre dirigia mais rápido do que devia, deixando Paris para tomar o café da manhã no Baobab. Janice e Anne-Marie tentavam trazê-lo à razão, fazer com que pisasse menos, mas faltava-lhes autoridade... Philippe nem ligava para os comentários delas. Cabelos ao vento, pé no acelerador, sentíamos que ele estava feliz, ao contrário das nossas duas jovens mulheres, cujo súbito silêncio dizia muito sobre o medo que sentiam.

Tínhamos o mesmo fascínio, o mesmo respeito pela natureza. Quando crianças, mergulhamos juntos pela primeira vez. A paixão que nasceu em cada um de nós, nunca deixaria de existir. Com o correr dos anos, parece que ela se fortificou ainda mais.

Philippe era, sem dúvida, mais espontâneo que eu. Enquanto ele era naturalmente provocador, eu era mais respeitoso em relação à ordem estabelecida. Como disse, sentíamos a mesma admiração pela obra de JYC, cuja educação e exemplo fariam de nós os adultos que nos tornaríamos. Éramos infinitamente gratos a ele. A indiferença e a audácia de Philippe fascinavam JYC. Ele que, em sua juventude, escapara de um grave acidente, cujas seqüelas o impediram de realizar seu sonho – ser piloto –, orgulhava-se disso em Philippe. Meu pai, que muitas vezes podia parecer frio e distante, sempre dono de si, tinha às vezes reações quase pueris. Assim, ele tinha muito orgulho dos brevês de piloto que seu filho mais novo obtivera nos Estados Unidos, quase como se ele mesmo os tivesse recebido! Foi, sem dúvida, a única vez na vida em que o comandante fez o que poderíamos chamar de transferência. Com Philippe piloto, o comandante dava a impressão de também o ser, por procuração. O pai passava-se pelo filho: ainda mais porque Philippe, tendo feito escola de cinema, podia realizar, nas melhores e "mais loucas" condições, os filmes que seu pai assinaria.

Philippe, piloto excepcional, não hesitava em correr riscos pelo prazer de conseguir "a imagem", aquela que surpreenderia, a que ninguém ainda havia conseguido. Tinha consciência do perigo? Subestimava-o? Não acredito. Seria orgulhoso a ponto de querer ser o primeiro? Também não creio. Era talentoso e perfeccionista. Portanto, achava normal conseguir a qualquer preço, até com a vida, uma imagem surpreendente e geralmente inédita. Essa audácia lhe valeu passar perto da morte por inúmeras vezes. Em 1968, perdendo toda e qualquer noção do perigo, escapou por pouco de um afogamento, pelo simples prazer de filmar as baleias azuis. Alguns anos mais tarde, após ser levado como voluntário para pilotar o hidroavião do *Calypso* – o que significava praticar vôo livre e pára-quedismo ascensional –, "aterrissou" sobre um cacto e sofreu todos os dissabores que se pode imaginar. Graças à ruptura de uma correia de pára-quedas, durante um salto, que seu belo rosto de sedutor ganhara a cicatriz que lhe marcava a face. Sim, além de corajoso e esportivo, Philippe era antes de tudo um sedutor. Ele tinha o físico e a mentalidade para isso. Essa foi, sem dúvida, a causa do único grande desentendimento do meu irmão com nossos pais – com nossa mãe, pelo menos. Pois dessa vez, como em tantas outras, JYC teve a arte e o talento de dar uma no cravo e outra na ferradura, segundo o seu costume – nesse caso, tratava-se da Bergère e de sua própria tranqüilidade.

Um dia – pouco antes do seu primeiro acidente grave, em 1966, se me lembro bem –, o sedutor Philippe finalmente se apaixonou de verdade. Loucamente apaixonado, sem nenhuma restrição, como tudo o que fazia. A feliz eleita era uma criatura deslumbrante, uma elegante modelo californiana que provavelmente conhecera durante uma das noitadas nova-iorquinas, das quais costumava participar regularmente.

A modelo e o piloto... A imagem era tão bonita quanto jovem e lindo o casal que formavam. Dava quase para ser a primeira frase de um conto de fadas contemporâneo. Mas nossos pais não viram as coisas dessa forma. Para a Bergère, casamento não rimava necessariamente com poesia. Já deu para perceber a admiração que sempre tive pela minha mãe, mas nem por isso aprovo todas as suas reações... Ela, que nunca foi muito maternal e que sempre preferira o *Calypso* a seus filhos, tornou-se maternal de repente, quando teve que enfrentar as "inimigas", ou seja, as jovens por quem seus filhos se apaixonaram de verdade. A minha, foi Anne-Marie; a de Philippe, Janice. Sendo mais velho, fui o primeiro a sofrer sua ira e a suportar seus sarcasmos. Anne-Marie e eu nos conhecíamos já há vários anos, quando, por fim, ousei apresentá-la a meus pais e comunicar meu desejo de casar-me com ela. Com certeza, a Bergère deve ter ficado zangada comigo, embora jamais tenha demonstrado abertamente. De minha parte, preferi ignorá-la... Quem disse que eu parecia com meu pai? Reconheço hoje, um pouco tarde, que ela tinha razão. Philippe, conforme seu hábito, foi muito mais rápido e direto. Isso, sem dúvida, acentuou a estupefação de nossos pais, que, contudo, já estavam acostumados aos seus impulsos e a outros ímpetos do coração. "Um amor à primeira vista? E daí? Grande bem lhe faria, não era o primeiro", contentou-se em zombar JYC, enquanto a Bergère dava de ombros. Eles não haviam pensado nem um segundo que, em breve, seu filho sentiria a necessidade premente, imediata, de desposar a jovem, que parecia corresponder a essa bela paixão.

Mas isso significava não considerar a opinião da Bergère, que cuidava de perto de todos os homens do *Calypso*, os quais considerava como filhos. Era ainda mais zelosa quando se tratava dos "seus". Diante de Philippe, ela não se acanhou em demonstrar intolerância...

À epoca, Philippe já colaborava com a Fundação Cousteau. Era ele que realizava os filmes. Em que filmagem devia estar naquele momento? Não sei mais. Mas o jovem realizador devia deixar os Estados Unidos para voltar à França e, portanto, separar-se de Janice. Nem bem embarcou no avião, o playboy, que já possuía várias separações a seu favor, sentiu que aquela seria insuportável. Até então, ele saltara de uma mulher para outra sempre com o mesmo sucesso e a mesma audácia. Mas, de repente, ele, o volúvel, não podia tolerar uma separação que durasse apenas algumas horas. A situação ficou tão insuportável e lhe pesou tanto que ele só viu uma solução: casar-se com o objeto do seu amor. Dessa forma, Janice estaria sempre a seu lado. Ele não podia mais esperar. Esperar o quê, aliás? Philippe tinha 26 anos. Já se apaixonara tanto, que isso havia se tornado, por assim dizer, banal. E eis que, de repente, ele estava amando...

Diplomata, começou apresentando Janice a JYC, a quem uma bela jovem só poderia seduzir. Em relação a Bergère, ele parecia menos apressado. Segundo o seu costume, preferindo evitar qualquer motivo de altercação, JYC achou por bem não contar a ninguém, sobretudo à sua mulher. Mas, movido pelo ímpeto do amor, Philippe não resistiu por muito tempo ao desejo de se abrir com a mãe. Parece que existe uma sogra adormecida em cada mulher... A que estava adormecida na Bergère despertou bem rápido. Não fiquei muito surpreso, pois já havia tido a oportunidade de testá-la ao apresentar-lhe Anne-Marie.

– Uma americana? – espantou-se num tom que dizia tudo...

– Sim... – respondeu Philippe, confuso como um menino flagrado fazendo algo errado.

– E o que ela faz da vida?

– Ela é modelo – respondeu logo Philippe, com uma ponta de orgulho.

Modelo... Isso queria dizer que ela era bonita. Mas Simone não ligava, queria que ela fosse bem criada antes de tudo. Modelo! Ela parecia sufocar. Como se isso fosse uma profissão aos olhos dessa mulher oriunda da burguesia mais tradicionalista, rica e influente! Ela fez alguns comentários bem convictos.

– Modelo? Você quer dizer que se trata de uma dessas meninas esqueléticas que andam requebrando sobre saltos muito altos e que supostamente valorizam uns panos assinados por um grande costureiro?

A Bergère sabia ridicularizar... Philippe estava loucamente apaixonado por Janice, que, aliás, lhe correspondia. Nada poderia arrefecer seu ardor.

Era um jovem surpreendente, bem mais profundo do que seu comportamento pudesse fazer supor. Ele podia parecer superficial.

Amava a velocidade, os carros esportivos e as belas jovens: todos os clichês que fazem a fama de um playboy. Mas era um desportista de alto nível, além de corajoso. Amava o mar, sua fauna e seus mistérios, e tinha um grande respeito pela natureza. Seu temperamento de artista somava-se ao domínio da sétima arte, e os filmes que ele realizou são a melhor prova disso. Era excelente piloto, com a disciplina e o rigor que esse tipo de trabalho requer, qualidades comparáveis ao que se exige no mergulho.

Philippe era exuberante e expansivo, jamais hesitando em alardear o que pensava, mesmo que isso pudesse magoar aqueles a quem se dirigia. Assumia mais riscos que eu? Talvez não, mas os assumia diferentemente. Aliás, sua trajetória se presta à reflexão e faz acreditar na força do destino. Philippe morreu jovem. Muito jovem. Com 39 anos. Não era a primeira vez que ele flertava com a morte, que naquele dia o levou. Fazia um certo tempo que ela parecia espreitá-lo. Ele já não havia se encontrado com ela várias vezes? Sempre havia escapado, muitas vezes por pouco. Não tinha caído de helicóptero, em 1976, durante uma reportagem sobre a ilha de Páscoa? Acabou escapando com uma perna esmagada. Isso confortou sua equipe: ele tinha a *baraka*[2]. Se esse acidente não lhe serviu de lição, pareceu, porém, modificar a forma com que passou a enfrentar o perigo a partir de então, e talvez até o seu temperamento. Logo depois, Janice reconhecia:

– Esse acidente nos amadureceu. Até então nos comportávamos como crianças mimadas. Ter estado perto da morte e conhecido o sofrimento modificou o comportamento de Philippe, sua atitude diante da vida. Essa mudança interior influenciou-me também.

Pois, claro, Philippe casara com sua linda modelo, apesar das reticências e dos comentários da Bergère.

Ele fez de tudo para convencê-la de que Janice era a mulher da sua vida, que não seria feliz sem ela. De nada adiantou.

---

[2] Uma sorte excepcional. (N. T.)

– Ela está interessada no seu nome, escarnecia a Bergère, antes de desferir o golpe fatal. Não pense que seu pai e eu cederemos. Não seremos cúmplices desse erro, não assistiremos a esse casamento...

A Bergère sabia ser dura às vezes.

Philippe teve uma grande decepção. Ele, o Melchior "puro", fizera de tudo para que a mãe cedesse. Não tinha sido sempre assim? Ele não era o "chuchu", como gostava de dizer? Esperou, até o último momento, que ela depusesse as armas. Não hesitou em lhe escrever uma carta pungente, pensando que ela não fosse resistir:

> Mãezinha, vou embora. Amo você... Vou me casar com Jan... Quer você me deixe sozinho com essas dificuldades, quer você venha comigo como sempre fez. Na primeira hipótese, assim que eu voltar, faremos uma pequena cerimônia em Paris. Na segunda, você organiza alguma coisa em Mônaco, para os meus amigos e os seus. Mas isso só será possível se você aceitar me apoiar sem reservas... Mamãe, eu suplico, continue comigo, o caminho será muito mais bonito. De qualquer forma, e em todo caso, gostaria de dizer que você é o centro da nossa família, dos meus pensamentos e do nosso amor... Amo você... Escreva-me logo, e até breve. Philippe

Simone não cedeu. Como ela pôde ser tão intransigente, resistir a um pedido desses, a tanta ternura? Ela que não sabia negar nada ao seu Philippe... Meus pais não foram ao casamento.

Portanto, Philippe e Janice se casaram segundo a "primeira hipótese"...

Fomos bem poucos, naquele 10 de fevereiro de 1967, a ouvir o "sim" dos jovens noivos, que, na administração municipal do 8º departamento de Paris, se comprometeram "para o melhor e para o pior". Nenhum de nós suspeitava que o pior chegaria tão rápido.

Somente alguns Cousteau estavam lá – os fiéis, os incondicionais de Philippe – para cercá-lo de afeto, reunidos em torno de Daddy, nosso avô. Entre eles, estavam, claro, nossos primos, os cúmplices da nossa infância, Jean-Pierre e Françoise. O padrinho de Philippe que continuou um amigo firme: Jean-Pierre Duclos era inspetor em Sainte-Barbe, uma escola particular muito chique, próxima ao Panthéon, onde tínhamos passado algumas semanas durante as férias, sempre para corrigir as falhas do ano escolar que acabara de terminar. Foi durante esse estágio de verão que ganhei meu dinheirinho graças ao talento de cabeleireiro que acabara de descobrir. Sem nenhum acanhamento, eu propunha "um corte" a todos os que encontrava. E foram muitos os que se entregaram, sem medo, às minhas tesouras. Naquela época, diferente de mim, Philippe era mais fechado e voltado para si mesmo. Não perdoava nossos pais – e não escondia – por terem nos colocado em colégio interno enquanto corriam o mundo. Foi então que fez amizade, para toda a vida, com Jean-Pierre, um inspetor compreensivo pouco mais velho que nós!

Depois que o jovem casal fez os votos, reunimo-nos na casa de Françoise, que organizara uma pequena recepção. Embora fosse por muito pouco a mais velha do nosso pequeno bando, talvez porque fosse "a" menina – portanto a mais sensata –, Françoise sempre se sentia responsável pelos malandros que éramos e nos convidou para um almoço caloroso e amigável. À noite, Philippe nos levou ao Sabot, um restaurante moderno de Saint-Germain-des-Prés.

Foi uma bela cerimônia, um belo dia também, apesar da ausência dos nossos pais, que Philippe preferiu esquecer. Era amoroso o bastante para que isso não fosse difícil – pelo menos, não teve que enfrentar os sarcasmos de Simone, nem as evasivas de JYC. De minha parte, embora tenha preferido não fazer qualquer comentário, achei lamentável e pouco elegante a atitude dos nossos pais. Era ainda mais decepcionante vindo de dois seres excepcionais.

28 de junho de 1979. Cada um dos membros da família Cousteau está disperso pelo mundo, como de hábito.

JYC está em Nova York, onde se dedica a conseguir um eventual patrocinador para montar uma nova expedição. O *Calypso* navega pela costa Leste dos Estados Unidos, a Bergère e a tripulação rumam para Jacksonville, na Flórida. Eu, de minha parte, estava na ilha de Catalina, a algumas milhas de Los Angeles, tentando convencer os estagiários de nosso curso sobre a necessidade de um ensino ecologista, de respeito pela natureza, antes mesmo que isso estivesse na moda e, sobretudo, que fosse urgente.

Recebo uma chamada telefônica:

– Seu irmão morreu...

O choque é tão violento quanto inesperado. Certo, Philippe sempre assumia riscos, mas era capaz de vencê-los. Não era ele um vencedor, um ganhador? Esse homem parecia feito para a alegria. Com Janice, o entendimento era sempre perfeito. Eles tinham uma filhinha, Alexandra, e, embora ainda não fosse oficial, eu sabia que Janice estava grávida de novo há dois meses.

– Estou indo...

Foi o tempo de avisar minha equipe:

– Continuem sem mim...

Parti para me reunir ao *Calypso* e à Bergère.

Albert Falco, o fiel Bébert, era o chefe da expedição na ocasião. Como poderia ele esquecer aqueles momentos tão difíceis e dolorosos?[3]

– Foi trágico... Recebi um telefonema de Tréboz:

– Preste atenção, preveniu-me ele, aconteceu um grave acidente com Philippe e seu hidroavião. Não sabemos ainda o que houve com ele, mas você precisa ficar atento para que a Bergère não saiba pelo rádio...

"Eu estava sempre em contato com a Bergère", recorda Bébert emocionado, "mas a deixava viver sua vida. Entretanto, naquele dia, aproximei-me dela e disse:

– Gostaria muito que a senhora me fizesse ouvir música, com um ar natural.

[3] Os trechos seguintes foram tirados do livro de Albert Falco e Yves Paccalet, *Capitaine de la* Calypso, Robert Laffont, Paris, 1990.

Não queria que ela me interrogasse ou suspeitasse que fosse um subterfúgio de minha parte para que não ouvisse rádio. Aparentemente, meu pedido não a deixou intrigada, e foi espontaneamente que ela respondeu:

– Mas claro, com prazer, Béb (era assim que ela me chamava). Sente-se...

Então, antes de colocar os discos na vitrola, ela desligou o rádio, sempre ligado, a seu lado, como fundo musical. E ficamos ouvindo música, durante uma hora, duas, três... O tempo parecia se eternizar. Acho que ela devia se perguntar por que esse desejo súbito de ouvir um tipo de música com o qual eu não estava habituado. Teria ela me convertido à música clássica? Não sei se ela se colocou a questão. Mas, sem dúvida, não teve tempo de se divertir, pois sentia que estava acontecendo alguma coisa... Alguma coisa sobre a qual eu não queria falar. Felizmente, chegou a hora do jantar. Fomos comer e isso distraiu o espírito. Todos nós queríamos manter um ar natural e fazíamos como se nada fosse, porque cada um ignorava quem sabia e quem não sabia... E, depois, avisaram-me:

– É o fim para Philippe... O comandante está vindo, está no avião. Jean-Michel também está vindo. É preciso avisar a Bergère...

A refeição terminou e, quando a Bergère entrou, eu a segui. Estava aborrecido, desajeitado. Ela era um ser excepcional, uma mulher forte, fora do comum. Mas eu não sabia como lhe dar uma notícia tão horrível. Comecei:

– Ouça, preciso falar com a senhora... Houve um problema grave...

Eu ainda a vejo, de repente, voltar-se para mim. Estava muito pálida, o rosto cavado. Ela me disse com uma vozinha que não era a sua:

– Não diga nada. Eu sei... É Philippe...

Ela era impressionante, com uma rara percepção do que se passava ao seu redor, do que as pessoas sentiam, sem que fosse necessário expressar. Ela entrou, eu a acompanhei, não sabendo o que fazer. Então

Da esquerda para a direita: meu primo Jean-Pierre, eu, meu pai (então, capitão), minha mãe, apelidada carinhosamente de a Bergère pela equipe do *Calypso*, e meu irmão Philippe (coleção particular)

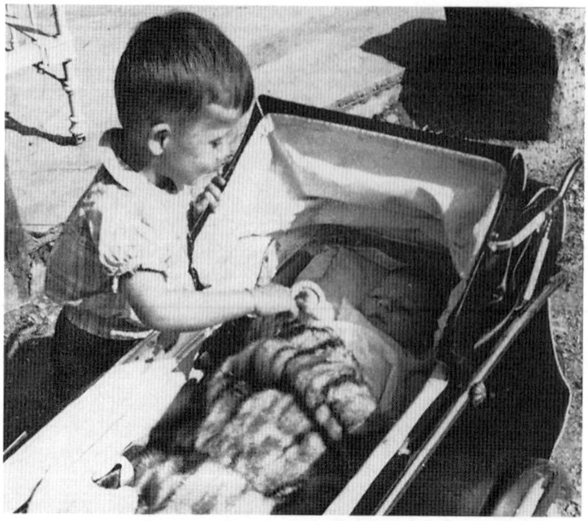

À esquerda: eu me inclino ternamente sobre meu irmãozinho Philippe (coleção particular)

À esquerda, abaixo: fascinado pela moto do meu pai e pronto para conquistar o mundo! (coleção particular)

Abaixo: eu tentando conquistar a objetiva com esse sorriso maroto! (coleção particular)

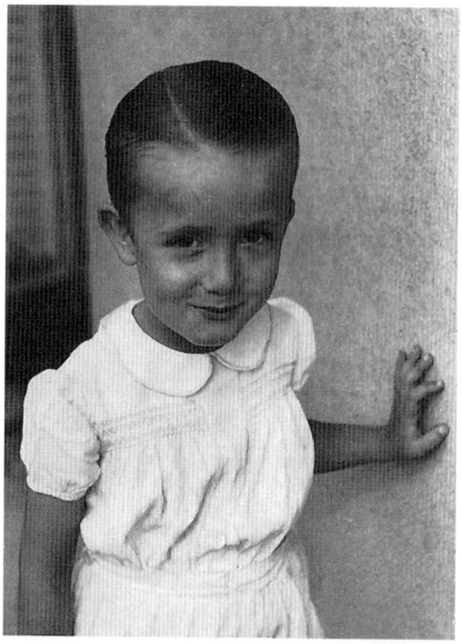

Atrás de Philippe: meu primo Jean-Pierre e eu. Três perfeitos travessos! (coleção particular)

À direita: Daniel Cousteau, meu avô, cercado pelos filhos Jacques-Yves e Pierre-Antoine (coleção particular)

Abaixo: em Sanary, a família reunida em torno da *Balilette*. Da esquerda para a direita: a Bergère, Philippe, meu pai, Jean-Pierre, eu, Françoise (minha prima) e Mutti (a mãe do comandante) (coleção particular)

Retrato de Marguerite Bahème-Melchior, minha avó materna e meu primeiro amor (coleção particular)

A Bergère ao sol (coleção particular)

Em Sanary, junto de minha mãe e de meu irmãozinho (coleção particular)

A Bergère não tinha os pés no chão... (coleção particular)

A Bergère a bordo do *Calypso* (direitos reservados)

Meus pais. Olhar cúmplice do comandante (coleção particular)

Meus pais. Olhar cúmplice da Bergère, 1954 (Corbis)

A Bergère e Scaph no *Calypso* (direitos reservados)

Jacques-Yves Cousteau, a Bergère e Bulle (direitos reservados)

Os co-inventores do regulador: o engenheiro Émile Gagnan e Jacques-Yves Cousteau (foto Berni Campoli)

O regulador CG45, primeiro "autônomo" da série, foi criado a partir de componentes de um carburador de motor a gasogênio. Ele devia permitir evoluções submarinas sem o "cordão umbilical" que, até então, alimentava de ar os mergulhadores (Cephismer)

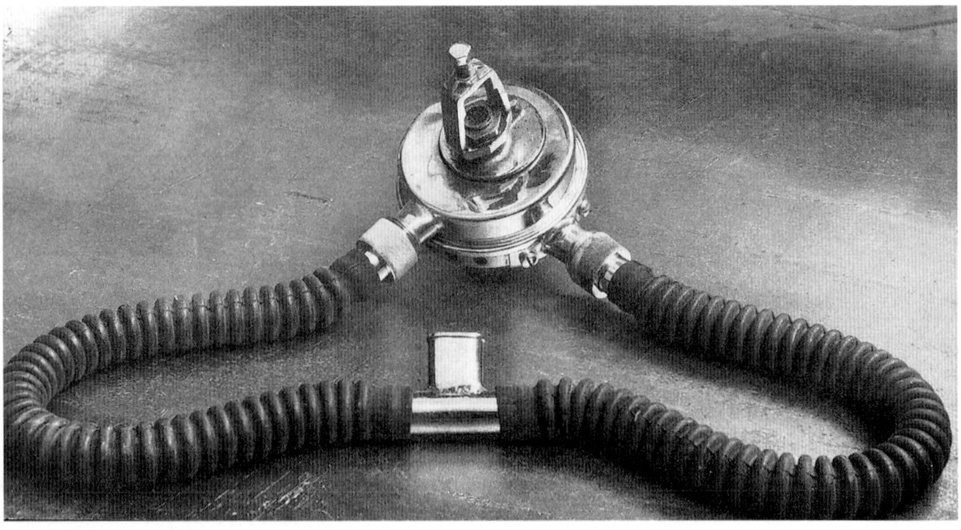

Jacques-Yves Cousteau e o astronauta oceanauta Scott Carpenter apoiado no disco submarino, primeiro submarino criado por JYC, André Laban e Jean Mollard (direitos reservados)

Meus pais com a princesa Grace e o príncipe Rainier de Mônaco (Keystone)

Em 19 de abril de 1961, o presidente John Fitzgerald Kennedy entregava ao inventor do regulador a medalha de ouro da National Geographic Society. À direita, o dr. Melville Bell Grosvenor, da *National Geographic* (Corbis)

Trinta e um anos mais tarde, em 24 de abril de 1992, o comandante era recebido por George Bush pai (Corbis)

No batismo da princesa Caroline de Mônaco, em 1957:
Philippe, a Bergère, meu pai e eu (coleção particular)

Eleito para a Academia Francesa em 1988, o comandante, que acaba de ser "investido", ostenta o traje dos imortais. A Bergère e eu o circundamos cerimoniosamente. Na frente de minha mãe, minha tia Nounette Melchior e, à sua direita, a escritora Andrée Bertino (Corbis)

Minha mãe, em traje de noite e com roupa de marinheiro (direitos reservados)

Meu pai e eu (direitos reservados)

O pintor brasileiro Davi Müller criou uma tela a partir de uma foto tirada durante a filmagem de *Cousteau en Amazonie* (Cousteau na Amazônia), série de filmes que fizemos juntos, lançada em 1982 (coleção particular)

Com meu filho Fabien, no enterro do comandante, em 3 de julho de 1997 (Corbis)

ela desabou sobre a mesa e eu, ao lado dela, estava lá, como um idiota, não sabendo o que dizer, silencioso, com os braços balançando.

Acho que teria gostado de tomá-la nos braços, de reconfortá-la, mas quem ousaria tomar a Bergère nos braços? Passou-se um tempo, pesado, intenso, no fim do qual ela me fez entender que tinha necessidade de ficar só. Saí em silêncio..."

Assim, essa mulher extraordinária, que era minha mãe, percebeu, sem que ninguém precisasse verbalizar, que seu filho acabara de partir...

Philippe realizara dezenas de reportagens aéreas a bordo do *Calypso* voador. Ele estava em simbiose com o aparelho. Podíamos acreditar que as asas eram mais suas do que do hidroavião. Ele decolava e aterrissava com maestria, como um pássaro. Em 1978, com vários membros da equipe Cousteau, fizera importantes observações e realizara seqüências magníficas sobre o Nilo. O rio fascinava Philippe, que falava dele como se ele fosse um ser humano. Aliás, não hesitava em qualificá-lo de "gigante" diante desse aglomerado de liliputianos que eram os homens. Durante essa série de reportagens, o *Calypso* voador sofreu uma pane que poderia ter provocado um acidente grave, se Philippe não fosse tão hábil como piloto. A perda do motor *tribord* o obrigara a uma aterrissagem de emergência. Uma parada para o conserto, e ele recomeçou uma vez mais...

Algumas missões e reportagens mais tarde, Philippe foi a Portugal para reaver o aparelho, que estava em revisão. Tudo aconteceu perto de Lisboa, em 28 de junho de 1979. Eles eram oito a bordo, contando o co-piloto e os seis membros da tripulação. O vôo fora satisfatório. Philippe iniciava a aterissagem sobre o Tejo, quando o aparelho literalmente explodiu. Os passageiros foram rapidamente resgatados pelo socorro, enquanto as correntes arrastavam Philippe e o *cockpit*, que foi localizado vinte e quatro horas mais tarde. O corpo de Philippe foi encontrado somente três dias depois... Ironia do destino: a hélice que salvou o co-piloto, cortando seu cinto de segurança, matou Philippe, dilacerando suas costas.

O que pensa, o que sente Simone a bordo do navio da marinha portuguesa enquanto o caixão de seu filho está sendo imerso? Não estará se corroendo pelo arrependimento, por uma espécie de remorso? Não deveria ter ido ao seu casamento, ficar a seu lado naquele grande momento? Janice não a agradava? Que importa... Por que ter contrariado, magoado esse filho querido que agora estava nesse caixão que logo iria deslizar na água, que o levaria para sempre? Embora o mar fosse o seu elemento, todo o resto, a começar pelas pequenas querelas do passado, parecia-lhe subitamente insignificante.

A música era surda. Saudado pela tripulação vestida de branco, o caixão desce lentamente. O governo português oferece a seu filho um funeral digno do que ofereceria ao comandante Cousteau.

Os dias que o precederam foram particularmente difíceis.

Foi um acidente idiota, como geralmente são os acidentes graves. O *Calypso II*, um hidroavião do tipo "Catalina" que Philippe estava pilotando, partiu-se brutalmente ao entrar em contato com a água. Os passageiros de trás conseguiram sair. Um mergulhador, Dan Phan, teve sangue-frio suficiente para resgatar o co-piloto, cujo braço fora lesado pela hélice. Um único corpo, de Philippe, desapareceu, levado pelas águas do Tejo. Depois, foram três longos dias, três longas noites também, vividas na incerteza, às vezes arranhada por uma esperança doida, uma esperança impossível:

– E se ele ainda estiver vivo?...

Todos os olhares estão voltados para a Bergère. Ela não aparenta nada, não pronuncia uma palavra, não profere nenhum lamento. Nem uma lágrima. Está desesperada demais para chorar. Reunidos em torno dela, pensamos que desabaria. Mas ela consegue se manter: reta, digna, fechada em sua dor. Sozinha, tão sozinha, no meio de nós todos.

JYC, ao contrário, parece à beira do abismo. O que será que ele sente? Semelhante a um disco riscado, ele só consegue repetir:

– Acabou... Tudo acabou...

Acho que, naquele instante, estava sendo sincero. No entanto, treze anos mais tarde, em 1991, não hesitaria em se casar novamente em um 28 de junho, data do aniversário da morte de Philippe. Uma morte que, aparentemente, o havia abatido.

15
Santo pai!

"O futuro pode pertencer a nós", tinha o costume de dizer meu pai, sempre jogando com a frase. Como se ele não fosse de um raro ceticismo. Sempre deu provas disso, especialmente desinteressando-se pelo futuro da Fundação Cousteau. Um "bah..." desiludido, acompanhado de um leve balançar de ombros, era seu único comentário, quando se tocava no assunto, sempre com muita discrição, para não magoá-lo. Como a maioria de nós, o comandante tinha uma certa propensão, se não a de se acreditar imortal, pelo menos de rejeitar o fim. Ele sempre fazia referência ao seu pai, que vivera 92 anos, muito ativo, aberto aos outros e ao que se passava em torno dele. Esperava se sair tão bem quanto ele. Filho respeitoso, tinha como meta atingir essa idade com a mesma forma física e moral. E depois? Era simples: não queria saber, nem mesmo pensar ou antever que pudesse haver um depois. Sucessão? Substituição? O que seria?... Ele não quis – ou soube – preparar o futuro. Não fez com que o fio condutor de sua vida pudesse se prolongar. Pecado do orgulho? Talvez, mas não só isso. Isso seria diminuir as grandes ações que realizou. "Deus não pode ter herdeiro!" foi, por muito tempo, o slogan dos anti-Cousteau.

Isso pode parecer duro, mas eu não era o único a achar, embora tenha sido o único a ousar me opor abertamente a ele. Esse homem, porém, não era orgulhoso nem vaidoso. Ainda que... eu o tenha visto mudar de maneira inesperada, especialmente no fim da vida. Atribui-se isso à idade. De fato, "no fim da vida", ele realmente manifestou uma surpreendente necessidade de ser reconhecido, ele que foi o francês mais conhecido e amado de sua época. Tanto quanto o abade Pierre, dizem as pesquisas. Eu diria: com um ponto de vantagem. Se um e outro, o abade e o comandante, tivessem sido candidatos às eleições presidenciais, ouso apostar que o comandante teria vencido. Esse homem se arvorava ser o "esteio", mais do que qualquer outra insígnia que lhe tenha sido atribuída – não hesitando em se vangloriar de ser um "agricultor", para não dizer um "lavrador do mar". Cheio de inteligência, humor e propenso a guardar uma certa distância das honrarias, com a chegada da idade, não titubeou em ceder a alguns compromissos. O objetivo continuava perfeitamente digno: ele queria receber o Prêmio Nobel da Paz. Surpreendente que o comandante Cousteau, de repente, sinta necessidade de ser reconhecido! Não a qualquer preço, mas enfim...

Pois esse personagem extraordinário que foi o comandante Cousteau era antes de tudo um ser humano e, como tal, longe de ser perfeito. Mas isso não deixava de agregar um certo charme ao seu inegável poder de sedução. Seus defeitos foram muitas vezes aliados de suas qualidades, fazendo dele esse homem excepcional, aparentemente muito forte, que soube provocar a admiração de seus semelhantes, de todos os horizontes e gerações.

Uma prova... Depois de o comandante já ter deixado nosso planeta há algum tempo, um grupo de jovens músicos ingleses pediu autorização para adotar seu nome. Hoje, a fama do Cousteau, The Group é internacional. Nigel Ford, seu líder, explica a escolha:

– Ainda crianças, todos nós, em nossos respectivos países, nos quatro cantos do mundo, éramos fascinados pelas reportagens do comandante Cousteau. Esse homem nos fazia descobrir um mundo maravilhoso, até então desconhecido. Um mundo que permanece misterioso, mas cujas imagens e sons ainda estimulam nossa imaginação, nossa criação artística e musical. Sentimos uma grande admiração por esse homem, graças a quem o mundo pôde descobrir os tesouros guardados pelos oceanos, indispensáveis para a vida no planeta. Ele nos fez tomar consciência da fragilidade deste mundo. Razões pelas quais devemos protegê-lo e parar de explorá-lo sem respeito, como costumamos fazer. Precisamos estar atentos; o comandante Cousteau soube abrir nossos olhos, devemos ser gratos a ele, continuar sua luta. Por nós mesmos, claro, mas também pelas "futuras gerações", como ele gostava de chamar os que nos sucederão...

O testemunho do líder desse jovem grupo, que não conheço, mas que meu filho Fabien encontrou em Nova York, resume bem a tomada de consciência que o comandante soube provocar. Apesar de seus detratores, que sempre sentiram uma satisfação não disfarçada de dizer que ele não era um cientista na acepção do termo e que não teria formação suficiente para fazer as pesquisas avançarem. Alguns chegam até a afirmar que ele não era cineasta... nem homem de televisão... Eu poderia confrontá-los com muitos dos filmes que ele realizou, ou com os prêmios que recebeu! Outros reconheciam suas qualidades de mergulhador e marinheiro. O que importa! Isso se deve, provavelmente, à dificuldade de catalogá-lo. Como etiquetá-lo? Curioso? Inventivo? Engenhoso? É verdade que ele não era rigoroso no sentido exato do termo. Mas impediu que muitos preconceitos evoluíssem. E soube convencer os homens de poder, tanto na área da política internacional quanto na do poder industrial.

Como todo ser humano, o comandante tinha, evidentemente, suas "mesquinharias". Mas tinha bem mais "grandezas", o que faz com que um homem se torne uma figura pública. Tudo isso é muito complexo! Daí o interesse em dissecar um personagem formado, como todo mundo, por uma multiplicidade de traços e pontos que, mesmo opostos, não deixam de ser complementares, podendo ser vistos como qualidade ou... defeito, segundo quem o percebe e analisa. Meu pai agradava a alguns, a outros, não. Apesar de sua notoriedade, não creio que alguém o tenha realmente conhecido, compreendido, desvendado. Ninguém jamais soube quem era esse homem, exceto minha mãe, sem dúvida. Somente ela conhecia suas qualidades e defeitos, para não dizer fraquezas. Apesar da admiração que lhe devotava, Simone nunca deixava de opor-se a ele quando achava necessário. Com amor, admiração, mas sem indulgência. Sua força estava em ter dado a ele tudo o que podia. Ela contribuiu muito, sempre o apoiou e não hesitou em fazer enormes sacrifícios pelo seu sucesso. Ele, por sua vez, permitiu que ela vivesse seu sonho. Lançar-se ao mar... o que nenhum outro homem teria podido oferecer a essa filha de marinheiros. Por muito tempo, sua relação foi de igual para igual. Podemos supor que ele foi o único homem que ela amou. Ela era a única mulher – linda mulher, aliás – a bordo do *Calypso*. Todos eram de certa forma "apaixonados" por ela. E ela? Teria se apaixonado por algum deles? Teria tido relações amorosas com outro homem que não o comandante? Cheguei a desejar que sim algumas vezes... Isso não era da minha conta.

Ele? Tinha necessidade de seduzir. Todo mundo, quem quer que estivesse ao alcance do seu olhar. Era mais uma manifestação de sua imensa sede de reconhecimento. Quase um reflexo espontâneo! A idéia de que a minha mãe pudesse sofrer com isso não passava pela sua cabeça. Egoísmo e ingenuidade bem masculinos. Como ele a amava e demonstrava isso, por que ela deveria se preocupar? Ele ficava tranqüilo, supondo que ela ignorasse suas aventuras. Como poderia suspeitar, vivendo a bordo do *Calypso* grande parte do tempo? Quando punha os pés em terra, muito raramente, era para desembarcar em Mônaco. Quase nunca ia a Paris, e só ficava lá se não tivesse outro jeito. Eu, claro, não era bobo, mas evitava pensar no assunto.

Afinal, a vida particular do meu pai não era da minha conta. Embora não tenha conseguido deixar de perguntar, na primeira vez que o vi chegar em Los Angeles ao volante de um MG amarelo sem capota, que, aliás, não lhe caía bem:

– O que é isso?

Ele disfarçou com um gesto de mão.

– É o carro de um amigo, que me emprestou para que eu viesse ver você...

Na verdade, o carro era de uma conhecida atriz com quem ele mantinha uma ligação há vários anos. Eu o vi várias vezes ao volante desse pequeno carro amarelo. Mas de Hollywood eu só conhecia os grandes atores, e não seria discreto espalhar mexericos; não pensei mais no assunto. No escritório, acho que sabiam; ao menos desconfiavam... E tinham razão. A dama me escreveu quando da morte de JYC. Propôs que nos encontrássemos para falar dele... Foi, sem dúvida, um pouco grosseiro da minha parte, mas, não sabendo o que dizer, não respondi. Ele tinha ligações, aventuras... Era sua vida particular, não era da minha conta.

Depois, um dia – por qual razão, jamais saberei –, ele achou por bem me fazer uma confidência. Eu teria passado bem sem ela! O que o impeliu a tomar essa atitude de repente? Não nos víamos pessoalmente há um certo tempo. Como ocorria nesses retornos após uma longa ausência, ele me convidou para almoçar num restaurante da avenida Courcelles, próximo da vila Wagram. Nós nos encontrávamos sempre com prazer. Alguns tapas nas costas, para dissimular alguma emoção, umas tantas brincadeiras – sempre as mesmas, prova da nossa cumplicidade –, e começávamos a falar de "negócios". Ele me contava o que tinha feito e me expunha seus projetos. Da minha parte, eu fazia uma espécie de balanço, falava como via as coisas, do desenvolvimento da Fundação, do rumo que ela podia tomar para o futuro. Futuro... uma palavra que sempre parecia assustá-lo.

Nesse dia, feito o pedido, após um primeiro copo de um bom bordeaux, degustado com prazer, passou um anjo... Era evidente que meu pai tinha alguma coisa a me dizer. Algo difícil, ao que parecia. Iria me falar de finanças? Eu sabia, por ter me encarregado muitas vezes de seus negócios, que ele não tinha nenhum senso do dinheiro. Aliás, essa não era a sua principal preocupação. Bastava ter do que viver, como ele esperava. Quer dizer, confortavelmente, mas sem fausto nem ostentação. Será que ele queria contestar alguma decisão que eu poderia ter tomado em sua ausência? Nesse caso, ele não costumava tomar tantas precauções. Ele me atacava com determinação, eu respondia no mesmo tom, e nossas relações eram das mais saudáveis. Eu já estava me fazendo muitas perguntas, quando ouvi:

– Jean-Michel, preciso lhe contar...

Por que sua voz estava tão baixa? Eu esperava, com um copo do nosso bordeaux favorito na mão, embora distraído com a generosa porção de *blanquette* que a garçonete acabava de colocar diante de nós, cujo perfume me estimulava as narinas. Viver na Califórnia há tanto tempo não me tinha feito perder a gulodice. O mesmo acontecia com JYC, que era um "bom garfo", apesar do seu físico de asceta. Ainda ouço o som da sua voz...

– Jean-Michel, preciso lhe contar...

O que ele pretendia me dizer não devia ser fácil. Ele mudara muito desde o acidente que causara a morte de Philippe. Entretanto, e eu me alegrava com isso, ele parecia estar se refazendo. Refazendo-se do quê? Do insuperável? O que pode ser pior do que a morte de um filho, qualquer que seja a idade dele?

Ele também tinha um copo de bordeaux à mão; nós nos apressamos em brindar, como em todos os nossos reencontros. Se o timbre da sua voz estava entrecortado, seu olhar estava bem vivo, malandro! Por que senti pena dele de repente? Não via mais o comandante, mas um homem idoso diante de mim. Um senhor idoso que, num tom aborrecido, tinha "alguma coisa a dizer". Esse tom baixo e essa voz apagada me surpreenderam. Isso parecia muito pouco com ele. Assim como ficar desse jeito, com o copo na mão... O que tínhamos a comemorar? Nada de mais, desde a morte de Philippe, além do nascimento do filho dele alguns meses mais tarde. Esse acontecimento, aliás, foi muito doloroso para Simone, que de repente se via diante desse homenzinho que levava o nome daquele que acabara de perder. Fui o primeiro a me surpreender. Tínhamos um medo terrível de vê-la desabar, e, apesar da sua educação e da sua atitude reservada, ela se mostrou forte. Mais forte que JYC. Ao menos no momento.

Em terra, como no mar, tanto no plano físico quanto no plano moral... Quem não pensou nos sofrimentos e nas dores de Simone, aparentemente tão forte? Confiávamos nela.

Volto a esse famoso almoço durante o qual meu pai mostrou-se particularmente embaraçado e paradoxal, tanto em seu comportamento quanto em sua argumentação.

O vinho está bom, os pratos também, a conversa, porém, não evolui. Meu pai está estranho, seu rosto está fechado. O que ele pode ter de tão difícil para me dizer? Ele olha em volta, inclina-se para mim e, em tom de confidência, ouço-o resmungar:

– Jean-Michel, preciso lhe contar...

Ainda! Um novo anjo passa... e, apenas audível, ele murmura:

– Tenho uma relação...

Eu me contenho para não desatar a rir. Ele está me gozando? Ele tem um relacionamento! Grande coisa. Pergunto-me por que me faz hoje essa confidência, que nem confidência é. Ligações ele sempre teve! Devido à sua necessidade de seduzir, de provar a si mesmo que nenhuma mulher podia resistir a ele; desde que minha mãe não soubesse, que ela não sofresse.

Eu não via aonde JYC queria chegar. O que eu tinha a ver com o fato dele ter uma ligação com alguém? Achava isso ridículo na sua idade, no limite da indecência. Certo, ele tinha um belo porte: rosto emagrecido, bem desenhado, irresistível olhar azul glacial. Bendito homem, mesmo assim, um relacionamento com mais de 70 anos! Durante um segundo, um pensamento de gosto duvidoso me passou pela cabeça; não tive tempo de formulá-lo. No segundo seguinte, meu pai me dava a resposta. Ele se inclinou mais e, sempre com a voz muito baixa:

– Ela está esperando um filho...

Eu o encarei, incrédulo. Com certeza, tinha entendido mal. Sacudi a cabeça como se quisesse expulsar o que acabara de ouvir, enquanto ele articulava novamente:

– Ela está esperando um filho.

Será que eu iria desatar a rir diante do ridículo da situação? Um homem, várias vezes avô, dizendo ao seu filho maduro que tinha uma ligação com uma mulher que, em breve, teria um filho... De repente, foi como se o céu desabasse sobre a minha cabeça. Desabava sobre os anos de trabalho, cumplicidade, entusiasmo, franca camaradagem, paixão pelo mar. Num clarão, vi o *Calypso* submerso por uma espécie de maremoto que arrastava também todos os que viviam a bordo.

Era a mais terrível confidência que jamais me havia sido feita.

Dito isso, como se tivesse se sentindo subitamente livre – e devia estar –, JYC tornou a sorrir. O que acabara de me confessar devia estar preocupando-o há muitos dias. Era verdade que isso não devia ser fácil na sua idade, anunciar ao próprio filho que iria ser pai novamente... A ponto de perder sua reserva habitual. Assim, foi com espanto que o ouvi prosseguir, sem ao menos parecer aborrecido com a indecência das palavras que pronunciava:

– Essa criança, por assim dizer, me consola da morte de Philippe.

Em suma, para ele, um filho substituiria o outro. Eu o encarei, estarrecido. Um filho poderia substituir um outro? Pensei em minha mãe, claro. Que ela jamais o ouça proferir tais sandices. Será que ele leu no meu olhar os sentimentos que me percorriam?

"Isso não mudará nada", disse simplesmente. Essas poucas palavras significavam tudo. Minha mãe jamais saberia disso. Graças a Deus, o *Calypso* era seu abrigo, seu refúgio.

Subitamente, em tom de confidência, ele repetia:

– É verdade, sabe, Jean-Michel, a notícia desse nascimento abrandou muito a dor e o vazio causados pela morte de Philippe.

Segundo os psicólogos, a reação do meu pai era normal. Essa transferência seria freqüente em homens que acabam de perder um filho. Para as mulheres, é diferente...

Como homem, eu não pensava no assunto. JYC teria perdido todo o senso de valor? Eu o olhava incrédulo. Ele, então, esboçou um sorriso tenso, quase embaraçado. Num só golpe, perdera sua soberba. No espaço de um segundo, quase me deu pena. Em que armadilha ele caíra? Perdendo toda a dignidade, a ponto de efetuar um estranho amálgama de um 28 de junho a outro. A menos que tenha considerado esse dia do novo casamento como um dia de luto... De repente, pareceu-me ouvir a voz da minha avó, em sólido bom senso: "Plantar ainda vai, mas semear nessa idade..."

16
A submersão

A submersão do caixão de Philippe foi um momento difícil e doloroso, mas também muito intenso e muito bonito. Um desses raros instantes de aproximação entre os membros de uma família. A gente se apóia, esquece as tensões que, no nosso caso, tinham sido muito fortes.

Eu nos revejo, os Cousteau, próximos uns dos outros, unidos sobre a ponte desse navio. Para Janice, infelizmente, isso não durou. Ela teve, porém, um gesto grandioso, que deveria ter tocado o coração da minha mãe. Mas será que a Bergère percebeu? E alguém poderia censurá-la? Enquanto o caixão de Philippe descia lentamente, Janice atirou a aliança dele no mar. E conservou a sua. Assim, eles continuavam unidos, essa jovem grávida de um menininho que ela chamaria de Philippe e esse homem, muito jovem para morrer, que era o pai.

Após essa provação, voltei a trabalhar com meu pai, a seu pedido. Logo após a submersão do caixão de Philippe, quando de volta a Lisboa, acolhidos na casa de amigos dos meus pais, ele me fez esta declaração – sem exagero de minha parte –, que eu jamais esqueceria:

– Jean-Michel, se você não vier me ajudar, acabou, largo tudo...

"Largar tudo", o que ele esperava com isso? Eu sabia que, para ele, não era uma questão de sobrevivência, ao menos no plano financeiro. Ele tinha uma aposentadoria como oficial da marinha e era diretor do Museu Oceanográfico de Mônaco. Mas isso estava longe de ser "tudo". O mais importante, sem dúvida, era o *Calypso*, sua tripulação, as missões, as pesquisas... Minha mãe seria talvez a mais atingida, pois ela vivia quase o ano inteiro a bordo, há muito tempo. Havia também os filmes, os programas de televisão, os livros. O que fazer quando nos encontramos diante de um homem que amamos, admiramos e que, de repente, desmorona? Só havia uma resposta possível diante desse pedido. Mas será que ele se preocupou em saber o que eu seria obrigado a abandonar ao vir trabalhar com ele? Muitos projetos que me eram caros! Era seu modo de resolver um problema. Eu substituiria meu irmão.

Como sempre, quando precisou de mim, respondi imediatamente:

– JYC, não se preocupe, pode contar comigo.

Há muito tempo eu não era mais criança. O comportamento do meu pai no momento do acidente de Philippe foi, porém, uma espécie de revelação para mim. Descobri o lado fraco de um personagem que até então tinha em grande estima. A atitude do meu pai me chocou muito, quando, nas águas do Tejo, a quilômetros do local onde havia ocorrido o acidente, encontraram um corpo. O corpo, supostamente de Philippe, foi imediatamente transportado para o necrotério, onde um dos parentes deveria identificá-lo. Quem podia assumir essa tarefa, no limite do suportável, a não ser meu pai? Cabia a ele, e somente a ele, reconhecer o corpo do seu filho. Para minha grande estupefação, eu o vi voltar-se para mim:

– Eu não posso. Vá você, Jean-Michel. Vá ao necrotério reconhecer o corpo...

E, como sempre, não discuti. Fui a contragosto. Fui ao necrotério. Sim, apesar dos ferimentos, das rupturas, do braço dilacerado, não havia dúvida, era Philippe. Fui eu então que confirmei para os dois sujeitos de fisionomia sinistra que cuidavam daquele pobre corpo desmembrado. Estavam fazendo seu trabalho. Não esperava que manifestassem a menor emoção, deviam ser indiferentes, ao menos era o que se podia esperar deles. E, bruscamente, surpreendi entre eles um olhar de conivência que me causou um mal-estar. Nada de mais, uma piscadela cúmplice, um ar malandro, enquanto um deles tocava a mão esquerda de Philippe. Logo compreendi tudo: sua aliança! Ela não valia muito dinheiro, mas para ele... era ouro. Eu disse a eles então:

– Obrigada por me darem a aliança. Gostaria de entregá-la à esposa dele.

O que fizeram a contragosto.

Essa experiência foi um terrível momento para mim. Mais que um arranhão na admiração que sentia por meu pai. Cabia a ele, e não a mim, reconhecer o corpo de seu filho, ainda que mutilado.

Depois, quando o vi desabar, lastimável, ao lado da minha mãe, dignamente comovida – ela desabaria mais tarde –, tive de admitir que meu pai não era o homem que imaginava. Tive de aceitar uma grande fraqueza nesse personagem que sempre estimara. Fraqueza da qual eu talvez desconfiasse, mas com a qual jamais me confrontara.

Voltei para os Estados Unidos. E lá, sem mesmo consultar minha família, decidi vender o que possuía. O terreno, a casa... liquidei tudo, exceto os projetos educativos que conduzia desde 1973 com meu amigo, o doutor Richard Murphy. Meu pai, entretanto, criticava muito essa orientação. Ele achava, e não escondia, que eu perdia meu tempo e minha energia em tentar educar e estimular os jovens, em levá-los a se tornar o que costumo chamar de "embaixadores" da ecologia. Lembro-me do dia em que tinha pedido a ele que fosse assistir a uma reunião com 83 estudantes. Os debates foram ricos e apaixonados; achei que o comandante se convenceria a respeito de minha atitude bem intencionada. Mas, não! Ele saiu de lá balançando a cabeça e dando de ombros:

– Você está perdendo tempo, Jean-Michel. São todos ignorantes... São imbecis... martelava.

Jamais concordei com esse modo de pensar e sempre me opus a isso veementemente. Ao menos nesse campo, meu pai jamais me influenciaria, e nada mudou: continuo convencido de que as melhores chances do futuro do planeta estão nas mãos dos jovens. É por isso que precisamos motivá-los desde cedo.

Portanto, retomei, como vice-presidente, as rédeas da Fundação Cousteau. Dava muito trabalho. Como meu pai, Philippe tinha inúmeros talentos. Era certamente um aventureiro, também um criador, mas definitivamente não um administrador... Assim como o comandante, ele não tinha consciência do que representava a direção de uma empresa, mesmo que sem fins lucrativos! E, como ele, precisava de dinheiro para realizar os projetos, geralmente grandiosos, que concebia. Isso não era problema: bastava pronunciar o nome Cousteau que, na maioria das vezes, o dinheiro vinha. Um projeto de livro, filme ou um programa de televisão nunca deixava de gerar um contrato e um adiantamento que dele decorria. Claro, as finanças estavam sadias. Equilibradas; e nunca ninguém "mexeu no caixa" para fins pessoais. Era, porém, uma forma de gestão com a qual eu não podia me contentar, apesar das declarações do meu pai.

Ao mesmo tempo adulador e restritivo após a morte de Philippe, JYC não deixava de clamar:

– De agora em diante, é a meu filho mais velho Jean-Michel que confio a gestão financeira da Fundação. Jean-Michel não substituirá Philippe, mas tem outros talentos. Ele é arquiteto, ecologista e também "professor" de biologia marinha. Por muito tempo, assumiu a preparação das grandes expedições do *Calypso*, sempre com sucesso.

Uma das minhas primeiras ações foi contatar os responsáveis da prefeitura de Norfolk (Virgínia) e convencê-los das vantagens que a cidade teria em se tornar o porto atracadouro do *Calypso*. A presença desse barco mítico – não tive medo das palavras – só poderia ser benéfica. Não deixaria de atrair patrocinadores e inúmeros visitantes. E o dinheiro nunca deixou de sensibilizar uma prefeitura. Várias cidades entraram na concorrência: Baltimore, Miami, Jacksonville, Fort Lauderdale, na Flórida... Mas não gostaria de me fazer passar por mais hábil do que era: só o nome do meu pai já era um verdadeiro "abre-te Sésamo". Todos já anteviam os turistas acorrendo aos milhares! Meu pai, por sua vez, preocupava-se em não ter de pagar taxas portuárias e despesas de mudança. E também com os benefícios que pudesse obter. Conseguiu essas condições sem dificuldade. O prefeito de Norfolk sentiu-se envaidecido com a escolha da sua cidade e até "muito emocionado com a perspectiva de que a sede da Fundação seja instalada aqui". Não estava errado.

Assumir a responsabilidade da Fundação foi, para mim, um presente de grego. Sempre segui a cartilha do rigor, especialmente em matéria de gestão. Não era o caso do meu pai; essa idéia não lhe ocorria. E com razão... Ele esperava que o dinheiro chegasse, para utilizá-lo em função da evolução das necessidades das expedições. Philippe parecia perigosamente com ele nesse ponto!

Entretanto, nenhum dos dois cedeu à tentação dos "jogos de escrituração". Eles nunca se envolveram em tramóias sórdidas. Mas, não tendo nenhuma idéia do que significava a gestão de uma empresa, deixavam fazer... Assim, meu pai sempre me encarregou de preparar as expedições do *Calypso*, incluindo o orçamento. Foi uma boa escola para mim, uma lição de rigor.

Não foi nada fácil, contudo. Com a palavra de ordem "mais por menos", vi-me na obrigação de demitir 20% do pessoal, ou seja, cerca de 20 empregados. Não necessariamente de forma injusta... Entretanto, eu bem que teria prescindido de ter sido "promovido" – mantenho as aspas – a responsável por esse trabalho sujo! Mesmo que um cargo não tenha justificativa, e ao suprimi-lo isso não implique nenhuma conseqüência negativa para o bom andamento da empresa, é sempre difícil dar uma notícia dessas.

Titi Léandri jamais esqueceu sua dispensa, que ainda não digeriu.

– Isso não passa, diz ele, com a mão sobre a garganta e um alegre sotaque meridional que suas inúmeras voltas ao mundo não conseguiram apagar.

Quando Titi foi demitido, eu já não estava mais no cargo. Felizmente, pois teria me recusado. Eu? Demitir Titi? Impossível. Eu teria obrigado o comandante a assumir, a fazê-lo ele mesmo!

Titi nunca contestou sua dispensa. Mas, "após 23 anos de *Calypso*"... ele não deixa de se perguntar:

– O comandante devia ter suas razões, mas por que nunca me disse nada? Pior, por que fez de forma que eu não desconfiasse de nada?

O que "não passa" é que o comandante não tenha achado necessário participar seus problemas a Titi:

– A partir daí, eu, que caminhei a seu lado durante anos – todos os dias, quando ele estava a bordo –, nunca mais consegui encontrá-lo, nem mesmo falar com ele por telefone. E não foi por falta de tentativa! Ele tinha, certamente, suas razões. Mas por que não me disse nada?

Titi sempre lamentou:

– Ele jamais me dirá nada... Agora, ele se foi.

Ferido em sua fidelidade, Titi recusou-se a assistir à cerimônia – um "reencontro" – que o comandante organizou em Mônaco para celebrar o primeiro aniversário da morte da Bergère.

– E, no entanto, Deus sabe o quanto eu amava a senhora Cousteau – ele era muito respeitoso para chamá-la de a Bergère – antes de acrescentar:

"Já que eu não existia mais para ele, não entendi por que me estava convidando!"

Titi não sabia que eu também, por minha vez, padeci do mesmo mal. E, no entanto, eu era filho! Alguém poderia imaginar que isso pudesse significar alguma proteção... De forma alguma. Converso com Titi, às vezes, para confortá-lo.

Henri Jacquier era, à época, o faz-tudo do comandante. É verdade que, graças às suas relações, contribuiu para a ascensão dele à imortalidade. Sem preâmbulos, ele, um dia, avisou que eu não seria mais empregado na França. Eu retruquei que a Fundação me devia uma indenização.

– Indenização?, espantou-se Jacquier, em tom de desagrado. Depois prosseguiu, sempre no mesmo tom:

– Jean-Michel, você pretende mesmo processar seu pai?...

Efetivamente, eu não pretendia... Portanto, ele tinha vencido!

Não sou amargo. Mas, nesse particular, como em outros, podíamos ter certeza: meu pai não queria enfrentar as situações nem assumir suas responsabilidades. É por isso que, enquanto fui seu mais próximo colaborador, ele me confiava as tarefas delicadas. Reconheço que me dava carta branca. O que não lhe custava nada: enquanto isso, ele ia embora. Jamais me demonstrou o menor reconhecimento. Nunca pedi. Ao menos ele podia ter compreendido até que ponto isso me pesava. Que importa! Eu era um Cousteau antes de mais nada. Devia, portanto, fazer de tudo para o bom andamento da Fundação Cousteau, sem maiores discussões. Ao menos no momento...

Era preciso fazer o dinheiro entrar urgentemente. O meio mais eficaz seria conseguir um contrato para um ou vários programas de televisão. Meu pai, que acreditava não saber negociar, sabia como proceder...

Obteve da Agência de Filmes Canadense, por um milhão de dólares, a encomenda de dois programas sobre as grandes vias aquáticas.

17
Futuras gerações

Assim, eis que meu pai, que não acreditava no futuro, que sempre dizia que o planeta estava superpovoado e que pregava o controle da natalidade – não hesitando em prever, por exemplo: "O mundo acabará sufocado pelos berços" –, se metia novamente a fazer filhos. Teria esquecido que era casado? Não, era ainda muito ligado a Simone. Ela era sua tutora, seu fio condutor, por assim dizer, e hoje ainda muitos são os que afirmam que, sem a Bergère, não haveria mais *Calypso* ou Fundação Cousteau.

Meu pai afirmava com um certo desplante:

– O que conta é o número de crianças por mulher. Para os homens, é diferente.

Se assim fosse, não haveria quatro crianças, mas duas mulheres. Cada uma tendo tido dois, ele estava, portanto, na média... o que se pode julgar é que a frase era de notável má-fé.

Coragem? Loucura? Total inconsciência? Não farei julgamento. Tendo, eu mesmo, dois filhos, sei que não é tão fácil ser pai. Ele assumiu seu papel de pai e nos deu muito, ao meu irmão e a mim, sobretudo se compararmos o que tivemos com uma educação clássica. JYC, era assim que o chamávamos, foi um pai fora das normas e sempre serei grato a ele por isso. Mas será que, hoje, seus filhos poderiam sentir a mesma admiração que senti pelo jovem oficial da marinha que me abriu as portas de um mundo desconhecido, comparado a esse homem decadente que se aproximava da última linha reta de sua vida? Isso não era problema meu! O número daqueles que eu precisava encarar, após essa confidência do meu pai, já era suficientemente grande. Eu poderia ter escolhido me esquivar, não por covardia, mas para não causar mal a ninguém.

Como iria me comportar diante de minha mãe? Afinal, ela era sua mulher! Se ele, numa idade já avançada, se divertia em fazer filhos numa mulher 35 anos mais nova, pouco importa. Por afeição a ele, por respeito à sua vida particular, fiz o jogo. Não o rejeitei. Até mesmo aceitei encontrar sua nova parceira, sempre sem reservas ou a menor animosidade. Mas me questionava sobre o que poderia responder à sagaz Simone, se ela me perguntasse:

– Você conhece as amantes do seu pai?

– ...

– Conhece a mais recente?

– ...

– Sabe se ele tem filhos?

– ...

Pois Simone sabia... Ela, que sempre preferiu ignorar as aventuras do marido sedutor, a não ser no dia em que, em sua ira, decidiu cortar os cabelos. Ela sabia de tudo, era inegável. Algumas mudanças evidentes em seu comportamento, em seu caráter, em sua sensibilidade e mesmo em seu discurso o comprovavam. Mas, claro, ela sempre teve suficiente inteligência, tato, sutileza e também ternura maternal, para nunca me fazer a menor pergunta sobre esse assunto, evitando, assim, me colocar numa posição delicada. Era o seu jeito de me proteger. E também, talvez, de proteger seu grande homem – que já não era mais tão grande aos seus olhos –, para que não caísse do pedestal no qual a jovem Simone Melchior colocara o futuro comandante Cousteau. Com o passar do tempo, posso compreender as reviravoltas de minha mãe, suas mudanças de humor, uma certa apatia que às vezes se transformava em agressividade. Como meu pai podia não perceber? Ou melhor, como podia agir como se nada tivesse mudado entre eles? Ele era muito astuto para ser bobo. Diante dele, Simone parecia ainda acreditar no casal que formavam há muito tempo. Ela jamais o interrogava sobre suas ausências, que eram cada vez mais longas, cada vez mais freqüentes.

Tive raiva do meu pai. Essa atitude não era digna dele. Era tão mais fácil para ele não dizer nada, fingir, como se não percebesse que a doença corroía Simone.

A idade influenciaria os homens a esse ponto? Ouso achar que não, pois tenho mais de 65 anos. Também André Laban, um fiel amigo, não erra quando afirma:

– Uma das incógnitas da equação Cousteau sempre foi saber o que ele pensava realmente... Acabaríamos deduzindo seu comportamento.

Ele, que o conheceu bem, pinta um retrato sem indulgência do comandante, quando ele tinha alguma idéia na cabeça... Assim, Laban se lembra, entre um sorriso de clemência e uma careta de exasperação:

– Quando ele chegava, com um largo sorriso nos lábios finos, colocava um braço sobre nosso ombro, soltando as palavras mágicas: "E então, meu irmão?", sabíamos que iria nos pedir alguma coisa importante. Mesmo depois de ter entendido que se tratava de um truque, sempre cedíamos...

A Bergère, por sua vez, não era boba há muito tempo, mas continuava a agir como se fosse... Infelizmente, compreendi muito tarde o quanto ela deve ter se sentido dividida, o quanto deve ter sofrido. Sempre orgulhosa e digna, porém, ela fez o jogo até o final!

No fim dos anos 1980, o homem que dizia não acreditar, chegou a lutar com veemência pelo futuro do planeta e fez uso incontável do seu dom de persuadir. E o fez com o talento que conhecemos. Começou fazendo campanha pela água, da qual "cada gota conta", como gostava de dizer com esse sentido inegável da palavra. Acabou por tomar consciência com o tempo, através dos continentes. Era um visionário? Provavelmente. Porém, mais ainda, realista, consciente e instruído. Inteligente antes de tudo; foi o primeiro a lançar um grito de alarme sobre as pretensas transformações realizadas em todos os países do mundo. Ninguém parecia suspeitar que a água potável viria a faltar, até nos países aparentemente protegidos de qualquer risco – especialmente os nossos –, se continuássemos a desperdiçar assim.

Indo contra as preocupações da época, o comandante partiu em cruzada em prol da água doce.

"Apesar de toda a sua ciência e tecnologia, a espécie humana não dispõe de nenhum meio para intervir nos episódios dessa aventura da água doce..." Ele se volta para a Antártida, que descreve como: "Um imenso continente, de uma brancura eterna, onde a vida se agarra aos limites da vida. O ar, de um frio glacial, é leve para os pulmões e dotado de uma transparência mágica. Horas de calma fascinante e de sol absoluto são varridas pelos *blizzards*[1] enfurecidos, que raramente perdoam os intrusos"[2]. Ele compreendeu a fragilidade desse continente do fim do mundo. Mas isso não é tudo; ele também considerava a Antártida como símbolo da paz e da ciência no mundo. Um continente que tem um papel vital no equilíbrio climático do planeta.

Ele ergue-se violentamente contra "o terrível rigor do seu meio, que não o desencorajou a fazer diversas reivindicações territoriais, como o Tratado de 1959, válido até 1989, e até então bem-sucedido em controlar"[3]. Embora somente sete países o tenham assinado, dezenove outros, porém, aceitaram respeitar os termos do documento, que garantia a desmilitarização da Antártida e sublinhava que ela devia servir, antes de tudo, à pesquisa científica. "Esse texto capital", destaca JYC, "deixou, porém, de mencionar a possível exploração dos

[1] Tempestades de neve. (N. T.)
[2] Jacques-Yves Cousteau, *L'homme, la pieuvre e l'orchidée, op. cit.*
[3] *Ibid.*

recursos minerais e biológicos."[4] Ele se preocupava com isso, sem, no entanto, fazer muito barulho, até a manhã em que, percorrendo o jornal, seu olhar pousou num artigo curto, "escondido ao lado dos pequenos anúncios. Eu não acreditava no que os meus olhos estavam lendo. Após seis anos de discretas negociações, os representantes de 33 nações tinham assinado, em Wellington, na Nova Zelândia, uma convenção abrindo o continente antártico para uma exploração, pretensamente controlada, de recursos minerais como carvão, urânio ou petróleo". Entre indignação e desalento, o sangue de JYC ferveu. Ele qualifica essa convenção de "verdadeiro roubo em escala planetária", de "decisão criminosa"... O que fazer, apesar dos seus aliados, entre os quais Paul-Émile Victor e Haroun Tazieff, contra 33 signatários? Foi então que, "no mundo inteiro, os especialistas sugeriram timidamente que se transformasse a Antártida em parque mundial, a fim de proteger não apenas sua vida selvagem, mas também o clima do mundo e o nível dos oceanos".

No ano seguinte, em junho de 1988, o comandante inflama-se a ponto de proclamar uma "guerra santa pela Antártida". Faz tanto alarido e sabe mobilizar a opinião pública tão bem, que o presidente Mitterrand pede que ele faça um relatório detalhado e afirma, na Conferência Planeta Terra: "A proposta de Cousteau, de criar uma reserva internacional pacífica, me agrada. Vou pedir ao governo que estude essa proposta e veja se, junto com os países que compartilham a nossa preocupação, é possível aplicar essa idéia sem demora". O comandante acabava de marcar um ponto, mas não tinha a intenção de parar por aí.

A idade avançava, mas ele continuava incansável em seus combates. Juntos, partimos para a Austrália, onde tínhamos um encontro com o primeiro-ministro. Conhecendo a sensibilidade exacerbada dos australianos para tudo o que diz respeito à Antártida, ele os anima a recusar a convenção de Wellington. Também irá organizar uma

[4] *Ibid.*

moratória franco-australiana, em favor de uma reserva internacional, e encontrar o primeiro-ministro neozelandês. Eu mesmo vou para a Argentina, onde faço apelo pela proteção da Antártida por ocasião de um encontro com o presidente Menem. Meu pai angariará mais de um milhão de assinaturas somente na França. Sem titubear em lançar mão de suas influências e de pagar pessoalmente por isso, ele sabia estar em todas as frentes quando queria alguma coisa.

Assim, alguns meses mais tarde, o homem preocupado com o estado do planeta, que seria deixado para as futuras gerações, teve a idéia de uma operação que – por ter-se desenrolado discretamente – atraiu para ele o interesse e a simpatia do mundo inteiro. É preciso reconhecer que havia talento em seu projeto, embora fosse aparentemente simples.

O comandante decide embarcar meia dúzia de crianças de diferentes nacionalidades no *Erebus*, um navio que alugou com o único objetivo de levá-las à Antártida para passar duas semanas. A bordo, seus jovens cúmplices coabitaram com a tripulação. Três meninos – um do Chile, outro da Tanzânia e o terceiro dos Estados Unidos – e três meninas – uma australiana, uma japonesa e uma francesa. Todos tinham entre 8 e 10 anos. Sherley Burtchill, uma jovem inglesa, professora bilíngüe em Paris, acompanhava-os, como presença feminina encarregada de fazer com que eles tirassem o melhor proveito da aventura. Essa hábil operação de mídia teve um grande poder de sensibilização da opinião pública.

Quem melhor para fazer um relato fiel dessa expedição surpreendente do que um desses jovens participantes? Élise Otzenberger tem, hoje, 24 anos.

A expedição das "futuras gerações" à Antártida aconteceu em 1990. Anos mais tarde, Élise permanece tocada pela magia dessa descoberta extraordinária. "Um verdadeiro sonho...", entusiasma-se a jovem, com os maravilhados olhos azuis de uma menina que descobria esta terra e seus "habitantes no fim do mundo".

Quando perguntamos: "Por que você? Os candidatos deviam ser muitos". Élise responde sem hesitação:

– Graças à Bergère.

É uma bela história de amizade, essa que ligou a dama do *Calypso* e a menina, apesar da diferença de idade.

Élise é filha de Claude Otzenberger, produtor de televisão e realizador de alguns filmes da equipe Cousteau. Como meu pai fizera com os filhos anos antes, Otzenberger não hesitou em colocar sua filha na água, a fim de iniciá-la no mergulho desde a idade de 8 anos. Para Élise, o prazer foi imediato. Hoje, é com a mesma felicidade que ela se deixa levar pelas alegrias do mergulho, desde que os compromissos do teatro lhe dêem um pouco de liberdade.

Às vezes, acontece de ainda encontrar os antigos amigos do *Calypso*:

– Quando vou ao Midi, mergulho com Bébert (Albert Falco, evidentemente)!

Élise e o comandante, eis uma associação inesperada! Como é? Em 1989, a equipe Cousteau recebeu o troféu "7 d'or"[5] pelo conjunto de seus filmes. Mas, nem JYC nem Claude Otzenberger, que poderia representá-lo e receber o prêmio em seu lugar, podiam ir a Paris. Foi então que a Bergère, que conhecia a menina e a vira evoluir na água, filmada pela câmera do pai, sugeriu:

– E por que não enviamos Élise? Por que essa menina não poderia receber o "7 d'or" em nome da equipe? Isso daria um pouco de vigor a esse grupo de velhos imbecis. Seria divertido, não?...

Élise ainda se lembra da preocupação que sentiu ao pensar em subir ao palco!

Ela, porém, preparou um pequeno discurso, que Frédéric Mitterrand, mestre-de-cerimônias, ouviu com a mesma atenção e gentileza que o auditório.

Simone não deixou de vê-la pela televisão e, no dia seguinte, telefonou para felicitar Élise:

---

[5] 7 de ouro. (N. T.)

– Para me agradecer também, e dizer tudo de bom que ela pensava da minha pequena colaboração. Conversamos e, a partir desse dia, adquirimos o hábito de conversar ao telefone. Eu tinha uma grande admiração por essa mulher fora do comum que, porém, não me intimidava. Isso pode parecer surpreendente, mas, apesar dos anos que nos separavam, falávamos verdadeiramente de igual para igual...

Alguns meses mais tarde, quando surgiu a escolha delicada das crianças a serem levadas no *Erebus*, Simone novamente sugeriu o nome de Élise. Ela se recorda:

– Na noite de Natal, sob a árvore, encontrei um globo terrestre inflável e uma carta do papai, que explicava a minha "missão".

Alguns dias mais tarde, sem compreender bem o que acontecia, a menina estava em Roissy, com quatro crianças que não falavam francês, no meio de uma multidão de fotógrafos:

– Na espécie de túnel de plexiglas que leva os passageiros até os aviões, entendi, de repente, o que me esperava. Eu estava partindo rumo ao desconhecido. Senti uma terrível angústia! Teria dado qualquer coisa para voltar atrás e reencontrar meus pais, que nunca deixara até então.

E depois – indiferença da infância –, a curiosidade e o prazer das descobertas tomaram conta de todos rapidamente. As crianças não se conheciam. Junto de Élise, havia Kelly, da Austrália; Oko, da Tanzânia; Cory, dos Estados Unidos, e Fumiko, do Japão. Jeronimo, do Chile, juntou-se ao grupo na escala em Santiago. Evidentemente, nenhuma dessas crianças falava a mesma língua e, no entanto, uma real cumplicidade logo se estabeleceu entre elas. Sherley Burtchill, fazendo o elo com doçura e firmeza, estava atenta a tudo.

Élise lembra:

– JYC era muito presente. Ele era inacreditável, sempre de bom humor, sorridente, nunca demonstrando a menor irritação, mesmo quando estávamos excitados, quando brigávamos ou fazíamos alguma besteira. Ele brincava, ria e falava conosco, interessava-se pelo que pensávamos, pelo que sentíamos. Nunca nos tratou como crianças, mas como pessoas inteiras. E quando perguntava nossa opinião, não era para nos adular: ele levava em conta, como pude constatar várias vezes.

Primeira escala: Frankfurt. Depois, 22 horas de vôo até Santiago. Na aterrissagem, as crianças foram tomadas por uma espécie de exaltação diante das limusines que as esperavam para levá-las a um palácio. Elas deram uma entrevista à imprensa, com toda simplicidade, enquanto os fotógrafos as metralhavam!

Élise lembra:

– Tratavam-nos como pequenos príncipes. Todo mundo estava atento aos nossos mínimos desejos.

No dia seguinte, as crianças acordaram no meio de uma paisagem sobre a qual Élise sempre fala com encantamento:

– Foi sublime, quase irreal. Quatro baleias nadavam em torno do barco. Dava para pensar que elas estavam ali para nos desejar as boas-vindas em suas águas.

O comandante confirma, à sua maneira, em seu editorial do *Calypso Log*[6]:

"6 de janeiro de 1990. Às portas da Antártida, o *Erebus* penetra, com velocidade reduzida, na baía do Almirantado, salpicada de gelo. Sobre a extremidade da passarela, seis homenzinhos soltam gritos de alegria: dois casais de baleias desejavam-lhes as boas-vindas brincando em torno do navio. Seis pequenas carinhas de diversas cores, seis pares de olhos espantados, seis embaixadores de 11 anos, vindo tomar posse da Antártida em nome das crianças do mundo inteiro, de hoje e de amanhã".

Nada surpreendente que essas crianças estivessem absolutamente fascinadas. Mas nem por isso elas esqueciam que tinham uma missão

[6] *Calypso Log*, janeiro 1990.

a cumprir. E apegavam-se a ela com seriedade. Na primeira manhã, Sherley reuniu todos no refeitório para expor o programa, que começava com quatro horas de aula por dia. Foi combinado com os professores que a participação na expedição não seria motivo de nenhum atraso escolar. Melhor, os jovens aventureiros relatariam fielmente suas descobertas aos colegas de classe.

– Tínhamos muito trabalho, desenhávamos mapas, cada um de nós possuía seu diário de bordo...

No domingo, 7 de janeiro, as crianças descobrem, na praia, o esqueleto da baleia azul, reconstituído alguns anos antes graças às ossadas de baleias mortas que jaziam ali. JYC explica:

– Essas ossadas estão notavelmente protegidas e intactas graças ao clima, à lentidão do processo de degradação em temperaturas muito baixas. Isso permite medir a lentidão da destruição provocada por qualquer tipo de poluição. Para qualquer dejeto, o menor saco plástico, seria a mesma coisa: a qualidade do ar o protegeria do mesmo modo, indefinidamente.

O exemplo não deixa de chocar o espírito das crianças.

Mas eis que atingem o objetivo. No fundo da baía do Almirantado, povoada de numerosos pingüins – emblema da Antártida –, os jovens embaixadores das gerações futuras encontraram o local ideal para cumprir sua missão: construir um iglu, uma verdadeira casa de gelo. E se dedicaram a isso com energia. "As crianças transportavam blocos de gelo tão grandes quanto elas", conta com admiração o comandante, no seu retorno.

O iglu tem 3 metros de diâmetro e 2,10 de altura. Duas delas, Kelly e Oko, oferecem-se como voluntárias para passar lá a primeira noite, para, simbolicamente, tomarem posse do continente antártico em nome das futuras gerações. Que entusiasmo, que coração todos eles colocaram no trabalho! Basta ver *Lilliput en Artarctique* (Liliput na Antártida), o filme que foi então realizado, para se convencer disso. As crianças estavam verdadeiramente muito interessadas, comovidas, sempre encantadas com uma nova descoberta.

Élise lembra-se, com uma ternura ainda infantil, das duas horas passadas estendida ao lado de uma foca.

– Nós nos olhávamos, um pouco como se quiséssemos nos amansar uma à outra. O comandante nos dava o tempo para descobrir no nosso ritmo. Nunca nos apressou, nem nos dirigiu, dizendo "faça assim" ou "faça assado". É verdade que nos sentíamos encarregados de uma missão; com a boa vontade que caracteriza as crianças, estávamos muito motivados. Se tivéssemos 14 ou 15 anos, é provável que tivéssemos nos comportado de modo diferente. Teríamos sido menos receptivos ou, talvez, tivéssemos até nos feito de indiferentes.

Era notável a habilidade do comandante! Ele compreendera que as crianças, ainda ingênuas e com grande vigor, seriam mais receptivas e cooperativas do que jovens adolescentes, cujo espírito crítico é mais desenvolvido e que são, por princípio, mais impertinentes. Para as crianças, a expedição se prolongou para muito além das duas semanas da viagem e da descoberta. Ao longo do ano, todos foram muito ativos e deram inúmeras miniconferências para seus colegas de escola, com projeção do filme e de fotos. Também participaram de diferentes programas de televisão, durante os quais contavam sua vida a bordo, nunca esquecendo de destacar como tinham se tornado úteis a bordo do *Erebus*.

Assim, as crianças faziam amigos entre a tripulação. Antoine Rosset tinha em seu currículo três anos como mergulhador comercial.

Aos 23 anos, acabara de integrar-se à equipe Cousteau. E se lembra:

– É a idade ideal. Não se é mais tão..., mas ainda o suficiente para se fazer aceitar por uma tripulação bem rodada e unida em seus hábitos.

Ele acha muito enriquecedor o encontro com as crianças:

– Elas nos permitiram viver as mesmas coisas de forma diferente. Estamos sempre entre velhos combatentes, com nossos hábitos, que giram em torno de nós mesmos. Desta vez, estávamos acompanhados de crianças que tinham tudo a descobrir. Vivíamos com elas, compartilhando sua intimidade, suas surpresas e seus risos esboçados. Tivemos que reaprender alguns gestos, alguns comportamentos. As crianças não são turistas como os outros. Elas são críticas, pertinentes. Por meio das suas descobertas, do seu encantamento, temos subitamente consciência de viver coisas fantásticas. Descobrimos um pouco com seus olhos.

A julgar pelo prazer com que Élise evoca suas lembranças da Antártida, essa experiência foi para as crianças um momento extraordinário, um triunfo. Mas – é o que ainda há de fabuloso nessa aventura – os adultos também guardam na memória esses dias que viveram nas geleiras, o frio e o *blizzard*. Sherley Burtchill, encarregada de acompanhar as crianças e de apoiá-las, quando necessário, se recorda:

– Difícil? Às vezes. Pesado? Nunca!

Nem tudo foi sempre simples e fácil.

– Aconteceu de algumas vezes eu me perguntar o que estava fazendo ali, perdida no pólo, com seis garotos que não falavam a mesma língua! Mas essas interrogações cessavam bem depressa entre a beleza das paisagens e o carisma do comandante...

Hoje, Sherley Burtchill lembra apenas os momentos mágicos dessa estranha viagem.

Foi por um estranho conjunto de circunstâncias que ela se tornou guia da expedição. Alguns anos mais tarde, ela ainda guarda na memória esse final do dia 22 de dezembro de 1989. Como diretora do departamento de classes da 5ª e 6ª séries da École Active Bilingue Jeannine-Manuel, em Paris, Sherley estava supervisionando os boletins do final do primeiro trimestre:

– A telefonista me passou uma ligação da Cousteau Society. Meu interlocutor contou sua pequena história, que logo me seduziu... Fiquei ainda mais atenta a esse projeto de expedição destinada a apresentar a Antártida porque acabara de criar, na escola, um clube de ecologia.

Imediatamente, Sherley Burtchill pensou em alguns dos seus alunos estrangeiros, que faziam os cursos nas "classes de adaptação" da EABJM, que permitiam aos que ainda não falavam francês, acompanhar um programa escolar quase normalmente.

Ela sabia que, em sua maioria, os pais dos alunos franceses não estavam prontos para enviar um filho à Antártida, mesmo sob a autoridade do comandante Cousteau!

Foi por isso que se dirigiu aos pais dos alunos estrangeiros, que considerava "mais abertos e também mais responsáveis".

E, depois, "por ser uma oportunidade a ser agarrada", confessa Sherley, ela perguntou ao seu interlocutor:

– Vocês não precisam de um professor, de uma pessoa que cuide das crianças?

Silêncio do outro lado...

– Não pensamos nisso. Mas é uma idéia a ser considerada. Por que? Você estaria interessada?

– Claro...

– Vamos conversar aqui. Amanhã tornaremos a ligar.

E foi assim que, em 23 de dezembro de 1989 à noite, na véspera dos feriados de Natal, Sherley Burtchill aceitou acompanhar, no 1º de janeiro seguinte, a expedição das crianças que partiriam rumo à Antártida com o comandante Cousteau.

– Tudo isso me intimidava bastante, na medida em que eu admirava muito esse homem e tudo o que realizara. Tinha assistido a todos os seus filmes quando criança. Acompanhei seu progresso nesse mundo desconhecido do mar, que ele soube nos tornar quase familiar. Como as crianças, estava ao mesmo tempo excitada e inquieta com a idéia de encontrar o comandante Cousteau.

A partida aconteceu em Paris, na manhã de 1º de janeiro de 1990. O encontro foi marcado no Parque Oceânico Cousteau, onde os pais deviam acompanhar as crianças a fim de entregá-las à equipe.

Todas as crianças estavam confortavelmente equipadas. Assim como fora recomendado, levavam trajes quentes. Elas partiriam de Paris, onde a temperatura estava próxima de zero grau, para chegar à Antártida, onde seria ainda mais baixa. Ninguém pensara na escala de 48 horas prevista em Santiago, onde fazia cerca de trinta graus!

– Na chegada, sufocávamos literalmente, com nossos agasalhos e nossas golas altas.

Prática, Sherley advertiu:

– Precisamos comprar camisetas para todo mundo.

E lá foi ela, escoltada por seis crianças, para uma grande loja onde a vendedora os recebeu amavelmente e propôs a escolha de camisetas, não sem demonstrar um certo espanto. Ela não conseguiu deixar de perguntar a Sherley, que até hoje ri:

– Essas crianças...

– Sim...

– São todas suas?

Durante a viagem à Antártida, o comandante esteve sempre presente e atento, até às pequenas coisas.

O comandante sabia captar o instante mais fugaz, até nas menores coisas. Sherley lembra-se especialmente da desordem que reinava nas cabines dos meninos:

– Suas roupas estavam por toda parte, apesar dos esforços de Jeronimo, o único ordeiro entre eles. O comandante, passando por lá, chamou rapidamente o *cameraman* encarregado do filme sobre a expedição e, apontando-lhe o conjunto, afirmou: "É disso que precisamos". Em seguida, pediu que os meninos não arrumassem nada. Podia apostar nisso! Para grande desgosto do infeliz Jeronimo, magoado.

Essa expedição causou um verdadeiro impacto no mundo todo. Foi, por assim dizer, significativa para uma tomada de consciência. O comandante esperava prolongar essa experiência criando uma escola na Antártida para todas as crianças do mundo.

Sherley Burtchill aceitou a idéia imediatamente. Seduzida pelo conceito, propôs-se até mesmo a dirigi-la.

– Era um magnífico projeto. Que não foi realizado por falta de dinheiro. Por falta de alunos também. Os pais ficariam muito preocupados com o fato de ter que mandar seus filhos para tão longe, no fim do mundo, durante o período de um ano escolar.

Entretanto, foi uma experiência inesquecível para todos os que a vivenciaram, assim como para os inúmeros telespectadores que assistiram aos programas difundidos pela rede France 2 (Antenne 2, na época), por Ted Turner na América e por outras cadeias na Europa. Mais tarde, sempre com fina diplomacia, meu pai mandou reproduzir milhares de videocassetes do *Lilliput en Antarctique*, a fim de enviá-los a todos os senadores e ministros da Corte Suprema.

Foi graças a tudo isso que mais de 3 milhões de pessoas através do mundo assinaram a petição sobre a Antártida, enquanto um terço dos membros do Tratado votava a favor da total proibição de qualquer exploração mineira. A criação da base francesa Dumont d'Urville e, especialmente, a construção de uma pista de aterrissagem encontraram uma maioria de opositores. Tudo isso foi como uma bola de neve, reunindo o acordo do Japão e da Alemanha, depois ingleses e norte-americanos. O comandante deveria promover a assinatura oficial de um protocolo de acordo em 23 de junho de 1991, data do 30º aniversário da entrada em vigor do Tratado da Antártida. Ele exultava de alegria, quando, de repente... Em 22 de junho, os norte-americanos pediram um novo prazo. Meu pai, então, correu para Washington, onde conseguiu uma audiência urgente com o presidente Bush. Eu o acompanhei. Bastaram duas horas para convencê-lo! O comandante conquistou-o rapidamente. Mudança de rota, no dia seguinte, o presidente anunciava que os Estados Unidos assinariam o protocolo de Madri, tendo em conta os interesses dos Estados Unidos. A decisão seria aplicável por cinqüenta anos.

O comandante tinha vencido: o continente antártico fora classificado como "reserva natural e território científico".

– Veja, Jean-Michel, disse-me ele orgulhoso, a pressão popular é o melhor meio de obter decisões de bom senso dos políticos.

É preciso ficar atento, observar a evolução, o respeito daquele que foi votado. Pois estabelecer uma carta não é difícil, se zelarmos pela boa aplicação de suas regras. Ainda há muito o que fazer. Embora dispondo de poucos meios, acabo de implementar uma operação dirigida a doze países situados no Pacífico. Para sensibilizar os docentes e encorajá-los a divulgar as informações, apresentamos uma maleta que contém documentos, um videocassete, uma revista em quadrinhos enfocando os autóctones das diferentes ilhas, um pôster e outros componentes educativos. É um belo material, que oferecemos aos professores das escolas desses diferentes países. Vamos cuidar para que esse material esteja sempre no seu idioma e seja apresentado por um herói local. Não adianta me iludir, eles não conhecem Jean-Michel Cousteau! Em contrapartida, conhecem um jogador local de rúgbi, um apresentador de televisão... Queremos atingir de 80 a 100 mil crianças, das quais podemos esperar que, por sua vez...

Para mera informação, gostaria de relembrar os direitos das gerações futuras, tais como foram estabelecidos e publicados.

Artigo 1

As futuras gerações têm o direito a uma Terra livre da contaminação e da devastação; elas têm o direito de desfrutar desta Terra, que é o suporte da história da humanidade, da cultura e dos laços sociais que fazem de cada geração e indivíduo um membro da família humana.

Artigo 2

Cada geração, recebendo como herança parcial o domínio da Terra, tem um dever como administradora perante as futuras gerações; ela deve evitar qualquer dano irreversível à vida na Terra, assim como à liberdade e dignidade humanas.

Artigo 3

Cada geração tem, portanto, por responsabilidade essencial, manter uma vigilância atenta e constante sobre as conseqüências do progresso tecnológico que possam prejudicar a vida na Terra, o equilíbrio natural e a evolução da Humanidade, a fim de proteger os direitos das futuras gerações.

Artigo 4

Serão tomadas todas as medidas apropriadas, em todos os setores, incluindo educação, pesquisa e legislação, para garantir esses direitos e assegurar que não sejam sacrificados por imperativos de facilidade ou de conveniência imediata.

Artigo 5

Os governos, as organizações não-governamentais e os indivíduos são, portanto, convocados a aplicar esses princípios, dando provas de imaginação, como se estivessem na presença dessas futuras gerações, cujos direitos queremos definir e defender.

Esse texto, evidentemente, foi impresso em papel reciclado!

18
Keiko, a orca

Meu pai assumia a missão de ajudar na proteção do planeta, incitando uma tomada de consciência geral. Ele queria que cada um compreendesse que temos um compromisso tácito com as futuras gerações.

"O planeta está em perigo", foi, por muito tempo, o grito de alerta do comandante. Prova disso era que os peixes morriam aos milhares nas águas do Marne, onde realizara suas primeiras experiências de escafandro. As marés negras tornavam-se habituais por todo o mundo – e ele ainda não tinha visto tudo! Em Nova York, Londres, Paris, México... a poluição do ar – assim como a da água – causava estragos em todas as grandes metrópoles.

"Que planeta deixaremos para eles?" interrogava-se, pensando nas "futuras gerações", ou seja, nos nossos filhos, netos e sucessores... Eles não têm o direito de esperar que lhes deixemos um planeta bem conservado e não contaminado? Está longe de ser o caso. Hoje estamos praticamente impotentes diante das repetidas "marés negras", que poluem os mares e oceanos. Sabemos o que acontece ao longo de nossas costas – citarei apenas os estragos provocados nas costas da Espanha e da França pelo *Prestige*, em 2002-2003, que se estenderam até as belas e ricas costas da Bretanha –, mas não devemos nos iludir: é assim por toda parte. Para mera informação, citemos as cerca de 20 mil toneladas de petróleo bruto em volta da Austrália, em 1991, após ocorrer um incêndio em um petroleiro.

Freqüentemente, o comandante partia em cruzada. Estava tudo bem. É verdade que tinha motivo de sobra para erguer a bandeira da preocupação: marés negras, poluição atmosférica, betonagem das costas, sem falar na questão nuclear ou nas florestas, que não eram, porém, seu assunto, seu elemento natural. Para o Mediterrâneo, que era o seu mar por adoção, só podia constatar: "O Mediterrâneo está mal de saúde. Está morrendo". Porém, não é o mais poluído dos mares. O golfo da Finlândia, por exemplo, é bem mais. Mas para ele, esse fato era quase uma anedota diante do efeito estufa que já ameaçava o planeta. Tenham certeza, nada mudou! A causa do aquecimento do planeta é a mesma – uma emissão muito forte de óxidos de carbono –, exceto que agora ela aumenta a cada ano, para não dizer a cada dia... As grandes potências – Estados Unidos à frente – são as mais responsáveis e sempre se recusam a fazer os esforços necessários. Bastaria um ou dois graus a mais para que o gelo da Antártida, que constitui cerca de 95% da nossa reserva de água doce, começasse a derreter. Esse derretimento prenunciaria catástrofes, pois implicaria no risco de fazer subir o nível dos oceanos. "O que provocaria sérios riscos de inundação", já prevenia meu pai, a fim de alertar a opinião pública.

Ao mesmo tempo, tinha a habilidade de motivar as famosas "futuras gerações", das quais fez seu cavalo de batalha. E de "utilizá-las" também, no bom sentido do termo. Tratava-se de encorajar as crianças – que iriam tomar nosso lugar e garantir, por sua vez, o futuro da humanidade – a se revoltarem e a se engajarem. Não, não era concebível deixar um planeta poluído, para não dizer estragado, a todas essas crianças de olhar tão puro e de entusiasmo intacto.

Nessa luta, o comandante teve muitos aliados, do mais célebre ao mais humilde. Chefes de Estado, artistas ou encarregados de manutenção, ricos ou assalariados, inúmeros foram aqueles que enviaram seus cheques para a Fundação Cousteau. Se o montante era diferente, a motivação era sempre a mesma: proteger o planeta, preservá-lo o máximo possível, a fim de entregá-lo, de oferecê-lo em bom estado àqueles que iriam nascer e assumir seu lugar. Era uma forma de expressão da voz do povo, própria da democracia, que os governantes logo considerariam em vários campos e sobre vários assuntos.

"Gerações futuras"... Esse homem conhecia a fórmula. E se hoje ela parece banal, à época era uma novidade. Continua a trazer um otimismo que não pode deixar insensíveis os mais indiferentes. Trabalhar pelas futuras gerações não é, por assim dizer, uma forma de deixar sua marca? Não morrer, perpetuar sua passagem por este planeta, que veneramos, apesar da energia que empregamos para poluí-lo!

Nessa luta, meu pai teve um aliado de porte. De peso também... Um aliado cuja influência foi mais eficaz do que ele poderia supor. Era puro, entusiasta, afetuoso, alegre também. Quem poderia supor que esse personagem de aparência gentil e amável teria, de repente, tal poder sobre a opinião pública? Seu carisma logo brilhou sobre as crianças do mundo inteiro, a ponto de torná-lo um rival! Faltou pouco para que a luta por Willy não suplantasse as grandes realizações do comandante. Meu pai jamais teve um aliado melhor perante as futuras gerações que queria motivar.

Esse famoso Willy era uma personalidade forte e atraente, cujas manobras fizeram a filosofia do comandante Cousteau brilhar por muito tempo através dos mares. Convicções e influências aliadas, poderíamos apostar que ambos chegariam aos seus objetivos. Graças às crianças mais que aos adultos.

Na verdade, ele ficou mais conhecido pelo apelido de Willy, especialmente pelos serviços que prestou à sétima arte, que o tornou célebre, porém seu verdadeiro nome era Keiko. Sua aventura é uma lição de vida...

Keiko era uma jovem orca macho que nadava nas águas da Islândia. Devia ter cerca de dois anos – assim comprovava a pele, de um branco amarelado, que cobria seu "peito" – quando foi capturada por um bando de pescadores que faziam o comércio de orcas. Keiko, senhora do oceano, perdeu seu reinado. Os pescadores mantiveram-na em cativeiro até encontrarem um comprador que lhes oferecesse um bom preço. Keiko teria sido vendida por cerca de 150 mil dólares – soma nada desprezível – a uns canadenses que dirigiam um parque de diversões. Keiko ficou lá por dois anos, em condições muito ruins, porque as outras orcas não a aceitavam. Por qual motivo? Não se sabe. Seus novos proprietários se viram, então, na obrigação de isolar a jovem orca, esperando encontrar um candidato para a sua compra. Rapidamente, eles tiveram a oportunidade de revendê-la, obtendo cerca do dobro da soma que tinham investido. O tráfico de animais selvagens é rentável! O novo proprietário possuía um parque na cidade do México. Quanta desorientação para o infeliz animal, que tinha o hábito de nadar em águas de baixa temperatura! Após uma viagem em condições horrorosas, ele se viu num tanque de água do mar artificial, cuja temperatura era cerca de quinze graus mais alta do que o que lhe convinha. Esse tanque, que tinha apenas 4 metros de profundidade, era muito pequeno. A pobre Keiko ficava num lugar muito estreito para os seus 6 metros de comprimento. Nunca submergia totalmente: sua cauda tocava o fundo e sua cabeça ficava fora do tanque. Isso lhe valia golpes de sol, quase queimaduras. Além disso, era alimentada de peixes – nem sempre frescos –, que eram lançados ao ar, obrigando-a a saltar alto para poder apanhá-los. Era preciso divertir as pessoas que pagavam para vê-la! O animal estava, assim, condenado a fazer o mesmo número de circo várias vezes por dia para a alegria das crianças. É verdade que elas sempre tiveram um grande fascínio pelas orcas, graciosas e alegres. O entusiasmo era recíproco: Keiko amava muito as crianças. Mas vivia mal em seu cativeiro. Perdeu peso e contraiu uma preocupante doença de pele, agravada pelas queimaduras do sol.

Keiko estava, portanto, em péssimo estado quando a Warner Bros se interessou por ela. A produção procurava uma orca vivendo em cativeiro para fazer um filme. O tema tinha tudo para emocionar crianças e adultos: após sofrer maus-tratos em seu tanque, o animal reencontraria a liberdade e a vida selvagem que sempre fora sua. A equipe do *casting* pôs-se a procurar um "ator". Não foi fácil, pois a "filosofia" do filme se chocava com a dos diretores de parques. O proprietário de Keiko precisava de dinheiro e aceitou que a filmagem fosse feita em seu parque, onde os visitantes não se incomodariam. Embora a infeliz Keiko não fosse necessariamente o candidato ideal, com suas queimaduras e sua doença de pele, ela foi eleita! "Vendida" uma vez mais.

Portanto, a Warner Bros alugou o parque para poder realizar com toda liberdade um filme sobre Keiko, subitamente promovida a estrela. Esse novo status lhe valeu ser mais bem cuidada e alimentada. Ela precisava fazer bonito. Porém, as imagens que podemos ver no filme em sua maioria foram geradas por computador ou a partir de maquetes. No final do filme, por exemplo, Willy literalmente alça vôo por cima da criança e do dique para encontrar sua liberdade e o mar... Essa cena, comovente e magnífica, é totalmente artificial, completamente fabricada, é uma seqüência de trucagens e de efeitos especiais.

O filme recebeu uma acolhida entusiasmada dos jovens do mundo inteiro. Foi um incrível sucesso de marketing. Seria uma pena parar por aí. Esfregando as mãos, os produtores logo anteviram a realização de uma continuação das emocionantes aventuras de Willy. *Free Willy 2* também emocionou o público jovem, embora tenha tido menos sucesso que o anterior. E, porque é preciso sempre explorar um bom filão, *Free Willy 3* logo apareceu nas telas. Não era mais cinema e, sim, marketing puro. Assim, em *Free Willy 2*, todas as imagens foram rodadas durante a realização de *Free Willy*: são "pontas" do primeiro filme ou efeitos especiais. Para o *Free Willy 3*, o tratamento foi ainda mais radical: é uma sucessão de efeitos especiais sem uma única imagem da verdadeiro Keiko!

Devemos nos lamentar ou alegrar? Não sei bem... O destino de Willy provocou uma tomada de consciência pelo mundo todo. Permitiu compreender, e mesmo descobrir o que era realmente a vida de um animal em cativeiro: uma vida miserável, feita de imposições e sofrimentos, uma vida contra a natureza. As crianças estavam felizes porque pensavam que Willy reconquistara o alto-mar e a liberdade. À luz desse sucesso, a imprensa apoderou-se do tema. Jornais e revistas falaram do animal extraordinário de tal maneira, que a verdade acabou por vir à tona. Os jovens do mundo inteiro, que se sentiam felizes por Willy, que consideravam um pouco seu amigo, compreenderam que os diretores tinham mentido, deixando-os acreditar que o animal havia sido libertado. E se revoltaram.

Nessa ocasião, recebemos 1,2 milhão de e-mails, cartas, desenhos, fax, assim como dezenas de milhares de dólares, ou o equivalente em moeda estrangeira, de crianças do mundo inteiro.

Tinham escondido a verdade delas, por isso se reuniram e exigiram: "Façam alguma coisa". As crianças souberam impor sua vontade. Em termos claros, eu chamaria isso de um magistral "chute no s..." dos adultos.

Keiko tornara-se Willy por vontade da produção hollywoodiana. Aliás, acho isso muito chocante. Trata-se de um jogo de palavras mal escolhido e de gosto duvidoso. Na verdade, nos Estados Unidos, "willy" é uma palavra de gíria utilizada para designar o sexo masculino. Felizmente, isso acabou por ser noticiado e, pouco a pouco, começou-se a dar ao animal o nome de Keiko.

Foi criada uma fundação para a sua proteção e liberdade. Convidaram-me para fazer parte de seu Conselho de Administração. Os riscos e as dificuldades foram inúmeros: houve divergências entre os vários protagonistas – produtora hollywoodiana, cientistas especializados em mamíferos marinhos, direção do parque no México, veterinários e, claro, as sociedades de defesa do meio ambiente. As opiniões divergiam, cada um querendo que a sua vencesse, mas ninguém querendo investir numa operação cujo custo só podia ser muito elevado. Sem o aporte decisivo de um mecenas americano, que não hesitou em investir milhões de dólares para a realização da empreitada, Willy provavelmente jamais teria recobrado a liberdade. Ainda assim, isso levou um certo tempo.

Quando se captura um animal selvagem, ele é extirpado de seu universo, daquilo que conhece, do que capta, do que sente também... Seus reflexos são aniquilados, bem como seus recursos pessoais. Por essas razões, não se pode recolocá-lo em liberdade do dia para a noite, sem ensinar-lhe novamente o modo de vida do qual foi privado.

Para começar, Willy recuperou seu nome... Keiko foi transportada para o Oregon, nos Estados Unidos, onde veterinários, cientistas e instrutores cuidaram dela permanentemente, a fim de mantê-la viva. Geralmente, as orcas vivem em pequenos grupos, e não sozinhas. Nunca abandonam o grupo no qual nasceram. Os filhos, que vivem ao lado da mãe, partem em excursão de tempos em tempos, para não procriar no próprio grupo, a fim de evitar qualquer risco de consangüinidade. Elas têm regras de vida bem estabelecidas, uma linguagem própria... O que aconteceria, então, a Keiko, separada muito jovem do seu grupo e da sua família? Conseguiria se fazer aceitar? Saberia se comunicar? Ela nunca mais ouvira os sons dos seus, nem de nenhuma outra orca, nem tinha mais emitido esses sons desde a idade de dois anos. Eram muitas as questões... E não foram fáceis de ser resolvidas.

Foi à Oceans Future Society, da qual sou dirigente, que coube a responsabilidade pela reabilitação de Keiko.

Concebemos e organizamos um programa de readaptação, para que ela pudesse recobrar a liberdade e enfrentar a vida selvagem – natural, eu diria – sem muito perigo. Em primeiro lugar, era preciso devolver-lhe uma boa saúde. Uma saúde que lhe permitisse, enfim, nadar por muito tempo, enfrentar as correntes e, sobretudo, prover suas necessidades! Para que pudesse exercitar-se e progredir, Keiko foi instalada num grande tanque, profundo e largo, especialmente construído para ela e cheio de água fria. Começamos tratando de sua doença de pele. Também nos preocupamos em alimentá-la bem. Quando voltou à boa forma, nós a treinamos com prática de exercícios diários. Para dar a ela músculos e fôlego. No início, Keiko não retinha sua respiração por mais de três minutos, e isso com dificuldade. Pouco a pouco, ela fez progressos. Ganhou alguns minutos a cada mês, até ser capaz de reter a respiração por dezoito minutos, tempo normal para uma orca. Trabalhava duro. Mas nunca sob pressão, pelo contrário. Ela encarava como uma brincadeira qualquer experiência nova da qual a fizéssemos participar. Poderíamos quase supor que entendia que, se trabalhava assim, sob a direção de veterinários, era para recuperar sua forma e não mais para executar números de circo para divertir um público que não ligava para o seu futuro.

Keiko entendia rápido o que se queria dela, era dócil. E o contato com seus monitores se estabelecia ainda mais facilmente na medida em que não tinha mais receio e se apegava rápido aos humanos. Afinal, não tinha sido com eles que passara vinte anos da sua vida, sem nenhum contato com os seus? As orcas esfregam-se contra os fundos e os rochedos pelo prazer que isso lhes provoca. Keiko adorava que lhe arranhassem as costas, e seus monitores não deixavam de fazê-lo diariamente. Mas, como precisava recuperar a autonomia, pouco a pouco cessaram todos os contatos físicos.

Antes de lançá-la a caminho da liberdade, a primeira coisa ensinada foi como alimentar-se sozinha. Ela era incapaz de tal proeza, uma vez que havia sido acostumada que lhe atirassem peixes mortos, que, aliás, apressava-se em agarrar com facilidade. Isso lhe valia aplausos e gritos de encorajamento por parte das crianças aglutinadas à beira do seu pequeno tanque. Esse número de circo acabara se tornando um comportamento espontâneo, uma espécie de segunda natureza. Assim, após anos de cativeiro, Keiko tinha perdido seu instinto. Era incapaz de prover, sozinha, suas necessidades. A tal ponto que considerava um divertimento, um pouco como brinquedos, os peixes que nadavam em torno dela na piscina. Fazia tanto tempo que não via peixes vivos, que não lhe ocorria a idéia de comê-los! Somente dezoito meses mais tarde, depois que recuperou a forma, foi que pudemos ensinar-lhe a alimentar-se! Foi preciso ajudá-la a reencontrar – talvez a recriar – seu instinto. Para voltar a ser caçadora... porque pertencia a uma espécie que, no oceano, encontra-se no ápice da cadeia alimentar.

As orcas não hesitam em atacar os maiores que elas! Mesmo uma baleia azul, com suas 170 toneladas e seus 30 metros de comprimento, não conseguiria dissuadir um pequeno grupo de orcas a ir à caça! Lembro-me de ter visto duas orcas vindo em minha direção durante um mergulho na Papuásia. Elas tinham, entre suas poderosas mandíbulas, o corpo de um tubarão, com o qual brincaram por um bom tempo – um pouco como gato e rato –, antes de retalhá-lo com alguns movimentos bruscos de cabeça. Depois o devoraram... Espetáculo inesquecível.

A noite da partida de Keiko para a Islândia, sua terra natal, foi um momento de grande emoção. Tínhamos nos comprometido a não libertá-la antes que fosse capaz de sobreviver sozinha. Ela estava sob nossa responsabilidade, havíamos assumido essa tarefa. Todos nos perguntávamos: após mais de dois anos e meio de preparação, será que Keiko está pronta para enfrentar o oceano? Não puderam conter as lágrimas, esses homem e mulheres firmes, mas também generosos e ternos, que formavam a equipe de "enfermeiros", enquanto deslizávamos a "sua" Keiko para um container de mais de cinco toneladas, concebido especialmente para ela.

Que recordações teria dessas águas onde nascera? Saberia estabelecer contato com os seus? Estávamos preocupados, mas orgulhosos de poder acompanhá-la às portas do seu reino...

Durante mais de dois anos, foi se habituando a redescobrir a liberdade e, depois, num belo dia – e eu estava lá –, deixou suas águas natais da Islândia. Dia 7 de julho de 2002. Pudemos acompanhá-la diariamente, graças a um sinal de satélite que nos dava a sua posição, onde estivesse, às vezes muito longe. Uma orca pode percorrer, em média, 150 quilômetros por dia. Ela "amava" visitar os homens, mas era uma escolha sua. Por muito tempo, ao pensar nela, eu ficava feliz em poder dizer: "Ela está livre..."

Keiko morreu de uma pneumonia, parece, em dezembro de 2003. Pôde gozar a liberdade durante mais de três anos...

19
O Parque Oceânico Cousteau

Apenas seis anos se passaram, de 1986 ao mês de novembro de 1992, entre a concepção do Parque Oceânico e seu fechamento.

A concepção foi uma bela aventura. A realização e a exploração foram bem mais complicadas. A história durou muito pouco.

Apenas lamento muito seu fim melancólico.

Meu pai havia sido sondado por diversos investidores e banqueiros, dos quais a Caixa de Depósitos e Consignações, a Companhia do BTP, o Crédito Nacional, dentre outros órgãos públicos e privados. Pessoas honradas e confiáveis! Como resistir a essas propostas?

O projeto era sedutor. O que se pedia ao comandante Cousteau era criar um "museu do mar", no lugar dos antigos pavilhões Baltard[1]. Para isso, era preciso imaginar uma estrutura que reunisse uma animação e uma atividade suscetíveis de atrair um grande público, a fim de que a operação, que impunha grande investimento, fosse rentável. Esse museu do mar devia fazer esquecer e preencher o vazio que, durante muito tempo, foi chamado: "o buraco do Les Halles"[2]. Por outro lado, os críticos do comandante não irão poupar gozações e tro-

[1] Victor Baltard, arquiteto francês, criador de pavilhões com estrutura metálica, desmontados em 1972, onde funcionava o mercado municipal de Paris. (N. T.)

[2] Bairro do centro de Paris onde se concentrava, até 1969, o comércio atacadista de produtos alimentares. Hoje, é um centro comercial moderno. (N. T.)

cadilhos de palavras bem fáceis. Um museu do mar (em francês, um museu "de la mer"...). Para o comandante, tratava-se de retomar uma velha idéia que nutria há um certo tempo e que regularmente vinha à tona, sem nunca se concretizar, a exemplo do *Queen Mary*.

A idéia não era nova, mas sempre excitante. Era um belo projeto, que, entretanto, pressupunha muito tempo e dinheiro. É por isso que, estando sempre muito ocupado, meu pai nunca havia se empenhado de fato na realização desse empreendimento.

Dessa vez, os investidores pareciam verdadeiramente motivados. Podíamos confiar neles, pois a construção de um museu do mar, em Paris, exigia um sólido investimento. Era uma aposta difícil de resistir. Principalmente para um marinheiro! Além disso, havia uma enorme concorrência! De fato, no mesmo ano, surgia a Eurodisney na região parisiense de Seine-et-Marne, parecendo-lhe fazer um aceno, uma careta provocadora. Concorrência... Rivalidade... Tratava-se de oferecer ao mar aquilo que a Disney dava ao desenho animado: um reino onde o público pudesse reencontrar seus heróis; que tivessem o nome de Pato Donald ou Jojo, o peixinho mero, era a mesma coisa. Em relação ao mar, a realidade era tão apaixonante quanto a fantasia, e havia nisso tudo assunto suficiente para excitar a imaginação do meu pai. Daí a investir verdadeiramente no projeto...

Meu pai me informou a respeito, quase sem conseguir esconder sua satisfação. Eu mesmo me pergunto se, fiel a seu temperamento, ele não tivesse me incluído no projeto um pouco como se quisesse me oferecer um presente. Uma boa operação estava em vista:

– Jean-Michel, você que é arquiteto e que trabalhou no projeto do *Queen Mary*, imagine só que estão me propondo implantar um museu do mar em Paris. Você sabe que, ainda que essa idéia me toque particularmente o coração, terei apenas pouco tempo para me dedicar à sua realização. Além disso, essa não é de fato minha especialidade. Em compensação, parece-me que você poderá estar interessado...

Eu conhecia o início desse discurso. E deveria ter desconfiado. Mas esse diabo de homem sabia que, efetivamente, o projeto só podia me interessar. Eis que se anima e se torna o maior entusiasta em descrevê-lo em linhas gerais. Fala da equipe que será necessário constituir e dos visitantes que, em grande número, irão se avolumar, antes de acrescentar, com aquela fisionomia gulosa:

– Há alguma coisa a fazer...

Eu nem discuto. Ele tem razão, claro! É uma idéia excitante, eu me entusiasmo... a tal ponto que nem escuto o final de sua frase:

– Mas, é preciso entender bem que se trata, antes de mais nada, de um projeto comercial.

Comercial? O que isso queria dizer? Eu não deveria ter me deixado levar por um entusiasmo que, retrospectivamente, pode parecer ingênuo, reconheço. Se eu tivesse sido atento, essa única pequena frase serviria-me de alerta. Mas naquele momento eu me colocava a questão: "Aonde ele irá ainda me levar?" Bem, cego pela minha admiração pelo homem e suas idéias, que geralmente iam ao encontro das minhas, me acho, uma vez mais, em um universo que não é o meu. Um universo que não me interessa e que, portanto, eu sempre dominei mal. Em vez de ser prudente e racional, eu me deixei seduzir, sem pensar mais um pouco. Eu nem mesmo considerei as dificuldades que não deixariam de aparecer no decorrer da elaboração do projeto. Como sempre, diante de meu pai, vi apenas o lado atraente da operação, sem refletir mais. Estava longe de imaginar as complicações que não deixariam de aparecer no decorrer de sua elaboração. Eu não queria nem mesmo pensar nisso...

Eu me joguei impetuosamente no projeto... Até porque possuía formação de arquiteto, uma experiência adquirida no canteiro naval de Saint-Nazaire, uma outra de um projeto de museu do mar a bordo do *Queen Mary*, na Califórnia e, mais ainda, havia crescido no rastro de um personagem habitado pelo mar... Eu deveria poder levar o projeto à frente...

Para começar, era importante montar uma equipe ao mesmo tempo eficaz, ativa e confiável. Eu tinha carta branca para isso. Imediatamente, pensei em contatar Rolly Crump, um norte-americano que havia participado como criador na implantação da Disney World, na Flórida. Sua experiência nos seria certamente útil. Contudo, eu não havia estimado de maneira precisa e realista as condições nas quais precisaríamos trabalhar: "Pouquíssimo dinheiro e muito cimento".

A construção foi muito mais difícil do que eu havia imaginado. Ela era subterrânea, fato que acarreta numerosas e pesadas dificuldades. Nós havíamos imaginado plantas perfeitamente adaptadas à complexidade do lugar e do terreno e às obrigações decorrentes. Sem reclamar dos horários e do nosso cansaço, tomávamos cuidado e prestávamos muita atenção ao que nos havia sido imposto: gastar o mínimo de dinheiro possível. Ora, a preocupação de economizar não é nunca geradora de grandes idéias. No entanto, ousei continuar a obra, apesar do fracasso que hoje sabemos: fizemos milagres com nada.

A realização do Parque Oceânico Cousteau foi fruto do trabalho de uma equipe entusiasta e unida. Todos trabalhamos muito e éramos ainda mais eficientes pelo fato de nos entendermos bem. Por outro lado, apesar do triste fim do Parque Oceânico Cousteau, somos, a maioria, ainda hoje, muito ligados. Cada um de nós deu o máximo que podia dar. Mas, uma pena, isso tudo não foi suficiente para garantir o sucesso, a vitória.

Não fiquei amargurado por causa disso. Guardei da experiência amizades sólidas e colaborações que ainda perduram. Assim, Christine Causse é, desde então, uma das minhas mais fiéis colaboradoras, um dos pilares do escritório parisiense do Océan Futur Europe (Oceano Futuro Europa).

Christine aceitou minha proposta sem pestanejar e com grande entusiasmo. Na época, o nome Cousteau por si só exercia um real poder de atração. Quase mágico. Essa jovem cientista com formação em oceanografia se diverte com isso ainda hoje:

– Para mim, como para muitos outros, o nome Cousteau por si só tinha algo de mágico... Eu havia feito cursos que não sabia bem para que me serviriam. Eu já me via garçonete de um McDonald's! Eis que me propõem entrar na equipe Cousteau! No momento em que eu começava a duvidar do meu futuro "com o mar", essa proposta veio como um milagre. Quem poderia resistir? Eu não!

O carisma do comandante foi determinante na constituição da equipe a qual eu passava a dirigir. Isso não significa que meu pai tenha, verdadeiramente, se comprometido com a atividade por esse motivo... Assim que o contrato foi assinado, ele voltou ao mar! O mínimo que podemos dizer é que ele praticamente não se engajou no projeto. Entretanto, o conceito desse parque oceânico no coração de Paris por si só já era de apaixonar: uma idéia original e lúdica, que se apoiava em sérias bases científicas. Mas, se não estivéssemos de fato tão envolvidos na questão, talvez tivéssemos rapidamente chegado à conclusão de que... um museu do mar sem água não poderia seduzir todas as categorias de visitantes e garantir a rentabilidade da operação.

Sem dúvida, a fim de ser independente, JYC havia rejeitado toda e qualquer subvenção pública. Ele não queria que lhe impusessem coisa alguma, principalmente em razão das normas de segurança, que eram enormes. Esse lugar de milhares de metros quadrados, em pleno coração de Paris, mais precisamente em seu subsolo, exigia realmente medidas draconianas, que era imprescindível respeitar. Isso deveria nos fazer pensar. Mas estávamos todos tão motivados que tudo nos parecia possível.

– O comandante não nos defendeu, lembra-se Christine. Será que pretendia deixar a responsabilidade da operação, além de uma grande autonomia, a Jean-Michel? Nós o víamos raramente no canteiro de obras, e ele só permanecia lá por pouco tempo. Ainda o vejo entrar no escritório. Seco e direto, com um irresistível sorriso nos lábios, ele apertava a mão de cada um de nós, e nos perguntava se havia novidades, com o mesmo tom, como se o assunto lhe interessasse ou como se nos conhecesse bem. Mas, quando tínhamos um ponto delicado a levantar e lhe colocávamos questões precisas, não obtínhamos muitas respostas, a não ser quando lhe enviávamos um fax! Pensávamos então que fosse uma forma de discrição, que ele se omitia de propósito, porque queria que esse assunto fosse só de Jean-Michel. Eu duvido! Porque, quando ele decidia nos impor seus desejos, se agradasse ou não, não havia nada a discutir.

Assim, foi ele quem impôs um preço de entrada muito mais alto, apesar de todos os apelos de marketing.

O Parque Oceânico Cousteau era uma estrutura interessante, mas como nós devíamos fazer economias em cada posto, em cada idéia, em cada ponto, o conjunto não tinha nada de extraordinário. Entretanto, o projeto apresentava muitas novidades, muitas inovações. Os visitantes podiam efetuar uma descida aos oceanos em cuja descoberta se aventuravam, sentados num pequeno vagão suspenso – um "transportador" –, dentro do qual se instalavam em dois ou três. Esse transportador era uma boa idéia, mas sua realização e seu funcionamento custavam muito caro. Tratava-se de uma tecnologia inovadora que transformava o espectador em ator, ao longo de uma caminhada muito bem orquestrada. Nós queríamos que o visitante sonhasse com a realidade do planeta e que se sensibilizasse também pela causa do meio ambiente, em uma linguagem simples, acessível, que tocasse a emoção.

A rentabilidade do Parque Oceânico Cousteau exigia um certo número de visitantes por dia. Estes não podiam permanecer muito tempo diante dos lugares, como fariam se estivessem andando com suas próprias pernas, com liberdade de tempo ou de movimentos. Sentados no transportador, eles estavam "passeando" conforme o ritmo imposto.

Uma vez de volta à superfície, eles podiam, com a ajuda de um grande painel, fazer quaisquer perguntas a mim e ao comandante sobre o que essa viagem-descoberta pôde suscitar. Em vez de nos ajudar, de apreciar o interesse pelas técnicas que utilizamos, acabamos sendo muito criticados, sem que sequer se interessassem pelas novidades que estávamos propondo. Havia particularmente a projeção em setenta milímetros, em um telão, de um filme muito bonito *Le feu, l'eau et la vie* (O fogo, a água e a vida). Gravado em 35 milímetros, esse filme relativamente curto durava somente nove minutos, mas eram suas idéias e imagens que encantavam o público.

Por falta de meios e de recursos e, apesar das inovações que o conceito oferecia, nada estava ainda totalmente concluído. Os visitantes podiam, por exemplo, entrar em uma baleia. Era uma bela baleia azul, de 30 metros de comprimento, e se podia passear em suas vísceras... Uma atração surpreendente, um símbolo também. A baleia é o maior animal que já existiu no planeta. Maior do que os dinossauros! E também mais próximo do homem pela sua fisiologia. Animal de sangue quente, a baleia respira como nós; apesar das duzentas toneladas que desloca sob a água, ela emociona pela sua beleza, e mesmo pela sua elegância. É um animal pelo qual sinto mais do que admiração, tenho um sentimento próximo do afeto, mesmo que isso possa surpreender. Apesar dos inúmeros cuidados que tivemos para a sua construção, não era o que todavia havíamos desejado. Eu queria que pudéssemos ver circular seu sangue, que seu filhote mexesse no ventre, que sentíssemos a vida. Diante de uma sósia, uma fiel réplica inflável, eu e meu pai posamos em frente ao arco do Triunfo a pedido da imprensa. Imagem inesquecível e surpreendente a desse mamífero místico, transformada em estrela na praça de l'Étoile sem carros. Eu adoraria que fosse uma imagem profética...

Sinto não ter tido meios suficientes para conduzir bem o projeto. Fui "imobilizado" pela falta de recursos ao longo dessa aventura. Freqüentemente, esboçamos o que nem sempre pudemos concluir. Minha frustração era ainda mais viva, pois eu me envolvi nesse parque a ponto de esquecer que tinha uma vida pessoal, uma família, meu próprio escritório e colaboradores...

Quantas noites dormi na obra? Achei que eu ia deixar lá minha vida. Era muito apaixonante, mas estressante! E quando decidia me ausentar porque precisava inspecionar nosso escritório nos Estados Unidos ou organizar alguma exposição, meu pai não deixava de protestar num tom indignado:

– Que história é essa, Jean-Michel... você vai embora de novo?

Ele nem mesmo se conscientizava de que eu trabalhava 20 horas por dia. Não reclamo, mas não podia fazer mais. E é preciso entender que quando digo "eu" quero dizer "nós", pois toda a equipe se envolveu tanto quanto eu. Mesmo sabendo que havia imposições a seguir, cada um se esforçava ao máximo para substituir o dinheiro que faltava pela criatividade e talento. Freqüentemente dava certo, mas não foi o suficiente. Nós não podíamos fazer milagres.

Foi muito difícil fazer o público vir. O buraco do Les Halles tinha uma péssima reputação na época. E por uma razão bem conhecida... o local era freqüentado por uma estranha "fauna": pessoas com hábitos pitorescos, vagabundos que dormiam nos corredores, na entrada do museu. Os visitantes experimentavam uma desagradável impressão de insegurança, reforçada pela presença de seus filhos, que os acompanhavam na maior parte do tempo. E, embora o Parque Oceânico Cousteau tenha atraído muitas pessoas, a quantidade de visitantes nunca atingiu o número esperado pelos especialistas, um número que pudesse torná-lo rentável. Além disso, como o parque havia sido criado para fins comerciais, nós não nos beneficiávamos de nenhuma subvenção. Os investidores não queriam desembolsar um centavo a mais, exigindo até mesmo recuperar o dinheiro investido. Foi necessário, portanto, aceitar a evidência e colocar um fim na aventura que, esperávamos, fosse de longa duração. O ínfimo orçamento foi "comido" pelo cimento para o qual ninguém prestou muita atenção.

A estrutura financeira era tamanha que não conseguíamos enfrentar as despesas; além do mais, a distribuição da verba era muito malfeita: a infra-estrutura, as toneladas de cimento que foram utilizadas para preencher o buraco, haviam absorvido a quase totalidade do orçamento. Não restava mais dinheiro para as exposições. O público só podia perceber. Ainda que eu tenha levantado o problema desde o início, reconheço que sou responsável por ter me deixado levar pelo meu entusiasmo. Meu pai, inevitavelmente, tinha consciência das falhas que a operação apresentava. É por isso que eu o censuro pelo fato de jamais ter aceitado tomar posição nesse negócio, de não ter assumido a menor responsabilidade. No entanto, essa idéia era dele, ele era pessoalmente acionista e membro do conselho de administração. Isso significa que estava consciente de todo o desenvolvimento da operação e de sua evolução. Contudo, meu pai sempre se comportou como se ele não fosse o responsável legal pelo dinheiro desse projeto e de sua elaboração. É verdade que esses eram seus hábitos, o que eu considero profundamente criticável. Não somente não se envolvia, como também direcionava apenas críticas ao meu desempenho. Não satisfeito em não me defender, nunca hesitou em me considerar o único responsável pelo fracasso do Parque Oceânico Cousteau. Ousou declarar que eu não havia dedicado tempo suficiente ao projeto. Eu senti muita raiva dele e, confesso, ainda tenho ressentimento, apesar do tempo. Ele não teve elegância, é o mínimo que posso dizer. Eu teria considerado normal que tivéssemos dividido as responsabilidades, mas eu recusava suas críticas e acusações e não queria "usar o chapéu" sozinho. Sua atitude me desagradou muito e até me chocou. Todavia, essa "pequenez" não tinha nada de excepcional, apesar das grandes qualidades desse homem. Escolhia sempre ignorar os projetos que fracassavam ou que terminavam em prejuízo, jamais hesitando em jogar a culpa nos outros.

A falência do Parque Oceânico Cousteau é provavelmente a única verdadeira discórdia grave e definitiva que houve entre nós. Eu nunca esqueci. Aliás, para mim, seria muito fácil fazer a demonstração de sua responsabilidade quase total na operação que, considerando as dificuldades materiais, só podia ser um fracasso. Ora, se eu me lancei nessa aventura com tanto entusiasmo, foi unicamente por ele. De modo nenhum por mim.

Eu reconheço hoje que o parque não podia dar certo. Mesmo que o "produto" fosse bom, digno, não tinha nada de extraordinário.

Os visitantes vinham na esperança de ver animais vivos, mas essa não era a idéia do projeto. Porém, eles não sabiam disso. Seria preciso informá-los melhor, educá-los, para que compreendessem bem o que nós lhes propúnhamos. Eles chegavam com idéias prontas, pensando ver evoluírem os animais, descobrir o mundo do silêncio, portanto só podiam ficar decepcionados. Além disso, é preciso acrescentar a essa decepção um preço de entrada elevado demais... 75 francos para um adulto e 50 francos para uma criança, parecia muito na época. Os visitantes iam embora com a impressão de não ter feito uma compra vantajosa. Além da falta de recursos, podemos também lamentar a falta de comunicação. Com tão pouco dinheiro para a publicidade, nós só podíamos caminhar para o fiasco!

No entanto, eu não lamento nada, essa foi uma bela experiência. Por inúmeras razões. Mesmo que não tenha sido um sucesso, foi um belo projeto e eu não tenho vergonha porque, apesar dos poucos meios de que dispúnhamos, o produto que oferecíamos apresentava uma certa originalidade.

Eu posso, portanto, afirmar que tudo foi emocionante de conduzir: a elaboração do projeto, seu andamento, o trabalho até o momento do "lançamento", isto é, da inauguração e da abertura do Parque Oceânico Cousteau. A tarefa foi dura, mas excitante. Nós vivemos essa bela aventura em equipe, intensamente, e, apesar das dificuldades, foi geradora de amizades. Dessas amizades fortes que não se esquecem. Todos nós vivemos a euforia, a excitação, a felicidade de ver repentinamente surgir do vazio – no caso de toneladas de cimento – as idéias que tínhamos jogado no papel, durante meses e meses. Idéias que se concretizaram repentinamente.

Como esquecer, particularmente, a chegada da baleia azul, com 30 metros de comprimento, que havia sido fabricada dentro de oficinas em Lyon? Foi um grande momento, fugaz certamente, mas fantástico, ainda que essa baleia não tenha sido portadora de todas as riquezas das quais eu havia imaginado dotá-la.

Eu também desejei dispor de um sistema que permitisse controlar o número de visitantes e assim reduzi-lo ou até pará-lo. Mas, uma vez mais também, não tínhamos dinheiro suficiente... Uma enorme quantidade de pequenos detalhes talvez pudesse fazer com que nosso projeto fosse excepcional. Mas não foi...

O transportador? Ninguém poderia negar que a idéia de "embarcar" os visitantes dessa forma era boa. Nós dominamos uma magnífica tecnologia: criar esses botes foi uma tarefa pequena! Continuo a pensar, pois era fantástico. O público o experimentou bem. É lamentável que não pudemos impressionar essas pessoas, que não tivemos dinheiro suficiente para que, uma vez terminada a visita, as pessoas saíssem embriagadas com as descobertas, estupefatas, a ponto de ter somente mais um desejo: voltar... qualquer que fosse a idade do visitante, adulto ou criança.

Mas os banqueiros não nos deram a possibilidade de vencer. Eles nos impuseram condições draconianas. Alegaram que não sabíamos atrair o público em grande número. Eles sabiam que o limite da rentabilidade era difícil de ser atingido e recusaram-se a colocar um centavo a mais na operação. Isso foi um erro, pois o projeto não teve tempo de deslanchar, de evoluir.

Eu deveria ter me oposto com mais determinação ao meu pai. Eu deveria ter lhe dito – ele sabia disso – que, se nós não dispuséssemos da verba necessária – e estávamos conscientes disso –, caminharíamos para o desastre, qualquer que fosse o projeto, mesmo atraente como esse!

Contudo, continuo orgulhoso dessa operação que muitos puderam considerar um fracasso e não se furtaram de menosprezar. Vsevolod de Romanovsky, que sempre se contentou em cuspir seu veneno com frases lacônicas que nada provam ou que tenham algum fundamento, declara: "O desastre se perfila no horizonte. Dois anos apenas após sua abertura, o Parque Oceânico Cousteau se encontra em reparação judiciária. Os acionistas se negam seguir Cousteau em uma retomada do museu. O golpe é ainda mais duro porque alguns observadores franceses e norte-americanos começam a se inclinar sobre 'os meandros do império do silêncio'"[3]. Patada gratuita. Mas é uma triste verdade, já que as patadas não deixam de nos machucar, ainda mais quando atingem uma certa celebridade. Meu pai parecia se divertir com as declarações. Isso o atingia? Ele apenas observava? Eu não saberia responder, tão complexa era a sua personalidade. Sutil mistura de inteligência e de sensibilidade, não menos suscetível ou habilidoso em provar, em mostrar uma indiferença monárquica quando isso lhe interessava. Na verdade, qualquer coisa que se fizesse, qualquer que fosse o assunto, o universo, era preciso que as coisas acontecessem sempre como ele havia desejado. Caso contrário, ele atribuía a responsabilidade às pessoas com as quais convivia e, imediatamente, passava a uma outra coisa. Aí estava a sua força.

Eu, ainda uma vez, havia emprestado o caminho que leva ao Paraíso, com o prazer e a excitação que isso supõe...

Em 11 de julho de 1989, a cerimônia de inauguração havia sido celebrada com pompa, sob os auspícios de Jacques Chirac, na época prefeito de Paris. Como a maioria dos franceses – meu pai chegava no topo das sondagens de popularidade, com 73% de aprovação –, o prefeito da capital francesa deixava transparecer uma real admiração pelo comandante, que ele não deixou de evidenciar em seu discurso. Jacques Chirac virou-se em seguida para minha mãe. Após o comandante, sua esposa, na sua vez, teve o direito às felicitações de costume. Sem dúvida, o fato não havia sido previsto, pois, repentinamente, houve um branco, uma queda brutal no discurso do prefeito. Nesse momento, com uma voz tonitruante, com sua habitual espontaneidade, declamou:

– Eu felicito igualmente madame Simone Cousteau por...

Então, seguiram-se alguns segundos que pareceram bem longos à honrosa multidão que não sabia como disfarçar o embaraço...

[3] Vsevolod de Romanovsky, *La face cachée de Cousteau*, Odilon Média, 1996.

quando, na condição de homem político acostumado a improvisar, o prefeito encadeou:

– Eu felicito também madame Cousteau por... ter feito Jean-Michel.

A declaração não deixou de provocar um riso geral na platéia.

Certamente, ele não sabia, mas meus pais se casaram em 11 de julho, dia do aniversário de inauguração do famoso Parque Oceânico Cousteau. Divertida coincidência.

No ano seguinte, em 1990, JYC o eterno jovem, festejava seus 80 anos. O Parque Oceânico Cousteau era o lugar ideal para organizar um acontecimento à altura do personagem. Nos encontramos todos lá. Vindos do *Calypso*, de Mônaco, dos Estados Unidos e de outros cantos do mundo para fazer a festa. Todos contribuímos para oferecer ao nosso jovem "octo"[4] – que vivia reclamando contra os problemas de trânsito – um patinete motorizado. E que não polui, evidentemente!

Era o mínimo para este "ecolo"[5]!

Em 1992, apresentei minha demissão da vice-presidência da Fundação Cousteau. Queria outros horizontes... A Califórnia, as ilhas Fiji, onde criei uma pousada de férias ecológicas voltada para o mundo submarino, de acordo com a filosofia do comandante e também da Fundação, para qual eu havia trabalhado durante tanto tempo. Porém, não sabia que isso causaria bem rapidamente outros problemas...

[4] Abreviação de octogenário. (N. T.)

[5] Denominação carinhosa e ao mesmo tempo pejorativa para os ativistas do meio ambiente, os "ecologistas" ou "ecolos". (N. T.)

20
Cientista... ou não?

Durante muito tempo, os cientistas criticaram meu pai. Desconfiavam dele, considerando-o – não sem uma ponta de desprezo – como um neófito. Um amador que, não contente em se meter naquilo que não lhe dizia respeito, se permitia popularizar as informações que teria falsamente recolhido em contato com eles. De fato, ele procurava tornar o jargão dos cientistas compreensível à maioria. Entretanto, esses cientistas não são tão incontestáveis assim. Eles cometiam o erro de escorar-se em suas certezas, de recusar qualquer abertura, até mesmo no vocabulário!

Por exemplo, quando um cientista fala de equinodermos, quem de nós sabe do que se trata? Então, no melhor dos casos, recorremos ao dicionário e nos deparamos com uma definição que também não é lá muito mais clara: "Ramificação do reino animal, animais marinhos com simetria radiante (astérias, crinóides, leões-marinhos – Olhem! Uma palavra compreensível – holoturóides, ofiuróides)..." Compreenda quem puder...

Ele, Jacques-Yves Cousteau, não dizia equinodermos, mas estrelas-do-mar ou leões-marinhos. Os mesmos termos que fazem sentido e têm ressonância na consciência de cada um. Sem necessariamente fazer distinção – e talvez com uma ligeira falta de rigor –, ele guardava esses termos no mesmo saco, fato que poderia ser considerado um erro! Mas o comandante não se dirigia aos cientistas. Ele se dirigia àqueles que, como ele, descobriam um universo até então desconhecido no momento da exploração. Exprimindo-se daquela forma, ele sabia que seria compreendido por todos. Isso não é o mais importante, principalmente quando desejamos informar para sensibilizar? Na época, adotando uma atitude de quem sabe tudo, os cientistas recusaram-se a compreender. Parece que hoje a atitude deles é menos hostil a uma certa "vulgarização". Até mesmo aqueles que, na época, criticaram Cousteau, reconhecem atualmente os fundamentos daquilo que ele afirmava.

Eu teria a tendência a agir como meu pai antigamente, todavia com uma certa diplomacia. Assim, eu levaria os cientistas a participar dos trabalhos de minhas equipes, principalmente verificando a informação e também a maneira como nós a tratamos e a divulgamos. Essa idéia nem mesmo tocava o comandante. Sempre seguro de si, mantinha suas idéias sem se preocupar como seus procedimentos e pronunciamentos seriam compreendidos. A crítica também colaborava. O status de cientista sempre lhe foi recusado. Vsevolod de Romanovsky acredita que, se ele tivesse sido cientista, "teria sido eleito para a Academia de Ciências e não para a Academia Francesa"[1]. Por outro lado, ainda me espanto de ver como um homem como Romanovsky – que conheço bem – tenha podido se comprazer com ataques desse estilo.

Podemos ver nisso um elogio? Uma maneira de reconhecer o comandante como um literato? Romanovsky se esforçava em denegrir Cousteau, qualquer que fosse a esfera em que se destacasse, com tanta agressividade que terminou por parecer gratuita. Entretanto, ele se curva diante de uma exceção: "Pode-se apenas dizer que ele é um excelente mergulhador e um ótimo navegador. Todos aqueles que participaram de alguma campanha a bordo do *Calypso* sabem que se trata de um notável manobrista, capaz de navegar com grande habilidade, entre os recifes bretões e os bancos de corais dos trópicos"[2].

---

[1] Vsevolod de Romanovsky, *La face cachée de Cousteau*, *op.cit.*

[2] *Ibid.*

Nada mal, apesar de tudo. Não se pode dizer o mesmo de todos os navegadores.

Talvez Cousteau não tenha sido um "verdadeiro" cientista – reconhecimento que aliás nunca almejou –, mas um inegável intérprete da ciência, da qual era admirador fervoroso. Possuía a habilidade de compreender o jargão dos iniciados e traduzi-lo em linguagem clara, tanto em francês como em inglês. Podia compartilhar esse conhecimento com outros, especialmente quando em contato com as grandes instituições internacionais, a começar pelas Nações Unidas, a Unesco... É por isso que o mundo precisa que existam pessoas como Jacques-Yves Cousteau.

Certamente não foi o único, mas o primeiro a penetrar no universo do mar. Do mesmo modo, Haroun Tazieff também foi pioneiro ao se interessar pelos vulcões e a falar sobre assunto. Assim como Paul-Émile Victor colocou pela primeira vez as geleiras do pólo Norte ao alcance de todos. Eles souberam pegar a oportunidade, responder às questões que eram colocadas. Por isso, ficarão na memória, ainda que outros estejam na origem de descobertas e de pesquisas também interessantes. Quanto a mim, não devo minha notoriedade ao meu trabalho em si – mesmo que seja também importante –, mas ao fato de que esse se insere na continuidade do trabalho de meu pai. Por isso, como meus filhos, os seus e os do meu irmão, tenho que honrar a obra dele, prolongá-la, permanecer fiel à sua filosofia. Não por ambição pessoal, mas porque temos uma missão: nascemos com uma marca e devemos nos esforçar para que ela se irradie.

É por isso que eu me surpreendo sempre que alguém combate este homem dessa maneira. Além dos trabalhos que, sob sua direção, foram efetuados no *Calypso*, não foi também o diretor do Museu Oceanográfico de Mônaco durante mais de trinta anos? Isso significa que ele não era tão mau assim e que foi um grande servidor da ciência.

O Museu de Mônaco foi criado pela vontade do príncipe Albert I que, com a finalidade de garantir seu futuro, entregou sua supervisão à França. Conseqüentemente, a direção local desfrutava de uma certa autoridade, mas todas as grandes decisões dependiam da direção geral e do conselho administrativo, situados em Paris, na rua Saint-Jacques.

O príncipe Albert I alimentava uma verdadeira paixão pelo "seu" museu, estando sempre muito atento à repercussão que ele poderia ter no mundo científico. Como oceanógrafo e erudito renomado, nunca hesitou em participar pessoalmente de um grande número de expedições de pesquisa, que lhe permitiu trazer coleções importantes de animais e de plantas raras. Muito esportivo, era de moto que esse homem surpreendente percorria os quase 800 quilômetros que separam Mônaco de Paris quando queria discutir com a direção geral o futuro do seu museu! Nessa época – nos anos de 1900 – tanto as motos como as estradas estavam longe de proporcionar segurança e conforto como conhecemos hoje. O Museu Oceanográfico foi inaugurado, com as pompas às quais um principado faz jus, em 29 de março de 1910 – ano do nascimento de meu pai. Um sinal? Eminentes especialistas vindos de inúmeros países estavam presentes: oceanógrafos, biólogos, geógrafos, matemáticos...

Para garantir o funcionamento do museu – que ele não queria deixar aos seus únicos descendentes –, o príncipe Albert I criou, em 23 de janeiro de 1911, em Paris, o Instituto Oceanográfico, destinado à exploração científica nos mares.

Meu pai deixou oficialmente a marinha em 1957. Na realidade, a ruptura já era oficial há um certo tempo, mas, nesse ano, ele foi nomeado para a direção do Museu Oceonográfico de Mônaco pelo conselho do Instituto Oceanográfico, sob o reinado do príncipe Rainier. Pouco tempo depois de seu casamento com a rica e linda Grace Kelly, o príncipe desejava, associando-se à presença de Cousteau, juntar uma lantejoula a mais ao brilho do principado. Pior para aqueles que não param de fazer comentários depreciativos sobre o fato de o comandante do *Calypso* estar ancorado num paraíso fiscal... O salário de diretor do Museu de Mônaco lhe era pago, não pelo principado, mas pelo instituto, organismo francês oficial e, conseqüentemente, submetido a imposto!

Desse modo, da marinha ao museu, meu pai continuava, por assim dizer, funcionário. Certamente, não foi o salário – pois não tinha nada de excepcional – que o levou a aceitar o cargo. Porém, se as vantagens não eram monetárias, não se pode dizer que eram menos significativas. Na condição de diretor do Museu Oceanográfico, meu pai se beneficiava de uma elegante e confortável residência pela função: a vila Richard, que ultrapassava o penhasco ao longo do rochedo. Desse lugar, meu irmão e eu fazíamos pescas extraordinárias! Quase sempre pescávamos um pombo que se prendia na linha de nossa vara de pesca. Nossa estada nessa casa de veraneio foi curta. Meus pais preferiram se instalar num apartamento que eles haviam adquirido, no boulevard da Bélgica. Do terraço que dominava o porto, Simone podia então vigiar "seu" *Calypso*.

Assim, o comandante Cousteau assumia a direção de um belo monumento que tinha a mesma idade do que ele. Entretanto, contrariamente ao meu pai, sempre jovial, elegante, o museu estava terrivelmente velho, abandonado. Tinha grande necessidade do dinamismo do seu novo diretor para readquirir um certo brilho. Cousteau tinha, portanto, certas exigências que não deixariam de suscitar reações desfavoráveis. Mas, devido à legitimidade de suas reivindicações, não teve muita dificuldade em impor-se.

Sua primeira imposição foi a nomeação do comandante Alinat, um fiel, um amigo antigo do GERS (Groupement d'Études et de Recherches Sous-marines – Grupo de Estudos e de Pesquisas Submarinas), para o cargo de diretor-adjunto. Isso lhe permitiu continuar a navegar no *Calypso*, pois ele não tinha nenhuma intenção de abandonar suas missões e o cinema.

Trinta personalidades científicas e políticas presidiam o comitê. Todas, sem exceção, aceitaram as exigências do recém-chegado.

— Sem dúvida, eles tomaram todas as providências exigidas pelo personagem, comenta Bernard Violet, a quem um especialista da vida do Principado teria confessado que o museu era, de fato, uma casa pequena demais para o comandante: "Não havia com o que ocupá-lo oito horas por dia".

Philippe e eu estávamos muito satisfeitos com nossa vida de jovens adolescentes cujos pais rasgam os mares, pois não sofríamos nenhuma ameaça autoritária, e ficamos muito contentes com as mudanças que essa nomeação nos causou. Sem dúvida, nossa mãe também ficou feliz. Entretanto, ela nunca havia se sentido culpada de nos deixar no cais enquanto embarcava no *Calypso* para um destino longínquo, durante vários meses.

E ele? Será que meu pai ficava feliz em passar o dia-a-dia conosco? Suponho que sim, embora nosso relacionamento não fosse mais o mesmo de quando éramos crianças. Ele já não nos tirava mais de nossas camas para contar estrelas... Será que foi naquele momento que tive minha crise de adolescência sem ao menos ter consciência disso? Talvez. Em Mônaco, passei quase tanto tempo ao lado dos golfinhos, que costumava alimentar de manhã e à noite, quanto com meus pais. O comandante estava muito satisfeito de ver que o mar e seus habitantes exerciam em seus filhos a mesma atração.

Esse período foi muito agradável para nós quatro, sem falar das "honras" e vantagens que protegiam e acompanhavam a função de meu pai. Minha mãe, que detestava Paris, ficava feliz em Mônaco onde – embora preferisse os homens às mulheres –, não demorou em se tornar amiga da princesa Grace. Apesar de tudo o que possamos falar a respeito de Mônaco, e dos privilégios que beneficiam seus cidadãos, jamais tive a sensação de ser filho de um "milionário" ou de um "privilegiado". Talvez porque, nesse pequeno paraíso, todo mundo fosse rico.

Após os anos de internato em Roches, Janson-de-Sailly e Sainte-Barbe, Philippe e eu ficamos muito felizes de retornar ao ambiente familiar. Eu não duvidava – entretanto, talvez devesse – que houvesse terminado para mim as pseudoférias e o agradável desenvolvimento de meus estudos. Durante o ano do vestibular, Jacques-Yves Cousteau, que se empenhou de repente – vocês vão saber por quê – em imitar os educadores e os pais atenciosos, queria absolutamente que eu fosse aprovado. Com menção honrosa, de preferência! E, claro, nós devíamos entender que, quando o comandante queria alguma coisa, não era admissível que ele não a conseguisse... Então, sempre de maneira imprevista, não se furtava em vir me esperar na saída do liceu. Não todos os dias, felizmente, mas, nesses dias, eu sabia que não seria possível visitar meus amigos golfinhos.

Durante essa visita, eu teria direito a uma aula bem particular de física ou matemática. Retrocedendo, eu acho que ele tinha razão. De fato, eu consegui passar na primeira fase do exame, sem menção certamente, na segunda chamada de recuperação em setembro! Como a escola em Mônaco não era nada desagradável, a idéia de repetir a última série não seria nada mau. Mas, ainda uma vez, a vontade do comandante triunfou. Falta de sorte? Provavelmente. Naquele ano, um exame oral de recuperação foi o suficiente para que eu me tornasse estudante universitário. No final das contas, eu bem pouco pude aproveitar de Mônaco e de suas pompas, que, aliás, não me interessavam de jeito nenhum. Sem dúvida, era jovem demais naquela época e não mais mundano do que hoje.

Eles, meus pais, faziam sempre questão do príncipe e da princesa nas recepções que ofereciam. Isso fazia parte das funções oficiais do diretor do museu. Podemos nos alegrar pelo fato de que minha mãe e a princesa tenham se tornado amigas. Caso contrário, conhecendo Simone, seu caráter e sua fala direta, é provável que meu pai não tivesse permanecido nessa função por esses mais de trinta anos.

A Bergère só aceitava descer de seu querido *Calypso* para viver em Mônaco. Sei, entretanto, que ela não foi feliz no Principado. Penso que era feliz somente no *Calypso* cercada de homens da tripulação, longe de certas realidades da vida e das contrariedades que acarretam. Certamente, ela estava habituada aos "desvios de conduta" de seu sedutor marido. Mas, geralmente, tudo acontecia de modo que ela pudesse ignorá-los, ou ao menos fingir.

Ela permanecia cada vez mais no *Calypso*, não se privando de clamar alto e bom som: "Nenhum homem no mundo poderia me oferecer tudo o que esse barco me trouxe e continua me dando".

Ela amou esse barco tanto quanto seu marido e seus filhos. E o *Calypso* não a decepcionou nunca. Seu marido? Sim, evidentemente, mais até do que ela o teria decepcionado. Seus filhos? Nós, sem dúvida, também a contrariamos, mesmo que estivéssemos apenas tentando nos defender. Meu irmão e eu acabamos nos casando e – minha mãe não escondia –, ela não gostava muito da companhia de mulheres. Portanto, podemos imaginar o que ela pensava de suas noras! Mesmo antes de conhecê-las, de saber quem eram...

21
Amazônia

Esses anos de colaboração foram eficazes e frutíferos. Mas eu penso que a mais bela expedição que nós efetuamos juntos foi, sem dúvida nenhuma, a Amazônia. Entretanto, ela conheceu algumas dificuldades. Foi uma expedição magnífica e grandiosa, como raramente temos a oportunidade de realizar, tanto que essa região do globo evoca, como dizia meu pai, "um universo de possibilidades maravilhosas e de incertezas encantadoras".

Amazônia... Um sonho que remetia à infância para JYC. Desde sempre, ele foi fascinado por esse imenso espaço, estendido por nove países da América do Sul, sobre o qual ele acreditava tudo saber. Havia lido tudo a respeito da Amazônia, mas jamais havia pisado os pés lá.

Uma expedição dessa amplitude não se improvisa. Eu começava a ser eficaz e acostumado às dificuldades da organização, mas não teria nunca chegado ao fim de tão vasto projeto se nós não tivéssemos tido o apoio do próprio país. Havia tantas e tantas coisas a preparar, a gerar, a ultrapassar. Tantas questões – que eu nem imaginava – apareciam à medida em que eu acreditava avançar... Era um outro continente, quase outro planeta. E não somente porque o Amazonas é o maior e mais imponente rio da face da Terra.

Uma vez mais, o carisma de meu pai contribuiu. Tudo aconteceu de modo totalmente imprevisto, e tão estranho, que eu não resisto ao prazer de relatar as peripécias das quais a expedição foi uma espécie de coroamento. Esse projeto não estava escrito numa linha reta! Sua preparação teve tantos meandros quanto o próprio rio...

Tudo começou de maneira inesperada, em 1976. Geadas que o país não havia nunca conhecido caíram sobre o sul do Brasil. A região do Paraná, então a primeira produtora de café do mundo, ficou coberta de neve. As repercussões foram catastróficas, tanto na agricultura quanto na política do país. A proximidade das eleições aumentava a preocupação do governo. Grandes manifestações já estavam organizadas para convencer a população da eficácia da política do governo. O Ministério da Agricultura – de primeira importância nesse país sobretudo rural – havia previsto uma grande festa. Um show gigantesco, com vacas e cavalos... O suficiente para serem ridicularizados e apanhar nas eleições, no momento em que as colheitas acabavam de ser perdidas! Enquanto o desatino tomava conta do ministério, o jovem subsecretário do estado para a Agricultura propôs, com a inconsciência de sua idade:

– É simples: é preciso aproveitar a ocasião para reorganizar tudo e transformar a catástrofe em oportunidade!

– Você tem uma semana para encontrar uma solução, foi a resposta do governador do estado do Paraná.

Celso Claro Luís de Oliveira era inteligente, criativo e aberto... Ele partiu em busca de diversas opiniões, encontrou um sociólogo que evocava o tema da relação entre o clima e o homem... Celso abraçou a idéia com entusiasmo:

– Podemos concluir que cada região deve cultivar as plantas que se adaptam à qualidade de suas terras e ao seu tipo de clima. Assim, plantar café em todo o Brasil levaria a uma forma de suicídio coletivo. Em contrapartida, recortar o país numa multiplicidade de plantações nas quais cada agricultor cultivasse sua espécie: eis a idéia!

Logo, a televisão se apropriava do assunto, evocava a economia do estado e descrevia uma natureza sobre a qual o homem não tinha controle... Qual explicação seria melhor do que essas geadas repentinas para as plantações de café? Deus sendo o grande mestre, ele encontrava inevitavelmente seu lugar nessa nova abordagem. E Celso Claro Luís de Oliveira conservava o seu posto, propondo:

– Nós vamos organizar o primeiro simpósio ecológico do Brasil. O Paraná será o primeiro estado a abordar o assunto, a colocar questões, a propor soluções...

Em sua mente, as coisas eram claras, mesmo que sua realização fosse complicada. Ele se encarregaria da organização. Para começar, iria convidar alguns grandes cientistas e o comandante Cousteau.

Nessa época, meu pai já era conhecido e reconhecido no mundo inteiro, na América Latina talvez ainda mais do que na França.

Anos mais tarde, Celso ainda lembrava das proezas que precisou realizar para entrar em contato com o comandante. Lise Coenca, que foi sua assistente durante anos, passou praticamente seis meses ao telefone antes de conseguir que lhe transmitissem simplesmente um recado! Em Mônaco, seu porto oficial, ela ouvia invariavelmente que ele tinha acabado de sair... Ou que estava a bordo do *Calypso* ou que tinha acabado de descer... A menos que estivesse em missão... Os telex se sucediam uns aos outros sem que ninguém lhe transmitisse uma resposta positiva. E, obviamente, o tempo passava. Até o dia em que Celso Claro foi convocado pelo governador:

– Você tem seis meses para levar seu projeto ao fim. Se não, você perde seu cargo!

Não podia ter sido mais claro. Celso estava em contato com o comandante Jean Alinat, braço direito do comandante no Instituto Oceanográfico de Mônaco.

"Nós trocávamos telex quase todos os dias", disse Celso Claro. Ele tinha todo o detalhamento do projeto, que achava muito interessante.

– É um bom trabalho, dizia ele freqüentemente.

– Mas, depois de vários meses, eu havia enviado algo como oito quilos de papel, sem jamais conseguir encontrar Cousteau. Contatei, uma vez mais, o comandante Alinat, que me respondeu:

– Ele está no Japão.

"Havia urgência, portanto, eu insisti. Deixaram escapar que eu poderia eventualmente encontrá-lo quando ele passasse por Los Angeles... Sem hesitação, pulei no primeiro avião, e de fato me encontrei com o comandante Cousteau. Ele estava na galeria de seu hotel, muito ocupado em escolher uma mala! Eu, emocionado, me apresento."

– Ah, é você, o brasileiro! Me dê então uma opinião. No meu lugar, você escolheria qual das duas, me perguntou, mostrando os atributos das duas malas em comparação...

"Figura impressionante! Depois, fomos tomar uma cerveja no bar, e comecei a expor meu plano do qual ele zombava bastante... Ele estava de bom humor, alegre, eloqüente e não estava com a mínima vontade de abordar um assunto que exigisse reflexão."

– Você se hospede no hotel, não saia daqui, e amanhã de manhã, às seis e meia, conversamos...

"No dia seguinte, às seis e meia, eu estava no local de encontro. Ele também. Trabalhamos o dia todo. Ele me impressionou com a eficácia e o espírito de síntese que tinha. Ele apreendia as coisas muito rapidamente, com exatidão, clareza e precisão. Logo me expôs seu ponto de vista. Depois, me perguntou:

– O que você acha a respeito?"

"Não havia nada a dizer... Ele tinha tudo planejado. Nós então trabalhamos a noite toda, e quando nos separamos, às 6 horas, eu já podia voltar com um projeto perfeitamente estruturado e a certeza de sua presença no simpósio. Ele veio. O comandante conseguiu mais que uma vitória: um triunfo."

O teatro de 7 mil lugares estava lotado e havíamos instalado alto-falantes na parte externa, para que as pessoas que não tivessem conseguido entrar, pudessem ao menos ouvir a mensagem.

Nessa ocasião, o comandante Cousteau expôs publicamente, pela primeira vez, os "direitos das gerações futuras", carta que ele tinha acabado de rabiscar com uma caneta de ponta porosa, como de costume. A carta se compõe de quinze artigos; a cada vez que ele fazia uma pausa entre duas partes, era ovacionado. Seu sucesso durou três dias!

Foi também o começo de uma longa amizade, jamais desmentida, entre meu pai, Celso Claro de Oliveira e eu. Mas, nem ele nem eu esperávamos o que estava por vir.

Celso ficou encantado pela maneira como o simpósio aconteceu. Cheio de admiração e reconhecimento:

– Como agradecer ao senhor?... perguntou ele, ingenuamente, a JYC que emendou no ato:

– Você quer me agradecer de verdade? Eu vou lhe dizer como... Desde criança, eu sonho em fazer uma expedição pelo rio Amazonas. Você poderia me ajudar? Eu farei de você meu representante na Amazônia, no Brasil...

"Seu representante na Amazônia? A proposta era sedutora, e eu não podia recusar-lhe nada", comenta Celso hoje em dia, plácido. "Entretanto, o comandante não parecia suspeitar que, se o Amazonas atravessava parte do território brasileiro, ficava não obstante a sete horas de vôo da minha casa, o que não facilitava nem as diligências nem as pesquisas. Mas o acaso freqüentemente termina ajudando", se lembra Claro.

Estranha coincidência, eis que ele foi convidado pelo vice-ministro da Agricultura para ir a Brasília, pelo estado do Paraná, por ocasião de uma conferência proferida por Paulo Carneiro:

"Eu o coloquei a par dos sonhos do comandante Cousteau, de seu desejo de organizar uma expedição, de subir o rio Amazonas e, enquanto esperava uma expressão duvidosa, pois o projeto era pesado e ambicioso, ouvi:

– Formidável!

Uma palavra que ele adorava.

O ministro estava de saída. Generosos, solícitos e cooperativos, os dirigentes brasileiros montaram uma pequena equipe de pesquisadores, de cientistas que logo começaram a trabalhar nesse ecossistema tão particular que é o da região do Amazonas".

Se fosse para resumir esse rio em uma palavra, a mais conveniente, sem dúvida, seria a palavra "excessos". No plural, obviamente! O Amazonas é certamente o rio de todos os excessos. Primeiro, pelo seu tamanho: 6 280 quilômetros de comprimento e, em alguns pontos, 40 quilômetros de largura. É um rio onde nem sempre enxergamos a outra margem. Ele tem sua nascente nos Andes e atravessa o Peru para desaguar no oceano Atlântico. Seu volume se situa entre 7 mil e 212 mil metros cúbicos por segundo. Dez de seus afluentes são maiores do que o rio Mississipi. O rio Negro, por exemplo, é quatro vezes maior!

"Não se trata simplesmente do rio mais imponente da Terra", escrevem Jacques-Yves Cousteau e Mose Richards. "É um mar de água doce em movimento que esmaga em tamanho qualquer outro rio.[...] Uma rede colossal de enseadas, canais, afluentes, pântanos, florestas inundadas, lagos e bancos de areia... os superlativos se aplicam à selva também. [...] No coração do entrelaçamento vegetal se desenvolve a vida animal mais extravagante do globo: aranhas tão grandes que caçam os pássaros... quase a metade do total das espécies de aves do mundo inteiro... os maiores roedores, as maiores formigas, as serpentes mais compridas, o maior número de espécies de morcegos e de macacos..."[1]

No decorrer das sete horas de filme que trouxemos, podemos ouvir Mose Richards dizer a bela frase que resume bem a imbricação da vegetação, dos animais e dos homens: "Há mais olhos do que folhas..." Na selva amazônica, não distinguimos claramente os homens, mas sentimos sua presença.

[1] Jacques-Yves Cousteau e Mose Richards, *L'expédition du commandant Cousteau en Amazonie*, Robert Laffont, Paris, 1985.

Não foi nada fácil organizar a navegação do *Calypso*, pequeno navio de água do mar, nessa suposta água "doce". Apesar de tudo, as coisas avançavam quando um drama apareceu.

"Eu me lembro como se fosse ontem", disse Celso. "Como esquecer esse dia em que JYC me ligou? Eu tive dificuldade para reconhecer a voz sufocada que me dizia:

– Eu cancelo...!"

Era agosto de 1979. Philippe havia morrido menos de dois meses antes.

Celso Claro se lembra também de um novo telefonema de JYC, alguns meses depois, em janeiro de 1980:

"Com um tom alegre, ele me disse diretamente:

– Começamos amanhã! Meu filho Jean-Michel vai coordenar a expedição."

Ele me convidou, de última hora, para assistir a uma reunião a respeito do projeto. Ela aconteceria em Mônaco, sob sua direção e de Jean Alinat. Eu estava espantado. Que facilidade de recuperação! Eu estava diante do Cousteau que eu havia conhecido...

Quando retomamos o trabalho, foi necessário recomeçar quase do zero. Tratava-se de fazer as coisas com seriedade. Começamos por oficializar os acordos entre a Fundação Cousteau e o Ministério do Meio Ambiente, da Agricultura e o Conselho Nacional de Ciências, Pesquisa e Tecnologia da Universidade de São Paulo. Era preciso também reunir as associações de centenas de cientistas de todo o país...

Em 1982, enquanto o *Calypso* entrava na embocadura do Amazonas, todos a bordo estavam inquietos e apreensivos com o que podia esperá-los. O que iriam encontrar? "Dentre os que nos haviam precedido, nesse universo virgem, muitos descreveram a Amazônia como um inferno verde. Outros viram nela o Jardim do Éden. O que ela será para nós?" JYC resumia em algumas frases o que todos pensavam.

Nosso programa era interessante. O *Calypso*, que devia subir o rio, abordava o Amazonas pelo estuário. Em Belém, seus homens descobriam a mistura de água e lama, o encontro das águas doce e salgada. No mesmo instante, liderando uma pequena equipe, eu partia de onde – depois de ter estudado vários mapas e ter perguntado a opinião dos guias especialistas dos Andes – parecia ser a fonte mais longínqua do rio. Tínhamos cinco toneladas de material a bordo de um pesado caminhão de seis rodas, escoltado por um jipe fornecido pelo exército peruano. Foi preciso renunciar aos serviços de um helicóptero. O ar é rarefeito nessa altitude e o helicóptero não teria conseguido decolar depois de ter pousado. Nós devíamos escalar o monte Mismi, pouco imponente, porém mais alto do que o mont Blanc ou o monte Fuji. A subida em si não apresenta grandes dificuldades. O maior risco reside naquilo que os andinos chamam de *soroche*, um mal-estar das montanhas que provoca dores de cabeça, náuseas, vertigens. Aquele que apresentar os sintomas pode entrar em coma profundo. Pouco freqüente nos índios, que possuem grandes faculdades respiratórias, o *soroche* literalmente nos tirou o fôlego. Éramos a terceira expedição dos tempos modernos a atingir o topo do monte Mismi.

O *Calypso* e sua tripulação de um lado... Nós de outro... Os primeiros tinham o intuito de subir o rio Amazonas, os segundos, de descê-lo. Mas até onde? Até quando? O reencontro das duas equipes aconteceu seis meses depois. Seis meses difíceis, certamente, mas dos quais só me resta a lembrança das grandes amizades que nada e ninguém podiam diminuir. Que alegria reencontrar todos! E como esquecer a imagem da pequena silhueta que se desenhava ao longe? Coberta com um chapéu de palha, de pé na dianteira do *Calypso*, a Bergère nos observava aproximar. Tive um aperto na garganta ao abraçá-la. Nós nos reencontramos todos, sãos e salvos, apesar de alguns inconvenientes, machucados e picadas de insetos. Então, para festejar o reencontro das duas equipes, tirei de uma caixa a garrafa de champanhe que tinha levado, prevendo esse grande momento. Ele estava quente, a garrafa havia sido chacoalhada. Mas nós achamos que estava muito bom.

Essa expedição marca um grande momento de trabalho entre meu pai e eu. Amizade e admiração, cumplicidade e compreensão foram nossos denominadores comuns; os efeitos dessa experiência sobre a forma da nossa colaboração foram extremamente positivos. Há muito tempo me via seduzido por suas convicções. Quanto a mim, consegui despertar o seu interesse pelas questões que me inquietavam com relação às dificuldades das tribos indígenas sobreviventes, os perigos que representavam para elas o comércio da cocaína e os desgastes que não deixariam de provocar a caça e a pesca predatória no equilíbrio do rio e da floresta. O futuro desse universo impressionante e tão complexo só podia nos preocupar.

Havia muito o que estudar, descrever, filmar. Depois que nos reencontramos, JYC decidiu, então, dividir a equipe em diversos pequenos grupos, de acordo com os interesses e aptidões de cada um. Cabia a nós, a ele e a mim, fazer a locomoção e a ligação entre as diferentes equipes.

Como é que, nesse universo frondoso, denso e superpovoado de animais e insetos, soubemos selar uma nova amizade? Encontramos uma lontra gigante da Amazônia, abandonada e magra, numa bacia sórdida. Logo batizada Cacha, ela se mostrou sociável, brincalhona, traquina e ávida por peixes. Nossa lontra se entendia muito bem com toda a tripulação. "Ela foi condicionada a receber amizade e alimento por parte dos seres humanos", dizia tranqüilamente meu pai, como se isso fosse evidente. Foi por isso mesmo que, quando tivemos que devolver Cacha à vida selvagem, de onde nunca deveria ter saído, sofremos tanto. Todos nós havíamos nos apegado a ela, mas era impossível mantê-la a bordo do *Calypso*; sua presença obstruía o convés do navio, no momento em que nos preparávamos para deixar a Amazônia. Nós não podíamos, contudo, deixá-la numa região da floresta em que viviam seus congêneres, que lhe teriam feito mal. Também não dava para deixá-la na selva, porque seu conhecimento dos seres humanos e a confiança que neles depositava só podiam lhe ser nefastos, quiçá fatais. Reconhecendo-os pelo seu cheiro, ela teria corrido em direção a eles e, mesmo que a espécie seja protegida no Brasil, os caboclos não perderiam a oportunidade de tirar proveito. Vale muito dinheiro a pele de lontra!

Além disso, JYC – com seu espírito prático – se preocupava porque Cacha havia crescido. Ela atingira sua maturidade sexual e ia precisar responder ao que ele chamava de "o apelo dos genes"...

– É preciso encontrar uma companheira para Cacha, disse ele, um pouco hipócrita.

Ele sabia muito bem que provavelmente não seria possível.

Uma esperança apareceu, entretanto. Ela vinha de um jovem cientista que já possuía uma lontra, mas que também era do sexo masculino. Deixa pra lá! Se ele queria tomar conta de Cacha, ela ficaria protegida e instalada num lago sob vigilância.

Nós trouxemos, então, nosso pequeno hidroavião. Ele pousou perto de nós e a âncora foi jogada a alguns metros, esperando a estrela! No momento de deixá-la, estávamos todos emocionados. JYC e eu demos um último mergulho com ela, antes de nos separarmos. Nadamos um bom tempo com Cacha que brincava, escorregava, fingia se aproximar do hidroavião, mas sempre voltava rápido em nossa direção.

Uma linda foto imortalizou os momentos que precederam nossa separação. Melhor ainda, meu amigo Celso fez com que um pintor brasileiro reproduzisse essa foto numa tela magnífica. E acabou trazendo-a para mim durante uma visita a Paris. Pendurada em uma parede do meu escritório, ela me lembra esses preciosos minutos de cumplicidade...

JYC, a lontra e eu... Eu nunca esquecerei esse momento intenso em que, pouco depois da partida de Cacha, o comandante e eu andávamos na margem, num pesado silêncio. Após alguns longos minutos, ele parou, virou-se para mim e colocou a mão em meus ombros. Olhando nos meus olhos, disse uma dessas frases que nos dão arrepio:

– Sabe, Jean-Michel, as pessoas protegem aquilo que amam.

Depois partimos de novo para reencontrar o *Calypso.*

Durante muito tempo, fiquei assombrado – e ainda fico – com os prejuízos causados pela indústria da droga. O comércio de cocaína é próspero no país há muito tempo, quase sempre com a bênção dos serviços governamentais encarregados da sua repressão. No mundo ocidental, os jovens drogados – especialmente os que pertencem às camadas sociais mais abastadas – somam hoje em dia centenas de milhares. A ponto de o problema ser, às vezes, considerado uma "ameaça à segurança nacional".

Foi por esse motivo que quis realizar um filme. Almejava mostrar aos consumidores de drogas, aos "milionários", as conseqüências de seus atos para os povos produtores. Eu não critico o uso de drogas. Cada um tem o direito de fazer o que quiser... desde que isso não tenha conseqüências nefastas ao próximo.

Visitamos a Amazônia pela beleza de sua natureza. E nos perguntávamos com admiração: E as pessoas? Nem as vemos. Mas, a primeira poluição, a mais insidiosa, a mais perigosa, não poderia ser também aquela que corrói o espírito, o ser humano?...

Em Lima, assistimos a uma estranha cerimônia, quase um acontecimento. Algo em torno de três toneladas de pasta de cocaína, que haviam sido confiscadas, foram testadas por químicos e depois encaminhadas por caminhão a um incinerador, situado a uns 20 quilômetros da cidade. Lá, o ministro do Interior em pessoa jogou um primeiro saco ao fogo. O equivalente a várias centenas de milhões de dólares ou euros viraram fumaça... Muitos jovens peruanos são dependentes da massa de coca. Uma dependência da qual não podem se livrar. Um cirurgião, o doutor Llosa, me contou como chegou a essa solução extrema, que consiste na diminuição de uma parte da zona cerebral na qual estão concentrados os mecanismos dc motivação neuroquímica, o centro do prazer! Frente aos fracassos de todos os outros tratamentos, uma saída desse tipo pode entretanto parecer "razoável". O doutor Llosa nos permitiu filmar uma de suas intervenções. Ele operava um adolescente de 16 anos que me disse, ele mesmo, o quanto temia a dependência. Tinha medo de terminar como um de seus irmãos intoxicados que se suicidou. Revi esse jovem um mês depois. Ele estava bem, nada a observar. Um ano depois, mais uma derrota! Fiquei sabendo que ele havia "recaído" na armadilha. Não sei o que houve com ele depois. O doutor Llosa deixou claro que essa operação só era indicada em casos absolutamente desesperadores, para os quais qualquer outro método não apresentasse resultado; dependentes que, de qualquer jeito, caminhariam lentamente para a decadência e a morte. Fiquei consternado. A situação parecia ultrapassar todos os níveis de dignidade – sem querer inferir qualquer julgamento moral – aos quais esses extremos pudessem fazer chegar. Tanto de uma parte como de outra. Por um lado, há a pessoa que se destrói, sem nenhuma esperança de reabilitação, de recuperação, aquele que se mutila; por outro, o terapeuta que, diante de sua impotência em curar, tem como último recurso a mutilação para "ajudar seu paciente". Terceiro personagem, não menos forte e importante neste trio infernal: o traficante.

Nossa equipe de cineastas encontrou um deles. Um homem muito simpático, deixo claro, de uns 30 anos. Tinha curso superior, o que poderia ter lhe permitido conquistar uma situação social confortável. Num tom tranqüilo e descontraído, como se fosse normal, ele nos explicou que seus negócios lhe rendiam 2,5 milhões de francos por ano. Na época, a renda média anual por habitante era inferior a 10 mil francos... Sem comentários.

Esse episódio me desconcertou. Não podia deixar de me questionar diante dessa violência. Ainda hoje sinto orgulho do filme que realizamos sobre um assunto tão grave para o qual não se pode ficar indiferente. Pois isso não acontece só com os outros... Ninguém nunca está a salvo de um incidente desse tipo. Todos nós podemos acordar um dia, se não drogados, pelo menos parentes de uma criança que se droga.

É verdade que essa tomada de consciência suscitou diversos questionamentos, mas nós não éramos sempre tão sérios assim. Eu queria dar a esse filme uma dimensão filosófica e fazer com que ele levasse as pessoas a pensar. A presença de Guy Jouas nas filmagens levava mais à gozação do que à reflexão filosófica... Guy Jouas participava de nossas expedições como chefe de comunicações e engenheiro de som. Era um amigo muito querido, infelizmente falecido depois. Jouas brincava bastante, mas suas brincadeiras não eram sempre de bom gosto. Assim, enquanto rodávamos uma seqüência no aeroporto de Lima, uma viatura de polícia chegou com urgência. Cantando pneus, barulho de sirenes... Os policiais desceram correndo do carro; arma em punho, eles se lançaram no rastro de algum bandido que corria mais rápido do que eles. Jouas se aproximou da viatura sem nenhum cuidado... Eu devia ter desconfiado!

Os policiais voltaram alguns minutos depois. Quando abriram a porta para entrar no carro, uma explosão ecoou, desencadeando instantaneamente o pânico. Guy Jouas havia colocado bombinhas na porta do carro! Os policiais estavam furiosos e nós esperávamos pelo pior! Porém, eles foram embora sem suspeitar de nós. A imaginação de Guy era inesgotável, mas como ficar bravo? Ele era sempre gentil e descontraído; eu me dava muito bem com ele.

Quando descíamos o Amazonas numa grande canoa pneumática, ele foi devorado pelos mosquitos e se coçava muito, até sangrar! Alguns dias mais tarde, estupefatos, vimos insetos saírem voando de suas feridas! As moscas haviam depositado ovos nas crateras causadas pelos mosquitos que Guy havia coçado!

Na volta de uma expedição no Canadá, Guy Jouas se superou. No golfo do Maine, havíamos enfrentado uma terrível tempestade. Foi a única vez na minha vida em que cheguei realmente a acreditar que o barco ia afundar e que nós ficaríamos lá. Cada onda que atingia o *Calypso* congelava imediatamente, triplicando os cabos que ficavam grossos como uma coxa. Foi preciso quebrar o gelo a golpe de machado, sem parar, vinte e quatro horas por dia. O barco balançava para todos os lados, os pequenos reservatórios, molhados, a água entrando por todos os lados. Foi terrível! Mesmo com as bombas de água em atividade contínua, o *Calypso* parecia uma verdadeira peneira. À noite, enquanto eu permanecia de guarda, coloquei as minhas botas que estavam ao pé do meu reservatório, mas... era impossível sair do lugar: Guy tinha pregado as botas no chão... Ele era assim, Jouas nunca tinha poucas idéias.

Aliás, naquela noite, as surpresas ainda não haviam acabado. Convencido de que íamos afundar, meu dever era de avisar o comandante. Bati na porta de sua cabine. Sem resposta. A tempestade estava aumentando e eu pensei que ele não ouvia. Eu então abri a porta. Aí, surpresa! Bem na minha frente, pálidas na penumbra, se desenhavam as nádegas de JYC, que rastejava no chão! Sentindo o frio se intensificar de repente, ele se voltou para mim e disse calmamente:

– Jean-Michel? Mas que diabos você está fazendo aqui?

Na mão esquerda, ele segurava um pequeno pote, na mão direita, um pouco de terra...

– O cacto da Bergère caiu...

Pegá-lo do chão para colocá-lo no potinho era sua preocupação principal, enquanto o *Calypso* parecia estar perdido.

Eu o deixei lá e fechei a porta da cabine. Pelo menos que ele não tomasse friagem. Alguns minutos mais tarde, o comandante tomava as rédeas de seu barco e nos mandava mudar de direção.

Se contarmos o tempo de gestação, de preparação, o tempo que passamos na região, os programas de televisão, os livros, a conferência e todo o resto, a expedição na Amazônia teria mobilizado vários anos de nossas vidas. Nós nos dedicamos muito a ela. Será que eu saberia resumir tudo o que ela trouxe a todos nós? O comandante, que a tinha desejado tanto, que sonhara com ela desde sempre, não está mais aqui para contar. Eu lamento realmente. Entretanto, os que nos acompanharam partilham do meu entusiasmo.

Assim, enquanto estávamos espalhados em pequenos grupos ao longo do Amazonas e de suas muitas ramificações, alguns de nós encontraram os índios Jivaros Achuaras. Podemos localizá-los ao norte do Peru, a cavalo, na fronteira reivindicada pelo Equador. Tive a oportunidade de fazer parte desses poucos privilegiados e passar um certo tempo entre esse povo generoso, curioso sobre qualquer outra civilização e também bravamente desejoso de preservar a deles. Esse encontro desconcertante foi daqueles que marcam para sempre os que tiveram a oportunidade de vivê-lo. Foi sem dúvida um dos mais impressionantes e ricos no decorrer de uma expedição que não nos poupou descobertas. Eu me lembro especialmente da hospitalidade generosa com a qual fomos recebidos, numa aldeia onde o chefe não hesitou em esvaziar uma cabana para que nós nos instalássemos. Esse povo, que corta as cabeças de seus inimigos antes de fervê-las e reduzi-las, são os mais acolhedores que já tive a oportunidade de conhecer.

Amizade à primeira vista – elas são raras e tanto mais preciosas – entre Kukus, o chefe dos Jivaros, e eu. Passadas as cerimônias, abordamos assuntos sérios, que eram importantes para ele, pois se referiam à sobrevivência de sua tribo. Eu escutava, fascinado, esse homem que me fazia descobrir um mundo misterioso, rico e generoso. Kukus teve um impacto extraordinário sobre nós, em mim especialmente, comparável ao impacto que teve meu pai. Ele me abriu os olhos a respeito de atitudes que devemos combater e não deixar passar em branco.

O que me contou a respeito da maneira como o território dos índios havia sido literalmente usurpado despertou em mim um sentimento de vergonha. De revolta também, diante da miséria desses indivíduos destituídos de sua própria identidade. Os indígenas não têm documentos de identidade. Eles são tratados como escória, baratas ou tapiras... não como seres humanos.

Kukus me impressionava também por sua sabedoria e seu conhecimento da natureza. Mostrando as árvores que o povo de sua aldeia havia plantado, ele me disse:

– Eu não as verei crescer o suficiente para que possamos utilizálas, meus filhos também não e os filhos deles tampouco. Mas os filhos dos meus netos, estes sim poderão se beneficiar delas. E você vê este daqui – disse ele designando um arbusto ainda frágil – dará uma boa canoa!

Ele já sabia! Para mim, era a constituição não escrita do futuro da espécie humana, essa consciência que permite administrar os recursos naturais, um investimento no futuro... À medida em que utilizam a natureza, eles a substituem; é, sem dúvida, instintivo. Nós perdemos esse instinto. Nós cortamos, arrancamos, destruímos, mas não colocamos nada no lugar!

Kukus era um personagem interessante e complexo, com um largo sorriso, a ingenuidade de um garoto e um senso agudo de responsabilidade. Todo mundo o respeitava. Como nós simpatizamos um com o outro, ele me levou a um xamã, que vivia longe de sua aldeia, isolado na selva. Quando chegamos no território do xamã, Kukus entrou, enquanto eu, com meus costumes ocidentais, fiquei esperando na porta que me convidassem. Esperei, esperei... durante um tempo que me pareceu muito longo, que me permitissem entrar. Depois, o xamã saiu e, com grandes gestos, veio em minha direção, me explicando:

– Só meus inimigos ficam do lado de fora.

Isso significava: se você é meu inimigo, você não pode entrar. Mas se você é meu amigo, você está em sua casa e pode entrar quando quiser, eu nem preciso convidar você.

Antes de chegar na casa do xamã, perdido na selva, havíamos seguido uma vala na qual um oleoduto transporta petróleo: "Razão principal", como me explicou o presidente Belaúnde, "pela qual ninguém, jamais, quis reconhecer os indígenas". Reconhecê-los significaria ter de dar-lhes o direito aos *royalties* do petróleo e ceder-lhes as terras. Seria preciso levar em conta suas eventuais exigências. Sobre o oleoduto, Kukus andava a seis ou sete metros na minha frente, nesse estranho silêncio da Amazônia, povoado por gritos de pássaros, por barulhos de insetos e atrito de folhas... Subitamente, ele parou, se voltou para mim, apontou o dedo para a grande tubulação e me disse:

– O sangue de minha tribo escorre neste oleoduto...

Depois, num silêncio ainda mais pesado, retomou sua marcha. Desconcertante. Pensei que talvez devesse fazer alguma coisa para ajudá-los, a ele e aos seus. Mas o que podia fazer por eles? E como?

Com Luis Uriarte, nosso intérprete, antropólogo especializado nos Jivaros – Luis fala a língua deles –, procuramos saber como as coisas aconteceram, como as terras haviam sido invadidas pelos petroleiros sem o conhecimento dos índios. O que poderíamos fazer para que lhes fossem devolvidos a dignidade e seus documentos de identidade?

Eu me meti nessas diligências, a ponto de manter uma espécie de jornal – era mais um diário no qual fazia algumas anotações para me lembrar e marcar minha desaprovação. Sentia-me ultrajado pela sorte que lhes era imposta! Eu me tornei de certa forma o "porta-voz" dos índios Jivaros Achuaras, decidindo tentar o impossível para tirá-los desse estado de "não-existência" ao qual estavam condenados. Eu queria organizar um encontro entre Kukus, o chefe da tribo indígena, e o presidente do Peru. No que isso iria dar? Não fazia a menor idéia. Mas eu sabia que devia fazer de tudo para conseguir essa reunião. E consegui, depois de muita insistência...

Para começar, levei Kukus de barco até um vilarejo que desempenhava o papel de distrito local. Tratava-se de "oficializar" a existência dos índios e, conseqüentemente, seus direitos sobre as terras em que viviam há muito tempo. Eu queria também conseguir que eles fossem recenseados, que tivessem documentos de identidade... Em seguida, fomos até Iquitos, a capital da província, onde cumprimos todas as diligências, preenchemos formulários... Isso se desenrolou relativamente bem e nos motivou a ir até o governo federal, em Lima.

Iquitos fica na selva; Lima, no Pacífico. Entre os dois, há a cordilheira dos Andes. Era preciso pegar um avião... Um mês depois, estávamos, Kukus e eu, no aeroporto de Iquitos, para irmos a Lima.

Kukus havia arrumado sua pequena mala, quer dizer, sua caixa de maquiagem. Ele estava sensacional: pés descalços, a cabeça coberta de plumas, vestido com um tipo de calça que uma de suas esposas havia costurado para a ocasião. Com um pouco de medo também. Ele ficava bem ereto, o olhar seguro. Subitamente, percebi claramente tudo o que estava descobrindo ao caminhar pelo aeroporto. Uma escada... Um andar... Ele nunca havia visto nada disso. Estávamos um pouco adiantados e esperávamos no meio da multidão quando, de repente, ouvimos uma voz saindo de caixas pretas. Kukus descobriu os alto-falantes! Tudo isso tinha para ele um lado absolutamente mágico. Subimos um andar, até um terraço. Eu o convidei a sentar numa mesa para beber alguma coisa. Nesse momento, um DC8 pousou com um alarido tremendo. Paralisado, Kukus o olhava, silencioso. De repente, ele se inclinou para mim e disse:

– Oooh, mas eu o vi... no céu!

Durante toda a sua vida, ele havia visto o rastro branco que deixam os aviões que passam. Ali, acabando de sair de sua aldeia, ele ligava as coisas!

Uma vez instalados a bordo, perguntei ao comandante do avião se seria possível visitar a cabina de comando, como se fazia na época. Alguns instantes mais tarde, começávamos a sobrevoar os Andes, cobertos de neve. Kukus olhava, fascinado, e se voltou para mim, impressionado:

– Mas... onde estão as árvores?

Ele não imaginava que pudessem existir lugares sem árvores na face da Terra.

Em Lima, almoçamos no hotel Bolivar. Kukus comia pouco. Ele experimentou cada um dos pratos que lhe ofereceram, mas não parecia gostar de nada. No momento em que terminávamos nosso almoço, um garçom nos trouxe uma garrafa de champanhe.

– A direção fica feliz em oferecê-la a vocês...

Eu tive vontade de rir. O que podia significar o champanhe para Kukus, que nunca havia bebido? Não era, entretanto, a primeira garrafa que ele via. Alguns meses antes, em Iquitos, ele tinha me perguntado sobre essa rolha que, sob seu chapéu de fio de ferro, é pequena quando sai do gargalo da garrafa, depois entra lentamente, até ficar grande. Eu lhe expliquei, então, a maneira como se produz o champanhe, assim como o engarrafamento. Eu havia lhe falado também a respeito dessa tradição da região de Champagne, na França, que diz que, quando dois amigos abrem uma garrafa de champanhe, um fica com a rolha, que chamamos de "passarinho", e o outro guarda a "gaiola", ou seja, o fio de ferro em torno da rolha. Sem esquecer de frisar, terminando minha pequena história: "Quando os dois amigos se reencontram, aquele que não está com o passarinho – ou seja, que está com a gaiola – fica encarregado de oferecer a nova garrafa de champanhe que eles vão estourar". Naquele dia, Kukus tinha levado o "passarinho".

Então, enquanto o maître do hotel estourava a garrafa, bem contente de importuná-lo, eu mostrei a gaiola a Kukus e lhe perguntei:

– Você teria o passarinho?

Nenhuma resposta. Momento de silêncio. Kukus havia certamente esquecido a minha pequena história... Eu o vi remexer em sua bolsa de onde, logo, com um sorriso nos lábios, tirou uma rolha: o passarinho de nosso encontro precedente que ele havia guardado. Seu gesto era fantástico. Que inteligência, que sensibilidade! Que abertura para os outros e seus costumes! Se fôssemos capazes de tal escuta, nós que acreditamos ser superiores...

Às 16 horas daquele dia, tínhamos uma reunião com o presidente Belaúnde. Para não esquecer nada e nada deturpar – o tempo que passa quase sempre modifica a percepção que temos no instante –, cito aqui as notas do jornal que eu havia escrito, diariamente, do primeiro ao último dia dessa expedição na Amazônia:

"O presidente Belaúnde é amável, realmente interessado, mas dos mais reservados quando se trata de se engajar. Afirma seu apoio ao direito dos indígenas e fala em visitar vários lugares na selva. Declara que é importante que todas as culturas do Peru moderno sejam representadas com cuidado.

"Kukus olha à sua volta, sem se mexer, o elegante escritório, enquanto o presidente fala. Uma vez terminadas as observações desse último, o velho índio faz, com a ajuda de Luis Uriarte, uma exposição da situação insustentável de seu povo, das plataformas petroleiras e das chateações com os militares. Dois homens mais ou menos da mesma idade, cada um representando um povo... Nenhum dos dois é totalmente consciente das forças complexas que comandam a ação do outro..."

Kukus evocou o desespero indígena. Falou do fato de que eles não tinham nem documentos de identidade, nem títulos de propriedade. Eles não existem oficialmente, pois não foram recenseados; são como animais da selva em que vivem, como as tapiras e as capivaras!

Eu concluí: "Talvez nunca saibamos se esses trinta minutos tiveram alguma conseqüência, se o presidente escutava, se ele teria um dia o poder de controlar o avanço dos petroleiros no ambiente dos Jivaros Achuaras. Resta que o encontro parece ter sido um passo em boa direção".

Depois de longos debates, ao fim da entrevista, o presidente me diz, com um tom aflito:

– Ah, eu compreendo bem seu pedido... Mas você sabe, os governos, os chefes de Estado não podem fazer nada contra as grandes instituições...

Impressionante e instrutivo! Alguns anos antes, a milhares de quilômetros dali, no grande escritório do palácio do Élysée, o presidente Pompidou havia dito ao comandante:

– Ah, eu compreendo bem seu pedido... Mas você sabe, os governos, os chefes de Estado não podem fazer nada frente às grandes instituições...

É de se acreditar que ele dizia a verdade.

Nesse dia, mostrei a Kukus como era o meu mundo. O mar, que ele nunca tinha visto, de cuja existência ele nem desconfiava. Esse era, talvez, o mais belo presente que eu podia lhe oferecer.

Chegamos numa grande praia. Estacionei o carro e descemos até a areia, entre os rochedos. Eu o guiei pelas ressacas, enquanto a noite caía rapidamente. Kukus experimentou a água salgada e riu da surpresa... Ele olhava para o horizonte, o mais longe que podia. Depois me perguntou:

– Onde está o outro lado do lago?

Eu então expliquei a ele:

Não é um ribeirão, nem mesmo um rio. A outra margem está longe demais para que possamos ir de canoa... Isso se chama mar... É o oceano Pacífico.

Ele só fez uma pergunta:

– Para onde vai essa água?

O que lhe responder?

– Para todo canto.

Kukus se inclinou para tocar essa pequena franja branca que acompanha a água quando esta encontra a terra.

– Para onde vai essa água? perguntou ele novamente.

– Para todo canto... Essa água vai para todo lugar...

Como esquecer essa imagem? O chefe dos legendários Jivaros Achuaras, a cabeça enfeitada de penas de *aras macaos*, o rosto pintado com gordura de *achiote,* a coluna ereta e rígida como se ele fosse uma estátua em memória de seus ilustres ancestrais, observando a imensidão do Pacífico. Nesse homem, nesse ser vivo, cada componente da floresta, rica e misteriosa, afronta cada elemento instável e tumultuado do futuro.

Extraordinária presença, imemorável singularidade na extremidade do resto do mundo...

Algumas semanas mais tarde, eu terminava meu diário e resumia nossa expedição na Amazônia: "Um desses momentos raros e serenos em que a distinção entre os fins e os princípios se embaralha..."

Estava então longe de suspeitar que eu poderia logo, Deus sabe porque, aplicar essa frase a novas ligações que iriam subitamente se estabelecer entre meu pai e eu...

Hoje, depois de mais de vinte anos, sob o olhar de Cacha pendurado na parede do meu escritório parisiense, Celso e eu, com o entusiasmo de dois garotos, alimentamos um sonho que pode parecer um pouco louco. Um pouco louco, mas apaixonante. E realizável também. É por isso que nós nos fizemos seriamente a pergunta:

– E se nós organizássemos uma nova expedição na Amazônia? Apenas para ver como as pessoas e as paisagens mudaram.

É tentador...

22
Os fracassos

Durante toda sua vida, meu pai foi adorado, venerado... E contestado. O homem mais amado dos franceses foi também um dos mais criticados.

Nenhuma de suas ações, de suas empreitadas deixou de ser profundamente analisada e comentada de forma ao mesmo tempo elogiosa e malevolente. É evidente que um espírito fora dos padrões desconcerta e incomoda. Só os que nada empreendem se acham perfeitos, tendo inclusive toda liberdade de "procurar problemas onde não há", agir de má fé, criticar, inventar... Às vezes, mentir também.

O comandante Cousteau estava longe de ser perfeito – ele só era mais humano – e algumas críticas a seu respeito eram fundamentadas. Entretanto, nem sempre foi o caso. Além do mais, nada dava certo por milagre, como nós sempre gostávamos de dizer. Certamente, esse homem tinha talento e imaginação, mas não hesitava em pagar pessoalmente por isso. E, se conheceu um sucesso bem merecido, experimentou também fracassos dolorosos.

Mencionar o primeiro me diverte, embora o termo "doloroso" não seja exatamente o mais adequado. Meu pai tinha desenvolvido um patinete a motor, uma dessas engenhocas que se vêem freqüentemente nas ruas hoje em dia, mas que na época parecia vanguarda. Esse patinete possibilitava pequenos deslocamentos rápidos sem se cansar. Chegando ao destino, o usuário podia dobrá-lo dentro de uma maleta para essa finalidade, dando o mínimo de incômodo. Era sobretudo um meio de manter uma postura digna frente a seus interlocutores! Na época, tratava-se de uma inovação, testada por meu pai em Mônaco, no pátio interno do museu. Ele foi até muito aplaudido! Contudo, o instrumento nunca foi comercializado. Mais uma vez, meu pai estava à frente de sua época. Podemos, por isso, ver nele um visionário? Não saberia dizer. O fato é que seu patinete terminou não conseguindo seduzir seus contemporâneos. Mas, esteja ele onde estiver, em cima ou no fundo do mar, imagino o sorriso maroto que ele não deve deixar de dar ao ver, hoje em dia, os muitos adultos que andam de lá para cá em objetos desse tipo. Eu o ouço chacotear e comentar, com uma satisfação não dissimulada: "Quando eu era criança, todo mundo estava certo de que no ano 2000 nos locomoveríamos em discos voadores... Hoje, alguns anos mais tarde, ainda estamos andando de patinete!"

A experiência do *Argyronète* seria considerada um fracasso? A resposta é sim, se nos basearmos no plano administrativo, especialmente o da exploração, mas não no plano técnico.

No final dos anos 1960, o CNEXO (Centre National d'Exploitation des Oceáns – Centro Nacional de Exploração dos Oceanos), concluiu a obra de um novo submarino: o *Argyronète*. A realização foi delegada ao CEMA, na época dirigido pelo meu pai.

A criação e a realização desse submarino inscrevia-se na seqüência lógica das "casas Précontinent", as famosas "pulgas" e outras naves submarinas cujo sucesso deixava entrever um campo de ação sempre mais vasto para o homem. Na opinião de meu pai, em breve seria possível viver melhor, e por mais tempo, sob o mar...

Argyronète... A palavra é bonita. E evocativa também. Para a tradição helênica, simboliza uma aranha do mar tecendo a campânula de seda sob a qual reserva o ar que foi buscar na superfície. Uma aranha usando a água e o ar para tecer a teia que a protege... Havia aí com o que seduzir cientistas e homens de negócios! Foram, portanto, muitos os que se interessaram por esse projeto, que significava um importante avanço tecnológico. Não estou certo de que tenhamos feito algo melhor desde então.

Em algumas palavras, o *Argyronète* era uma espécie de síntese entre a exploração industrial dos oceanos e as diferentes técnicas que permitiam ao homem viver no mar.

Seu potencial operacional era múltiplo. Graças a ele, seria possível uma equipe trabalhar e viver sob o mar. As missões submarinas, de curta ou longa duração, poderiam então ser numerosas e diversificadas, quer se tratasse de transportar material ou de realizar uma missão de reconhecimento ou observação. A estrutura, que podia descer a seiscentos metros de profundidade, continha uma "casa" onde era possível viver em quatro pessoas. Haveria então uma equipe rotativa que se revezaria para trabalhar na parte móvel. A comunicação entre os dois elementos – a "casa" e a popa – se efetuaria através de um túnel.

O *Argyronète* media 27,8 metros de comprimento, 6,8 metros de largura, 8,5 metros de altura, para um peso de 250 toneladas. Essa estrutura que tinha forma de submarino me seduzia ainda mais porque tinha a capacidade de acolher essas famosas "casas", que estavam na origem de meu interesse por uma nova forma de arquitetura, a submarina.

Infelizmente, a invenção inovadora nunca obteve os créditos esperados e não foi comercializada. O governo da época, que havia prometido conceder as subvenções necessárias, esquivou-se no último momento. Não era raro que meu pai, capaz de mostrar algumas sutilezas, não se mostrasse tão diplomático quanto a situação o exigia. Os hábeis ataques verbais foram muitas vezes seus melhores aliados, mas às vezes também seus piores inimigos. Foi assim, porque estava certo de seu efeito, que o comandante teve um prazer astuto de retorquir àquele que lhe propunha tomar a direção do CNEXO:

"Prefiro continuar um homem livre a ter que me tornar um cachorro doméstico a serviço do Estado". A dita direção foi então confiada a um outro ex-oficial da Royale, o comandante Yves la Prairie.

As relações entre os dois homens, cujos pontos de vista já eram tão diferentes, deterioraram-se rapidamente. Coisas demais os separavam, particularmente a veneração sem restrições que La Prairie nutria pelo general De Gaulle. Meu pai, bem ao contrário, nunca escondeu sua opinião sobre este último, a quem censurava não só por não ter estado presente lá onde o esperávamos nos anos 1940, mas também por ter pedido a condenação de seu irmão à morte, na Liberação. Mesmo se JYC não aprovasse muito as simpatias e as tomadas de posição de Pierre-Antoine, ele ainda era seu irmão. Como poderia ele não ter restrições, mágoa do homem que desejava a cabeça dele? Ele até chegou a suspeitar que La Prairie fosse em parte responsável pela má fé do governo da época, com o qual seu irmão teve contas a ajustar. Daí a tê-lo, mais tarde, como responsável pelo fracasso do *Argyronète*...

O governo de Georges Pompidou havia confirmado sua participação no projeto, desembolsando uma soma de dinheiro. Alguns meses mais tarde, o montante se revelou insuficiente: O *Argyronète* custaria mais caro do que o previsto. Em seu novo pedido, com um sorriso magro no rosto, meu pai obteve do presidente da República esta única resposta:

– Comandante, eu nunca dou duas vezes!

Apesar de ter feito promessas, o Estado francês tomava a atitude de não sustentá-las. Por causa disso, o Cema se viu na obrigação de suspender a construção do *Argyronète*.

Os engenheiros e os técnicos que trabalhavam no projeto há vários anos foram, portanto, demitidos. Meu pai sentiu como um fracasso pessoal essa fraqueza e esse recuo do Estado francês, que concretizava a velha máxima: "Ninguém é profeta em seu próprio país". Foi subitamente para ele uma espécie de revelação. Era o fim do *Argyronète*? De acordo. Mas, pela seqüência lógica, era a porta de saída também para o comandante Cousteau. Havia muito tempo que sua presença era requisitada no exterior, principalmente nos Estados Unidos. Ele iria então atender ao convite dos norte-americanos... Foi o início de sua carreira além-atlântico!

É por esse motivo que ainda me revolto quando ouço dizer que o projeto *Argyronète* foi um fracasso. Só o foi administrativamente, por obra de uma manipulação sobre a qual prefiro não me estender.

Ninguém poderia colocar em dúvida os recursos e atributos técnicos dessa impressionante máquina que ainda hoje podemos chamar de futurista. Aliás, o projeto não foi completamente abandonado. Cerca de vinte anos mais tarde, ele foi retomado, reorganizado e logo comercializado pela Comex; havia sido, obviamente, "revisto e corrigido", mas não se pode negar que a paternidade da idéia nos remete ao comandante Cousteau e aos seus engenheiros.

Não nego os fracassos de meu pai. Posso afirmar, inclusive, que algumas de suas orientações me atingiram, principalmente aquela que dizia respeito às possibilidades de integração dos mamíferos marinhos à vida em aquário. Segundo o comandante, todos podiam se adaptar sem dificuldade. Eu, na época, acreditava nele piamente, talvez porque ainda fosse adolescente e me faltasse adquirir experiência própria. É, portanto, com total conhecimento de causa que passo a demolir as idéias de meu pai sobre esse assunto, ainda mais facilmente pelo fato de que seus testes demonstraram, em diversas ocasiões, o contrário do que ele pretendia! Mais tarde, é verdade, ele teve a inteligência e a honestidade de reconhecê-lo. Somente mais tarde, contudo.

Fui, sem dúvida, o primeiro a censurar essas afirmações nem racionais nem comprovadas. Eu mesmo assisti a essas experiências e aconteceu-me de experimentar alguns sentimentos de amizade por um mamífero. Já falei sobre essa época... Estava saindo da adolescência, quando meu pai foi nomeado diretor do Museu Oceanográfico de Mônaco. Como meu irmão, deixei o colégio interno para continuar minha educação em Mônaco. Foi para mim um ano muito importante, pois eu preparava o *baccalauréat*. Foi também nesse momento que eu descobri o gosto, além do prazer, de viver novamente com meus pais, de ter uma certa liberdade de movimentos. Então, de manhã, assim que terminava o café, em vez de correr para o liceu, eu fazia uma curta escala no museu, cuja porta estaria certamente fechada para mim, se meu pai não fosse o diretor. Lá, na pequena piscina, tinha um encontro com um golfinho que eu não perderia por nada no mundo. Sempre o mesmo. Ele também era pontual, gentil e afetuoso. Entretanto, toda manhã, quando eu me sentava na beira da piscina, eu sentia, pelo modo como me olhava ao se aproximar, que alguma coisa não ia bem. O quê, precisamente? Eu era incapaz de definir e de exprimir. Só podia dizer aos monitores:

– Ele não está bem...

E eu pedia para que chamassem o veterinário a quem eu repetia somente:

– Ele não está bem...

Atencioso, compreensivo, o veterinário auscultava cuidadosamente o golfinho, depois me tranqüilizava:

– Tudo vai bem, eu te asseguro...

Assim, eu o fiz vir diversas vezes, durante uns dez dias. O golfinho nunca acusava nada, nenhuma patologia. Entretanto, numa manhã, quando cheguei, meu amigo golfinho boiava na piscina, com a barriga para cima. Ele estava morto. De noite, subitamente largado à própria sorte, ele havia nadado a toda velocidade, de um lado para outro no aquário, e tinha se jogado de cabeça contra a parede, até arrebentá-la. Por quê? Podemos fazer suposições, algumas perguntas... Sem dúvida, ele já estava neurastênico e o cativeiro não ajudou em nada. Talvez ele não estivesse suportando a solidão, a separação dos seus congêneres...

Porém, o caso de meu amigo não foi o único. Numerosos são os golfinhos, baleias e outros mamíferos em cativeiro que aparecem de repente assim, boiando, inertes porque acabam de se suicidar. Não é acidente. Pode-se até mesmo dizer que são conscientes do que fazem, já que esperam sempre a noite e a solidão para agir. Durante o dia, nada permite o presságio de tal comportamento. Somente à noite, após a saída dos monitores, que eles se deixam levar por esses atos de desespero que atestam sua "complexidade intelectual".

Eu era novo ainda, os guardas não quiseram que eu demorasse, que eu pudesse constatar a pele rasgada, o corpo despedaçado desse golfinho com quem eu vinha "bater papo" de manhã e de noite. Não fiquei pouco impressionado. Essa perda marcou uma mudança considerável nos meus pensamentos e também no meu comportamento.

Desde essa época, rejeito energicamente tudo que diz respeito à captura de animais selvagens, quaisquer que sejam as condições. A piscina do Museu de Mônaco foi toda planejada para que a melhor adaptação ao cativeiro fosse possível, para que os golfinhos se sentissem realmente em seus *habitats*. Os monitores eram muitos, atentos a todos os animais, para que recebessem os melhores cuidados e a alimentação mais adequada. Em pé na piscina, todas as manhãs um monitor pegava "seu" golfinho nos braços para passear ao longo das paredes, para que ele tomasse consciência dos muros que limitavam seu campo de ação. Tinha de compreender que o muro era limitado e que, ao se aproximar muito dessas "fronteiras", com certeza se machucaria. Era sem dúvida a melhor maneira de fazê-lo compreender a realidade de sua nova vida.

Mas, agora, sabemos que são muitos os mamíferos marinhos que não suportam sua condição de cativeiro, por mais bem planejadas que sejam. O comportamento do golfinho a quem eu havia me apegado não era, portanto, um caso único. Porém, ele me marcou para sempre.

Hoje, ainda, ver os animais em cativeiro é insuportável para mim. No circo, por exemplo, o espetáculo daqueles elefantes fantasiados de bailarinas, enfeitados com um "frufru" e usando uma tiara de plumas é inaceitável! Eu reconheço, entretanto, que gostava de ir ao circo, como todos os garotos. Eu aplaudia sem reservas esses pobres animais a quem se pedia para imitar os humanos. E eles faziam tão bem, meu Deus! Mas, hoje em dia, minha infância já está bem longe e eu suporto cada vez menos o triste papel que os circos reservam aos animais. Faço, entretanto, uma ressalva: o Cirque du Soleil. É um grupo franco-canadense que dá a volta ao mundo com várias unidades do circo, sendo que uma delas fica permanentemente em Las Vegas. São seres humanos vindos dos quatro cantos do mundo, que desempenham o papel dos animais. Homens e mulheres executam os "números" que normalmente seriam dos bichos e se expressam em uma linguagem que não entendemos. Esses garotos e garotas cantam, dançam, interpretam, fazem trapézio... como os animais nos outros circos. Essa paródia executada pelo ser humano, essa espécie de mundo do avesso, encanta-me. A troca de papéis é fantástica e faz surgir impressionantes visões. Guardo especialmente a lembrança de uma grande águia flutuante, de asas abertas, num meio ambiente de nuvens de tule... Um pássaro? Não, um homem. A imagem era magnífica.

O suicídio de "meu" golfinho fez-me compreender, muito rapidamente, que existem três categorias de animais. Cada uma reage a seu modo, de acordo com seu próprio temperamento. Alguns se adaptam passivamente ao cativeiro. Outros morrem muito rapidamente, muitas vezes vítimas de uma gangrena: terminam se cortando ao esfregar-se com força nas paredes do aquário, e as feridas infeccionam. Mesmo que se revoltem contra o cativeiro, não conseguem lutar o suficiente contra a doença. Os últimos não sabem muito o que fazer, que atitude tomar... Não aceitam realmente a situação, mas não se revoltam abertamente. Nós os consideramos passivos, de certa forma dóceis, mas não é verdade. Quando ficam sozinhos, largados à própria sorte, deixam-se levar pelo desespero. É nesse momento que, como meu amigo, eles se jogam contra as paredes desse reservatório que se tornou o novo universo. Não se vê nada acontecer, nenhuma frustração identificada e, no entanto, numa manhã, são encontrados mortos... Alguns vão dizer que estou fora da realidade... Mas por que não admitir aos animais comportamentos dos quais o homem é capaz?

Existe um outro fracasso que eu gostaria de mencionar aqui. Como descrever o *Amphitrite*? Uma construção marinha que eu compararia a um gigantesco zodíaco de 15 metros de comprimento. Impulsionado por algo em torno de seis a oito motores, a peça foi concebida para servir de base a uma "nave submarina". Bastava abrir o casco pelo meio para que ela escorregasse para a água! A demonstração das qualidades e atributos desse estranho habitáculo foi feita sob os melhores auspícios. A princesa Grace de Mônaco em pessoa, protegida por um guarda-chuva segurado pelo marido, lançou a garrafa de champanhe que devia batizar o *Amphitrite*. Mas como uma garrafa iria poder se despedaçar – foi pela mão de uma princesa –, se foi jogada contra uma película mais ou menos mole? O evento aconteceu em Nice, não na baía dos Anges, como se pode imaginar, mas nas ruas da cidade, com uma escolta de policiais e de bombeiros. Depois, houve alguns testes, mas eles foram pouco animadores e o projeto foi abandonado. Que desperdício de energia! Esse foi um fracasso tremendo.

The Cousteau Group foi uma obsessão para meu pai. Uma obsessão de curta duração é verdade, mas que terminou numa decepção mordaz. Esteve na origem do primeiro enfrentamento grave que tive com meu pai e que, aliás, terminou com a minha demissão da empresa Cousteau, menos de um ano depois.

Hoje, entretanto, existe um Cousteau Group de sucesso internacional. São músicos ingleses que já citei anteriormente e que prestam homenagem ao comandante. Isso certamente o agradaria!

Assim, num tom bem descontraído – o mesmo que usava para dizer: "E se projetássemos uma nova expedição" –, um belo dia, eu ouvi meu pai dizer:

– Por que não entrar na Bolsa americana?...

Eu levei um susto do tamanho de um bonde, já que era muito inesperado vê-lo se interessar por um assunto sobre o qual era totalmente ignorante. Até esse dia, a Bolsa havia sido a última de suas preocupações! Por outro lado, certamente não sabia que o fato de ser cotado na Bolsa custa muito caro às empresas. Não tenho certeza de que esse tipo de detalhe tenha, em algum momento, passado pela cabeça do comandante. Entretanto, poderíamos muito bem ter invertido a pergunta e colocá-la assim:

– Por que entraríamos na Bolsa de valores americana?

A Bolsa e suas flutuações tinham sempre ficado tão longe de suas preocupações cotidianas que podíamos nos perguntar se sabia exatamente do que estava falando. Que influência podia ele subitamente ter sofrido para, de repente, ter uma idéia como essa?

Eu não consegui acreditar no que meus ouvidos ouviam quando escutei o comandante, pela primeira vez, expressar-se assim num tom peremptório e certeiro. De repente, suas referências tornaram-se: "*savoir-faire*", "produtos pedagógicos", "livros", "filmes para a televisão", "centros de apoio aos jovens": assuntos que ele dominava com maestria, mas aos quais nunca havia acrescentado, até então, a palavra "rentabilidade"...

Talvez ele estivesse enganado. Suas produções alcançavam grande público. Mas imaginar ser cotado na Bolsa era querer penetrar num domínio que lhe era tão estranho quanto as profundezas submarinas! E que corria o risco de ser bem mais hostil ainda! O que lhe responder? Como de costume, o comandante quis convencer todos os seus colaboradores do valor de sua idéia. Contudo, as pessoas de sua convivência tiveram lá suas dúvidas.

Mas ele era o comandante... E sabia jogar com seu carisma e sua autoridade. Ninguém se opunha a ele. Por outro lado, por que teríamos tentado nos rebelar? Ele nunca levava em consideração o que dizíamos, sobretudo quando o contrariávamos. Somente Simone tinha alguma influência sobre ele. Só ela ousava enfrentá-lo, enquanto ele, sempre hábil, se contentava em escutá-la antes de perguntar, cinicamente:

– Ah, você acha?

Portanto, já que ele tinha decidido assim, a partir de 1972, sem conhecer nada sobre Bolsa de Valores, começamos a procurar diferentes conselhos. Consultamos amigos comuns, homens de negócios, em especial seu advogado norte-americano, em quem tínhamos total confiança. Não foi ele quem redigiu, para os Estados Unidos, o contrato do filme *O mundo do silêncio*? Graças a ele, o filme fora exibido por toda parte nos Estados Unidos, com sucesso e grande repercussão. Meu pai e o jovem Louis Malle, então cineastas principiantes, viram-se logo alçados ao patamar de celebridades. E mais ainda quando o filme recebeu um Oscar!

Era, portanto, um bom advogado, embora pudéssemos levantar algumas questões. Desde 1956, ano do lançamento de *O mundo do silêncio*, mestre Steiner emergia no orçamento do Cousteau Group. Membro do conselho de administração, ele apresentava notas de honorários no mínimo elevadas. Em troca, fornecia eficácia e numerosas relações, graças às quais meu pai conheceu especialistas em criação de sociedades com fins lucrativos. Seu novo objetivo tornou-se logo uma obsessão.

Era exatamente isso o que me preocupava. JYC ia, subitamente, tentar ganhar dinheiro por ganhar? Isso era o contrário de tudo o que lhe havia motivado até então. O dinheiro sempre havia sido a última de suas preocupações, desde que tivesse o suficiente para financiar suas expedições. Às vezes, acontecia de a situação parecer desesperadora, que não teria com o que levar seus projetos a cabo, mas, poderíamos dizer que a sorte estava sempre com ele. Freqüentemente, de modo absolutamente inesperado, o dinheiro chegava e a expedição se organizava. Minha mãe não hesitou, em duas ocasiões, a "colocar no prego" as jóias que vinham de sua família e que eram tão importantes para ela. Apesar de, às vezes, ele não merecer sua confiança, ela acreditava no comandante. Daí a considerá-lo um homem de negócios empenhado...

JYC sempre se revelou inábil nessa área. Ele ignorava a gestão e a rentabilidade de uma empresa. Eu, portanto, nunca escondi minhas reticências. Entretanto, aceitei rever minhas posições quando ouvi os especialistas dizerem: "Precisamos encontrar um homem responsável para colocar na direção do negócio". Foi para mim um verdadeiro alívio.

O comandante Cousteau permaneceria como símbolo da empresa. Ele continuaria a tocar a obra que era sua, a montar expedições e a fazer filmes. Mas a questão da rentabilidade seria entregue a um homem de negócios organizado e rigoroso. Eis então que tudo pareceu um pouco mais razoável. Eu cheguei a pensar, até mesmo, que a operação pudesse ser considerada se meu pai se isentasse de qualquer responsabilidade financeira. Um caçador de talentos encarregou-se então de encontrar a pessoa certa para tomar as rédeas dos negócios e resistir ao charme do comandante, bem como a seus caprichos repentinos, que, certamente, não deixaria de querer impor, pois se revelariam arriscados, especialmente em matéria de gestão.

Encontramos diversas pessoas. Fred Hyman foi escolhido e nomeado presidente do Cousteau Group. Especialistas em introdução na Bolsa dedicaram-se a montar um programa de criação e gestão de capital. O negócio parecia entrar nos eixos sob os melhores cuidados. Tudo organizado e perfeitamente de acordo. Mas eu ainda não estava totalmente seguro. Parecia difícil que um homem de negócios pudesse mudar radicalmente seu modo de pensar e de agir para se integrar a uma empresa onde reinava o espírito Cousteau, ou seja, a maior fantasia, absoluta falta de rigor e completa ignorância a respeito da palavra rentabilidade. De fato, à medida que o projeto foi avançando, só pudemos constatar a total indisciplina de meu pai. A cada dia, ele mostrava-se ainda mais incapaz de dobrar-se às pressões desse tipo de administração. Não tinha a menor consciência das exigências de um conselho de administração. A idéia de considerar a opinião da maioria nem lhe passava pela cabeça. Ele não imaginava que essa maioria pudesse eventualmente votar contra suas opiniões e exigir que não nos submetêssemos às suas vontades. Quando tomou consciência dessas exigências, desistiu...

Então, a fim de levar em conta suas teimosias e seu comportamento, decidimos criar uma empresa com duas velocidades. Foi assim que, paralelamente ao The Cousteau Group, uma sociedade norte-americana sem fins lucrativos foi criada, em 1973: The Cousteau

Society. Seus quatro membros fundadores eram meu pai, Fred Hyman, meu irmão Phillippe e eu.

Fred Hyman e eu não tínhamos o mesmo ponto de vista a respeito das coisas. Em diversas ocasiões, participei-lhe minhas incertezas. Fred havia sido contratado como diretor de uma empresa comercial, The Cousteau Group, e, de repente, viu-se presidente de uma sociedade sem fins lucrativos. Ainda estou convencido da incompatibilidade das duas opções. É por isso que, diante da determinação de meu pai em continuar nessa direção, pedi minha demissão da vice-presidência pouco tempo depois. Uma oportunidade apresentava-se e eu a aproveitei. Comecei a voar com minhas próprias asas. Depois da aventura do *Queen Mary*, eu havia conseguido um contrato muito bem pago para a criação do grafismo de um parque marinho em Harlington, no Texas. Seguro de minha experiência e de minhas convicções sobre a sensibilização dos jovens em relação à natureza, decidi me lançar paralelamente ao ensino.

Quando o informei a respeito de minha decisão, meu pai contentou-se em dizer:

– Jean Michel, você está fazendo uma bobagem...

Ele não levou em consideração as razões de minhas insatisfações. Como de costume, ele se contentou em criticar minhas decisões. Para ele, só mesmo eu para cometer um erro daqueles! Ele só podia ter razão. E, ainda, estava convencido de que Fred Hyman – por quem eu sempre tive o maior respeito como homem de negócios – era a pessoa certa. Eu pensava o contrário. A seqüência dos fatos demonstrou que eu tinha razão... de alguma forma!

Então acabei deixando a casa Cousteau! Mesmo partidário do meu ponto de vista, Philippe preferiu ficar. Entretanto, logo discutiu com mr. Hyman – que também queria se livrar dele, mas teve o bom senso de não externar isso claramente. Tempos depois, Fred Hyman ponderou, após ter feito as contas:

– É preciso deixar o *Calypso*. Ele custa muito caro. Basta alugar um barco quando vocês planejarem uma expedição.

Vender o *Calypso*! Como Fred Hyman ousava considerar tal hipótese! Isso teria sido a pior das inabilidades e um erro completo. Mais do que um instrumento de trabalho, o *Calypso* era uma marca, um mito, um símbolo, o emblema da obra do comandante Cousteau. Isso não tem preço! Esse erro lhe custou o cargo. No fim dos anos 1970, Fred Hyman deixou a sociedade. Na verdade, ele agradeceu, pois suas idéias eram completamente incompatíveis com as de meu pai e as de meu irmão.

Pensando estritamente na questão material, mr. Hyman não estava totalmente errado. O *Calypso* era um peso com o qual um bom administrador não podia deixar de se preocupar, sobretudo com os custos que representava a manutenção de um barco velho com 14 tripulantes. Ainda mais, que nunca sabíamos de onde sairia o dinheiro necessário.

Meu pressentimento tornou-se, portanto, justificado. Continuando membro do conselho de administração, Fred Hyman colocou sua energia para fazer frutificar as diferentes orientações do Cousteau Group, ou seja, todas as propriedades comerciais produzidas antes da criação de The Cousteau Society.

De acordo com a mentalidade Cousteau, a partir do momento em que se montava uma equipe, tentava-se conservá-la como tal o maior tempo possível. As regras de contratação jamais eram baseadas em simples contingências materiais. Nunca nos perguntávamos: "No cargo que estamos lhe propondo, você acredita ter trabalho suficiente para conservá-lo em tempo integral? Poderemos garantir-lhe um salário regularmente?" Não contratávamos um colaborador, no nível que fosse, para demiti-lo assim que sua missão terminasse, quando deixasse de ser indispensável ao bom funcionamento da "casa". Eu friso esse termo, pois éramos de fato uma equipe, quase uma família, composta de pessoas que tinham aspirações em comum, os mesmos interesses, para não dizer as mesmas paixões. E mesmo quando as condições não eram mais as que haviam motivado seu recrutamento, mantínhamos nossos colaboradores. Não é bem o comportamento de um chefe de empresa. Eu também sempre agi desse modo, provavelmente em razão da educação e do exemplo de meu pai. Após ter deixado The Cousteau Society, mr. Hyman tornou-se presidente do Cousteau Group, do qual gerenciava o patrimônio. Era responsável pela venda dos livros e dos filmes assinados pelo comandante e dividia os benefícios na base de 70% para meu pai, 30% para ele.

Nunca compreendi porque JYC queria ver sua empresa na Bolsa, só poderia justificar com os caprichos que subitamente lhe tomavam o espírito. Foram muitos. Podemos, aliás, lembrar de um outro fracasso, e não foi dos menores: o da sociedade Navitt. Os patrocinadores não pouparam dinheiro no investimento. Tratava-se de montar uma conexão por hidroplano entre o aeroporto de Nice, Mônaco e Antibes. Isso parecia muito prático, pois os diferentes relevos sempre foram difíceis, tortuosos e atravancados nesse trajeto. Mas o fiasco foi completo! Uma verdadeira catástrofe financeira, na qual todos os participantes perderam seus lances.

Meu pai nunca ganhou dinheiro. Pouco lhe importava. Entretanto, de vez em quando, a idéia martelava. Sob que influência? Por interesse? Eu estou certo de que não! Quando lançava algum projeto, logo depois afirmava, em um tom que não admitia a menor discussão: "Vamos angariar fundos com os quais poderei reinvestir nas expedições". Durante toda a vida agiu dessa maneira um pouco simplista. Mas acabava dando certo... Quando não sabíamos mais como honrar os compromissos, a sorte nos sorria e um novo contrato aparecia. O comandante tinha a arte da elasticidade! Ele sempre encontrava uma solução. Eu me lembro de momentos muito difíceis, especialmente das vezes em que minha mãe precisou penhorar as jóias... No começo, isso até parecia uma solução. Mas depois? Qualquer que fosse o valor sentimental que tivessem para minha mãe – elas vinham de família –, suas jóias não teriam bastado. Eram só uma gota d'água no oceano. Felizmente, minha bisavó nunca desconfiou das atitudes de sua bisneta. Se não... Eu ainda a guardo na memória. Essa pequenina senhora de origem irlandesa, de incrível vitalidade, não suportava qualquer embaraço. Quando saía de seu apartamento, na place des Ternes, em Paris, pegava o boulevard de Courcelles sempre do mesmo lado, porque não queria trocar de calçada. Então, sem se acanhar, ela usava sua bengala para afastar os que se encontravam em seu caminho! E também no meu pai, mesmo sendo comandante, ela não se privaria de dar algumas bengaladas, se tivesse suspeitado do uso que fazia de suas jóias pelas mãos de sua bisneta!

Entre as derrotas do comandante, convém acrescentar a da Ilha Misteriosa. Um fracasso ainda mais inesperado porque se tratava de um belo projeto. A "Ilha Misteriosa"... Algo para fazer sonhar até Júlio Verne, dando vida a uma ilha toda criada em sua imaginação. Na verdade, essa plataforma de estudos oceanográficos não era tão misteriosa assim.

Em 1964, com seu amigo e cúmplice Jean Alinat, o comandante teve a idéia de construir uma estrutura tubular com 70 metros de altura, para realizar pesquisas prolongadas no mar sobre a física e a química do oceano. A Ilha Misteriosa era, de certa forma, uma bóia representando o papel de um laboratório no qual era possível analisar, *in loco*, os exemplos selecionados em alto mar, qualquer que fosse a estação ou o tempo.

As ligações entre esse "laboratório-bóia" e o continente eram asseguradas por um navio pertencente ao Museu Oceanográfico de Mônaco, o *Winnaretta Singer*, mais conhecido como "Vinaigrette".

Então, certa noite, silêncio! O laboratório-bóia não responde mais. O comandante Alinat preocupa-se quando um avião de busca alerta: "Bóia em chamas"! E avisa imediatamente o comandante em Paris. Este pega o primeiro avião para Marselha onde o *Calypso* o espera para imediatamente ir à Ilha Misteriosa. O comandante temia principalmente que os homens pudessem estar mortos. Aliviado, ele organizou com a Bergère uma festa a bordo do *Calypso* para celebrar, alguns dias mais tarde, esse final feliz. Como sua equipe, ele não havia esquecido o acidente de 1952. Pois viveu dramas bem mais dolorosos que os prejuízos materiais...

Em 1952, a tripulação do *Calypso* tinha por missão recuperar centenas de objetos: recipientes, tigelas, xícaras, travessas de peixe, frascos de perfume, sofisticadas peças de louça, ânforas gregas e romanas e outras peças arqueológicas submersas há mais de dois mil anos. Foi no Grand Congloué, não muito longe da ilha do Riou, nas proximidades de Marselha. Essa aventura foi uma das primeiras recordações marcantes de Albert Falco, que havia embarcado alguns dias antes: "Foi no Grand Conclu, como a equipe o chamava, que eu me transformei num pescador de verdade".

Os mergulhadores trabalhavam com o auxílio de um "sugador", enorme tubo que aspirava objetos, mas que também podia se transformar numa espécie de serpente do mar difícil de ser dominada, quando, de repente, o tubo se encheu de ar violentamente. "E, quando os mecânicos de bordo conseguiam neutralizá-lo tampando a saída de ar, ele deslizava em direção ao fundo. Era preciso então muito cuidado para que nós, os mergulhadores, não ficássemos em sua trajetória", lembra-se ainda Bébert. De um modo geral, as escavações eram frutíferas e se desenrolavam sem grandes dificuldades. A atmosfera era de sossego, calma, ilustrada pelas histórias de pescadores do velho porto de Marselha, que brincavam à vontade: "Olha lá, é o comandante Cousteau, aquele maluco que prefere pescar vasos a lagostas!"

Então, no dia 5 de novembro, levanta-se uma formidável tempestade. O *Calypso* parte à deriva quando a corrente da âncora se parte, levando-a a uma profundidade de aproximadamente setenta metros. Como vamos conseguir encontrá-la? Os mergulhadores não vão agüentar ficar mais do que dez minutos nessa profundidade. Jean-Pierre Servanti se candidata. Ex-nadador de combate, tendo algumas operações arriscadas no currículo, é novo a bordo. Mas com esse passado, não se pode duvidar de sua performance. Ele sobe com uma má notícia: a âncora soltou-se, não é possível encontrar nenhum vestígio, a não ser pedaços de corrente que vagam na areia. Servanti desce de novo, enquanto a tempestade engrossa, sendo que havíamos decidido esperar o dia seguinte para um novo mergulho. Inquieto, o comandante pede a Albert Falco que monitore da superfície o mergulho de seu companheiro. A bordo de um bote, ele observa as bolhas de água. Hoje se lembra:

– No começo elas são grandes, depois vão ficando cada vez menores. O vento forte torna difícil a observação. Pouco a pouco, uma angústia se apodera de mim, compreendo que está acontecendo alguma coisa anormal, pois as bolhas são muito pequenas, parecidas com os estalidos das bolinhas de água com gás. E, de repente, nada de bolhas... Alerto o comandante, que mobiliza todo mundo a bordo, visto a roupa de mergulho, passo o tubo de ar comprimido e mergulho imediatamente. Sei que cada minuto que passa é ainda mais precioso, pois faz quase vinte minutos que Servanti iniciou a descida. A essa hora, Servanti já deveria estar quase em descompressão.

Descendo quase em descompressão, sem ver Servanti, Bébert continuou afundando ainda mais, até que, a 40 metros aproximadamente, avista uma das pequenas bóias amarelas com as quais Servanti tinha se munido.

– Eu sigo essa corda que me conduz ao abismo. 50 metros, 60... Eu tenho a impressão de imergir no lodo. Nunca mergulhara em tamanha profundidade; meu cérebro se turva, eu me controlo mal. Conto meus dedos como me disseram para fazer. Um, dois, três, quatro, cinco... Tudo bem ainda! Mas eu começo a sentir o que chamam "embriaguez das profundezas", uma narcose causada pela presença de azoto. Enfim, estou perto do fundo.

No lodo grosso, Bébert distingue a âncora, pendurada na corrente quebrada.

– Jean-Pierre Servanti tinha feito bem o seu trabalho, diz ele, com a voz engasgada. Mas ele jazia, inerte, a uma dezena de metros dali.

E se não fosse tarde demais? Sopro de esperança, podia ser que ele só estivesse desmaiado... O mergulhador nada o mais rápido que pode na direção de seu companheiro, mesmo quase não tendo mais ar nos tubos. Há vinte minutos que havia descido, seu tempo limite estava se esgotando...

Pego Jean-Pierre nos braços. Ele não está com o tubo de respiração na boca; tento em vão recolocá-lo. E lhe dou o meu... Mas ele não respira mais. Solto então seu cinto de chumbo e tento resgatá-lo puxando-o atrás de mim; porém, o esforço a esta profundidade é muito duro e minha última reserva de ar diminui rapidamente. Eu subo com tudo, desafiando as leis da descompressão.

É berrando de desespero que Falco ressurge na superfície... Seguindo suas indicações, dois outros mergulhadores, Jacques Ertaud e Yves Girault, conseguiram localizar o corpo de Servanti e o trouxeram ao ar livre.

– Transportamos o mergulhador inanimado em um pequeno caixão de descompressão. Respiração artificial e massagens cardíacas, no caminho do hospital: em vão. Tarde demais. Nosso amigo morrera afogado.

O *Calypso* está de luto. Os macacões de mergulho ficam pendurados nos cabides. A tripulação permanece em silêncio, frente ao seu comandante prostrado. Uma vida em troca de ânforas! É uma troca ridícula. Está decidido, ele pára com tudo.

– Por nós, diz Bébert, gostaríamos de concluir essa busca em honra ao desaparecido. Dirigimo-nos então ao paxá, para lhe pedir que não desistisse. Foi um dos momentos mais fortes de toda a minha vida... Ele não respondeu nada. Mas, um momento depois, nós o vimos se dirigir ao local de mergulho. Ele vestiu em silêncio o macacão e os pés de pato. Encheu os tubos de ar e me pediu, com um sinal, para monitorar sua descida. Nenhum de nós ousou se opor, mas foi com o coração apertado que o observamos mergulhar. Ele queria chegar ao lugar do drama, a 70 metros de profundidade, e concluir a missão pela qual um de nossos companheiros acabara de perder a vida. Ele encontrou e içou a âncora que o *Calypso* teve de volta. Quando subiu, sentou-se no fundo da lancha que eu pilotava, com o rosto molhado por baixo da máscara, e não era de água do mar...

Creio poder afirmar que a morte de Jean-Pierre Servanti foi uma das piores provações que meu pai teve de superar.

Quando isso começou? Houve estremecimentos. Especialmente no campo "visual", no qual, entretanto, se sobressaía há tantos anos. Não era ele o homem que havia obtido a Palma de Ouro em Cannes, pelo seu primeiro filme, um documentário, o que mais poderia ser? De repente, lá estava ele fazendo filmes sobre os quais era impossível não se perguntar o que queriam dizer. O que pretendia mostrar? Era no mínimo constrangedor. Seus fiéis colaboradores se impressionaram e, principalmente, se preocuparam. Seu público fiel também se amuou.

Estava envelhecendo? Obviamente que sim. Mas isso não tinha qualquer incidência em sua vida cotidiana nem em sua acuidade intelectual ou em seu *savoir-faire*, que ninguém – mesmo seus mais empenhados detratores – jamais contestou. Subitamente, lá estava ele produzindo, e fazendo, sob a marca "Cousteau", filmes nos quais fingia participar. Quem teria sido tolo em ver o comandante Cousteau – pobre silhueta magra cuja menor lembrança me traz lágrimas nos olhos –, com um sorriso nos lábios, a eterna camisa azul e seu famoso boné vermelho, posar, sentado na Grande Muralha da China? Ele que nunca esteve na China... durante a produção!

Pouco importa, ele estava produzindo filmes cujos assuntos e comentários eram insípidos. Por que dar seu aval e colocar seu nome em produções como: *Danube*, *Chine*... Fomos muitos a nos colocar a questão. Nunca esquecerei o dia em que Ted Turner me interpelou durante um evento público para perguntar:

– Jean-Michel, quem é esse suposto escritor que faz, há algum tempo, os comentários dos filmes do teu pai?

O que dizer? Deus, obrigado, ele não me deu tempo de falar e encadeou imediatamente:

– Ele é realmente muito ruim.

Sabendo quem era o escritor em questão... eu obviamente me abstive de responder!

Em 1990, The Cousteau Society vendeu a totalidade dos direitos de televisão que detinha, para sempre! Contra minha vontade. Isso representava 3 milhões de dólares – uma soma valiosa na época –, da qual JYC desembolsou um terço para Fred Hyman, proprietário nessa proporção do Cousteau Group. Entretanto, eu insistia, argumentando que seria bom guardar, nem que fosse 1%, para garantir entradas regulares de dinheiro na sociedade.

Em 1991-92, Ted Turner adquiriu a totalidade dos direitos audiovisuais para as Américas, que mais tarde seria comprada pela AOL Warner. Em nome do banco Worms, Jean-Michel Bloch-Lainé comprou tudo o que dizia respeito ao resto do mundo, criando duas sociedades, uma de produção e outra de distribuição, sob a marca Amaya. Estas seriam, mais tarde, compradas pelo grupo Europe Images.

JYC vendeu tudo o que era vendável!

Por princípio, banqueiros e homens de negócios não são filantropos e puderam esfregar as mãos: os filmes Cousteau eram de valor garantido, um investimento de completa segurança.

Podemos considerar no mínimo lamentável que Jacques Cousteau tenha se desfeito da totalidade dos direitos de sua obra!

23
Soube pela imprensa...

Não é segredo para ninguém, mas tive algumas discordâncias com meu pai. Quem acredita ter chegado à idade adulta sem nunca ter se oposto ao pai que atire a primeira pedra! É verdade que fui um dos poucos que ousou dizer ao comandante o que eu pensava quando não estava de acordo com suas decisões. Mesmo assim, nunca tivemos conflitos graves. Pois, se conflitos houve, não acho que fossem de nossa índole. Além do mais, como já disse, era difícil entrar em conflito com meu pai, que manipulava com talento a arte de se esquivar. Não que fosse mentiroso ou hipócrita, mas jamais enfrentava o adversário de frente. Ele preferia mandar recados... A mídia, aliás, sempre foi para ele uma ajuda preciosa, não se privando nunca de grandes manchetes e jogo de palavras. Tentando, reconheço, o famoso: "Pai e filho, um Cousteau atirado ao chão". Fácil, entretanto...

Devo dizer que a mídia nem sempre teve um papel muito elegante. O escândalo vende mais do que a simples realidade. Muitas foram as diferenças que teria tido com meu pai, de acordo com a imprensa. Era através dela que, na maior parte do tempo, eu ficava sabendo! Mas, quando eram verdadeiras, meu pai se beneficiava. Ele preferia sempre delegar, em vez de enfrentar cara a cara as pessoas que discordavam dele! Como já disse, meu pai queria sempre ficar com o papel bonito, entregando o "trabalho sujo" a terceiros. E nós, os mais próximos, ainda que o conhecêssemos e jurássemos que não seríamos mais repreendidos, acabávamos sempre passando por constrangimentos... E ele não deixava de se aproveitar!

No ano de 1993, estava achando a vida bela. E vendo concretizar-se um projeto importante que, modéstia à parte, era vitorioso! Tratava-se de um complexo que aliava os prazeres do turismo, o rigor científico e a proteção à natureza. Eu poderia sonhar mais alto? A aventura ganhava vida nesse pequeno paraíso que é o arquipélago Fiji, no Pacífico sul. O céu era de um azul luminoso, o mar calmo e de ótima temperatura; o complexo hoteleiro, junto com o centro de mergulho, oferecia grande conforto aos visitantes e, friso bem, não agredia de modo algum a paisagem. Era, na realidade, uma empresa artesanal se encaixando perfeitamente nessa filosofia ecológica que meu pai me transmitiu desde a infância e à qual sempre permaneci fiel. Já que era minha "obra", me pareceu muito natural, depois de haver consultado meus assistentes, de lhe dar meu nome. Eis então que eu me torno o feliz promotor do "Cousteau Fidji Islands Resort", parecendo querer decolar sob os melhores auspícios. Apresentei o projeto de modo um tanto reservado – não podia de maneira alguma ser considerado publicidade – por meio de prospectos que exaltavam os méritos do "Complexo Cousteau das Ilhas Fiji", tomando o cuidado de especificar: "licença Jean-Michel Cousteau". Cousteau não é meu nome? Um nome que sempre tive orgulho de usar. Mas era sem contar com Deus, meu Pai! Esse resolveu subitamente que o nome Cousteau só pertencia a ele.

Um raio cai nas ilhas Fiji! O paraíso se transforma em inferno quando um belo dia na hora da sesta – que nunca faço, mas mesmo assim – fico sabendo que o comandante acabava de ir ao tribunal de Suva, justificando-se para quem quisesse ouvir: "Eu me vi obrigado a agir assim a fim de que meu filho tomasse todas as providências possíveis, evitando que qualquer pessoa possa imaginar que as associações Cousteau, ou mesmo eu, estejamos implicados ou interessados em qualquer participação que seja de suas atividades". Não ousou acrescentar "mercantis"... Ele que não hesitava em bancar o ofendido ou o puro, que nunca tinha se furtado em colocar seu nome em produtos dos quais recebia *royalties*! Conseqüentemente, nem pensar em instalar uma barraca onde pudéssemos vender lembrancinhas e outras bugigangas em nosso pequeno complexo de Fiji.

"Não é Cousteau quem quer... Jacques-Yves Cousteau, que milita pela proteção de seu nome, acaba de abrir um processo contra seu filho Jean-Michel", escrevia Pierre Georges na coluna que assinava no *Le Monde* do dia 14 de setembro, antes de continuar: "Jacques-Yves Cousteau, 80 anos, o solitário, o único, o símbolo, o francês mais conhecido no exterior, o mais amado na França, o Cousteau dos domingos... não gostou nada de ver seu nome ser assim jogado na areia".

Não teria sido mais simples me falar primeiro, ao menos por telefone? Reagi ainda mais rapidamente porque achava esse conflito idiota e perfeitamente inútil. Tentei contatá-lo imediatamente, para ouvir através de outras pessoas: "O comandante não tem nada para lhe dizer". Ou ainda: "Não existe outro Cousteau senão Jacques-Yves!" Mandavam-me falar com seus advogados, a quem os meus levaram a proposta de um acordo amigável. Eu propus que meu primeiro nome fosse utilizado juntamente com o sobrenome dele, deixando claro, então, que o complexo em Fiji era uma iniciativa "Jean-Michel Cousteau". Assim, não seria possível atribuí-lo a "Cousteau, o grande", Jacques-Yves no caso. Diante da recusa ao diálogo de meu pai, eu me vi na obrigação de mandar publicar, por intermédio do meu escritório norte-americano, um comunicado pelo qual me parecia importante, sem agressividade alguma, fazer valer meu direito de usar meu próprio nome, apenas isso. Sublinhei também o quanto achava inquietante essa disputa na justiça e como não eram razoáveis as exigências de meu pai. O comunicado dizia: "Se tirarmos a linguagem jurídica, o que meu pai diz essencialmente a seu filho é que ele pretende impor quando e como eu posso utilizar meu nome. Eu tenho orgulho de ser um Cousteau e tenho orgulho do que fez meu pai... mas farei tudo o que estiver ao meu alcance para proteger meu nome e minha participação nesta sociedade". Especialmente diante de argumentos cuja má-fé era tão evidente e decepcionante! Ainda hoje, eu me pergunto como ele pôde entrar nesse jogo de tanta mesquinharia, ele que eu sempre ouvi bradar: "Não é necessário se envolver em processos. Acima de tudo, nunca se meta com advogados! Os problemas devem ser resolvidos entre as partes e – sempre, ele frisava – amigavelmente".

Que influência, que pressão pode ter sofrido? Eu teria achado mais inteligente que ele tivesse vindo visitar o complexo. Assim ele teria visto que lá havia material suficiente para despertar, certamente nos turistas, e também nos habitantes de Fiji, uma verdadeira conscientização e, portanto, um maior respeito pelo meio ambiente.

Alguns meses mais tarde, os juízes de San Francisco davam a sentença: eu deveria, a partir de então, colocar sempre meu primeiro nome antes do sobrenome, "em caracteres do mesmo tamanho, do mesmo tipo e da mesma cor". Na visão de meu pai, isso significava: "Jean-Michel Cousteau corre o risco de ter de se virar. Ele que sempre foi, é e sempre será um Cousteau minúsculo, um Cousteau sem Cousteau, o filho de seu pai", como disse Pierre Georges, com humor e realismo. Eu, aliás, nunca contestei.

Assim, estávamos voltando ao que eu havia proposto desde o começo. Mas para mim, que pela primeira vez na vida era acionado pela justiça, foi doloroso imaginar que meu pai tivesse sido o responsável! Durante um certo tempo, eu senti por ele mais rancor do que afeição, apesar de meu respeito e admiração. E, depois, o tempo foi passando...

Era preciso aproveitar as oportunidades favoráveis à reconciliação! Nosso primeiro encontro depois dessa briga aconteceu nos Estados Unidos, por ocasião de não sei que congresso de felizes mergulhadores de quem meu pai era o convidado de honra e para o qual eu também era convidado. Durante o almoço, um de meus amigos, que sabia que eu era grande apreciador de vinhos, nota que no bufê havia algumas garrafas de mouton-rothschild. Ele se levanta, pega uma e traz à minha mesa. Um maître intervém com precipitação:

– Você não pode se servir deste vinho. Ele é reservado ao sr. Cousteau...

– Sr. Cousteau? Isso cai bem, justamente eis aqui o senhor Cousteau, retruca meu amigo, apontando para mim, ao mesmo tempo em que enche meu copo.

Esse mesmo copo eu pego, me levanto e, em pé, levo a meus lábios. Bebo um gole e caminho lentamente, com o copo nas mãos, até a mesa de meu pai. As conversas param; eu sinto o olhar das outras pessoas sobre mim... Cruzo, então, o olhar de meu pai e sorrio. Sua boca estremece, seus olhos cintilam. Ele me devolve o sorriso... Chegando à sua mesa, eu me ajoelho para ficar de sua altura, e, segurando o copo com as duas mãos – como eu teria segurado o Santo Graal –, eu o ofereço ao comandante que, por sua vez, leva o copo aos lábios. Sem tirar os olhos dos meus. Que alegria pude ler em seus olhos! Um simples gesto acabava de apagar meses de desavenças, de briguinhas imbecis.

Nós tínhamos anos demais, lembranças demais e muitas ações em comum para ficarmos brigados por muito tempo. Entretanto, houve às vezes a tentação de apagar uma rixa vivida da qual eu era a mais próxima testemunha. Ele tinha uma nova família. Que lidava mal com o fato de ter sido mantida em sigilo e ignorada até a morte da Bergère. Ele também estava envelhecendo. Ele, sempre tão voluntarioso, começava a baixar a guarda, a "se desligar". Uma atitude, sem dúvida, imperceptível para aqueles que não eram próximos; porém, essa espécie de egoísmo – sua marca registrada – continuava se manifestando, ainda que diferentemente. Ele começava a ter dificuldade de impor a sua opinião, constatava que já não era mais ouvido e não exibia mais a ignorância acerca dos outros, ele que sempre tinha feito o que queria e do jeito que queria. Convencido de que era o único que podia ter razão diante de todos, que só agia na urgência e em função da gravidade dos problemas.

De fato, podemos definir assim sua atitude diante da ecologia. Ele foi, indiscutivelmente, um dos primeiros a tomar consciência e alertar a opinião pública dos perigos que corria o planeta. Foi ele que, quando eu ainda era bem criança, me iniciou no estudo da natureza, ensinando-me o respeito a ela também. É a ele, portanto, que devo minhas ações nessa área. No entanto... Se os problemas do meio ambiente sempre o preocuparam, ele só se dedicou verdadeiramente a eles quando o estado de urgência foi declarado. Assim, durante as filmagens, eu não deixava nunca de insistir:

– Nós precisamos acrescentar uma mensagem ecológica que deverá se tornar uma constante e ser sempre encontrada em todos os nossos filmes. E não ser algo do passado.

Ele não se opunha, contentando-se apenas em acenar com um gesto de mão. Os filmes que ele assinava eram concebidos para o grande público e, para responder ao desejo dos canais de televisão que os encomendavam, era preciso acentuar o lazer, a aventura, a descoberta... Mesmo assim, parecia-me indispensável passar a nossa mensagem:

– Mesmo que não seja expressa, mas simplesmente sugerida, *a posteriori*, sempre ficará alguma coisa na mente daqueles que terão assistido. Depois, o trabalho de sensibilização será mais fácil...

Eu sempre insisti, ele sempre resistiu! Preferia fazer o jogo do espetacular. De bom grado, ele teria favorecido um certo tom teatral, na época, se o tipo de expedição que fazíamos ou o estilo de comentários e de diálogos tivessem permitido. Pouco a pouco, lentamente, ele acabou se rendendo aos meus argumentos, levando em conta meu desejo de iniciar o grande público na ecologia, ainda mais que essa filosofia esteve sempre ancorada em JYC, em sua crença profunda, em seu modo de vida. Mas para isso, seria necessário que ele sofresse alguns choques antes, que ele tomasse consciência de que o litoral belo e rico da Côte d'Azur estivesse sendo desfigurado: os mares, e logo os oceanos, destruídos.

JYC poderia ter aproveitado o momento para realizar "filmes de denúncia", ou até provocadores; acho que teriam sido até mais vendáveis. Porém, esse personagem bastante complexo, convencido de que sua maneira de agir era a melhor, por mais filósofo da natureza que fosse, era um péssimo homem de negócios, como já demonstrei.

Ele não queria sobretudo se aborrecer com detalhes que poderiam reduzir o ritmo de seus esforços. Era preciso seguir adiante sem se preocupar demais com os problemas financeiros. Na realidade, foi isso que construiu sua força. Entretanto, observando atentamente, percebemos que, por trás de cada uma de suas ações, havia um exército de colaboradores que se preocupavam, eles sim, em pegar os pedaços, conservá-los e ajustá-los. Foi assim que, no final das contas, tomaram forma e se concretizaram as idéias desse personagem extraordinário, tão difícil de administrar quanto de lidar, ao menos no que refere às pesquisas. Na vida diária, sua educação e seu jogo de sedução faziam dele um homem sempre muito agradável.

Os anos e o tempo mudam um homem, é inegável... No fim de sua vida, o mesmo comandante, que tinha sempre ignorado os detalhes, queria controlar tudo. Já não citei os pedidos de papel higiênico que o incomodavam a ponto de não assinar as solicitações? Mas, um dia, até mesmo esse "poder" lhe foi retirado, isolando-o completamente.

– Me escondem tudo. Eu já não fico mais a par de nada... resmungava ele perambulando pelos corredores onde trabalhava agora a nova equipe Cousteau, a mesma que me havia processado por "uso ilegal de nome".

A mesma... Enfim, não exatamente! A equipe Cousteau tinha deixado os escritórios da vila Wagram, sem dúvida julgados muito modestos, para instalar-se em um suntuoso hotel particular, na rua Amiral-d'Estaing, no 16º departamento de Paris. Naquele dia, a Bergère sem dúvida teria se remexido no túmulo, se a grande dama do *Calypso* – que nunca tinha tido preocupações tão mesquinhas – não tivesse escolhido ser cremada e jogada ao mar.

Mas como ter raiva do comandante? E por quê, concretamente? Por ter sido sempre um péssimo homem de negócios? Por ter tido provavelmente grandes dificuldades e feito afundar o *Calypso* – bem antes que qualquer outra pessoa se encarregasse, não fosse a Bergère ter colocado, por duas vezes, suas jóias "no prego"?

O que quer que possamos dizer, tudo o que o comandante empreendeu nunca possuiu justificativa comercial. Os riscos que ele aceitava nunca eram calculados, como mostrou, por exemplo, sua escolha em contratar Fred Hyman, de quem falei anteriormente.

O comandante não tinha nenhuma noção do dinheiro. Quando um responsável vinha vê-lo:

– Comandante, eu olhei as contas. Estamos realmente com problemas, temos que falar a respeito...

– Falar a respeito?

Como ele não gostava de falar sobre o que o incomodava, quer de dinheiro ou questões pessoais, ele se esquivava, como de costume. Quando esbarrávamos na catástrofe, ele preferia pegar a caneta do bolso que ficava no ombro da sua camisa azul e o talão de cheques, antes de perguntar:

– Quanto você quer?

– Comandante, para honrar o compromisso em questão, no fim do mês, precisamos de tanto...

Meu pai nem mesmo questionava. Ele se sentava a uma mesa e fazia um cheque de sua conta pessoal com a quantia que pediam, e depois o estendia, dizendo:

– Pronto, está tudo acertado...

Nada estava acertado! Exceto os salários do mês... Mas o futuro da empresa não era menos incerto. Pois mesmo que de caneta na mão o comandante fizesse pose de milionário, sua conta corrente estava longe de ser um poço sem fundo.

Poderíamos considerar a atitude como uma forma de inconsciência, mas foi também de uma força extraordinária. Foi o que lhe permitiu fazer o que fez, sem jamais levar em consideração qualquer avaliação numérica, nem as recomendações que podíamos lhe fazer a esse respeito. Ele vivia o dia-a-dia. Suas operações eram sempre tão incertas que ficava evidente que ele não teria lucros... E filosoficamente, era melhor que fosse assim. Em compensação, ele não deixava de se questionar: "Como seguir sempre adiante?", "Quais as urgências?"

Temos de reconhecer essa capacidade que tinha de fazer muito, às vezes com pouquíssimos meios e contra a opinião geral... Bem poucos pesquisadores e aventureiros mostraram a mesma tenacidade!

É por isso que, mesmo que eu nunca tenha hesitado em denunciar seu comportamento fortemente impregnado de egoísmo, devo admitir também que isso era um de seus atributos. Meu pai nunca teve verdadeiros amigos. Ou tão poucos... Será que sentiu falta? Não sei. Ele gostava dos jantares que compartilhávamos freqüentemente com os membros da família, amigos e também colaboradores. Ele, que às vezes podia parecer orgulhoso em ser reservado, que não se soltava nunca, podia demonstrar atitudes calorosas. Mas era sempre passageiro. Acontecia de passar "um bom momento" com alguns de seus colaboradores, mas podia muito bem lhes virar as costas, no dia seguinte, depois da festa terminada. A idéia de manter alguma forma de relação amigável o tocava ainda menos por estar quase sempre unicamente preocupado com suas atividades. Assim, suas amizades nasciam não raro de um encontro de trabalho e se desfaziam tão rapidamente quanto tinham começado. Daí a dizer que ele agia por interesse... é o que alegam alguns. Mas não, essa não é a expressão mais justa. Ele simplesmente trabalhava com as pessoas, depois se separava quando não precisava mais delas. Mas não acontece sempre assim? Um patrão usa aqueles de quem precisa para fazer funcionar sua empresa e assim conservar seu cargo. Caso haja uma falha nessa bela organização, ele irá "para a rua", como qualquer outro assalariado. Deve-se então fazer bem a diferença entre o amigo e o empregado, mesmo quando a mesma pessoa preenche as duas condições. Acho que a amizade foi uma descoberta agradável para meu pai. Mas era uma dimensão complementar de um relacionamento que não estava em seus objetivos. Bastava que a pessoa contratada ou o contato de negócios preenchesse as condições exigidas. Em seguida, por mais cínico que possa parecer, cumprida a missão, ele virava a página, sem mais para a amizade que poderia ter germinado durante essa colaboração. Era raro que meu pai se encontrasse com pessoas simplesmente por prazer. E era comum constatar o quanto se entediava em nossas reuniões de família, quando as pessoas mais próximas não estavam compartilhando nem os interesses nem as suas preocupações. Esse personagem era animado e conduzido pela paixão às coisas que empreendia. Era a única coisa que tinha importância aos seus olhos. Ele não se interessava por nada mais. Ouso compará-lo a um rolo compressor que avançava sem fazer barulho. Assim, muito raramente se irritava ou, pelo menos, nunca exteriorizava os sinais que geralmente acompanham a irritação. Para ele, a discórdia se manifestava por meio da indiferença, não mais entrando em contato.

"Você não concorda comigo? Nós não temos mais nada a nos dizer...", era sua regra de conduta predominante. Ele não aceitava ser contrariado. É por isso que, se não concordássemos com ele, se não reconhecêssemos imediatamente o valor do que dizia, éramos imediatamente deixados de lado, relegados ao lugar daqueles com quem não se comunicava mais. Essa atitude era, às vezes, cruelmente sentida. Entre seus colaboradores, alguns aceitavam, outros tentavam adaptar-se esperando que tudo passasse, com certa incompreensão na cabeça e uma ponta de mágoa no coração. Não eram eles considerados como os membros de uma família solidária, comportando-se como tal?

André Laban se lembra especialmente de Georges Alépée, o talentoso montador de *O mundo do silêncio* e de *Vitrine sous la mer* (Vitrine sob o mar):

– Eu ainda ouço o paxá me dizer, antes da estréia do filme *Monde sans soleil* (Mundo sem sol), sobre um efeito sonoro obtido por golpes de martelo em cima de um coral: "Georges é genial!" O gênio deve ter sido muito efêmero, pois, três anos mais tarde, o paxá me dizia do mesmo Alépée: "Georges já era, está esclerosado".

Transformação, reviravolta súbita que Laban explica:

– Foi após a montagem do filme *Précontinent 3*. Cousteau havia pedido a Alépée que ensinasse o ofício a seu filho Philippe, mas a admiração do pai não era compartilhada pelo filho. Foi então o funeral de Georges...

Influenciável, o comandante? Se eu julgar pelo exemplo de minha mãe, sim.

Algum tempo mais tarde, depois de ter concluído a enésima gravação, a *Trous bleus* (Buracos azuis), André Laban viu-se afastado das operações de que sempre havia participado até então:

– Depois da pré-montagem, ninguém achou útil me manter a par dos acontecimentos...

Laban se impressiona, ou nem tanto:

– Quando Philippe e o comandante terminaram o filme nas Bahamas, eu pensei em Alépée. Agora seria a minha vez de me chatear. Impressionante, também, depois de todo o tempo passado na pré-montagem, que nem Cousteau nem ninguém tenha achado importante me dizer por qual razão eu tinha sido afastado no final das filmagens desse filme que também era um pouco meu filho! Eu disse a mim mesmo, então: *Sic transit gloria mundi*, que se pode traduzir por: "Tudo passa..." Foi uma lição para mim, eu que me considerava o braço direito, em vez de compreender que era apenas um dos braços direitos! E, logo, braço nenhum! Constato que Cousteau era como um caranguejo, que vê suas garras crescerem novamente quando é obrigado a abandoná-las...

Apesar da amizade que tenho por ele, gostaria de poder contradizer essa crítica de André Laban. Nossa, eu vivi essa situação de rejeição injustificada tantas vezes que só posso aquiescer.

Mesmo sendo "filho de...", de fato me aconteceu por diversas vezes ficar na incerteza em relação ao futuro. Meu pai me prometera o *Queen Mary*, o escritório de Norfolk ou ainda o famoso Parque Oceânico Cousteau. Segundo ele, para mim não havia nenhuma inquietude nem interrogação, assim como constata amargamente Laban no momento de seu afastamento:

– Ele não tinha com o que se preocupar em relação ao seu futuro cinematográfico, mas não dava para dizer o mesmo em relação a mim. Eu estava sem rumo, pois não estava preparado para me tornar um desempregado depois de mais de vinte anos de luta por uma causa...

André prefere não mencionar a lembrança desses dias sofridos, que muitos outros colaboradores da equipe – também demitidos sem uma única palavra de agradecimento, nem explicação –, conheceram também.

Titi Léandri viveu muito mal essa fase, depois de ter sido mecânico a bordo do *Calypso* e colaborado com o comandante durante 23 anos.

"E, no entanto, me aconteceu de ter desejo de pedir demissão por vontade própria, lembra-se ele, especialmente quando, recém-casado, só tinha visto minha mulher durante 10 dias em 6 meses de casamento! Cansei de navegar mais de 9 meses por ano, então fui procurar trabalho em outros lugares... Quando encontrei, finalmente, fui ver o paxá:

– Comandante, vou precisar deixá-lo...

Eu logo percebi que ele não acreditava. Então, para convencê-lo, lhe disse mais:

– Vou partir no *Callisto*...

Eu mal tive tempo de voltar às minhas máquinas, o comandante já telefonava ao proprietário:

– Léandri... Não toque nele.

O outro não me empregou mais!"

Alguns anos mais tarde, de novo esgotado de navegar 10 meses por ano, Titi encontrou uma situação em Cannes. De novo, ele foi ver o comandante...

– Comandante, vou deixá-lo...

– Ah? E para onde você vai?

– Desta vez, eu não lhe digo...

Uma vez mais, o comandante teve vontade de mantê-lo. Então lhe propôs que navegasse no *Alyscaphe*, que tinha sua base em Cannes.

"Um barco que fazia Cannes-San Remo em 2 horas e meia. Eu voltaria para casa todas as noites, então disse sim. Aliás, eu não podia recusar nada a ele, o paxá teria cortado a minha mão."

Um belo dia... dispensado por motivos econômicos.

"Fui mandado embora depois de 23 anos! Mas eu compreendia... Em compensação, o que eu nunca entendi foi porque ele próprio não me disse. Nada, nem uma palavra, nem um certificado de trabalho, nada. Era tudo o que eu pedia, eu, que o considerava afetivamente..."

Nessa questão delicada de ser colocado de lado de repente, sem qualquer explicação, de quem se vê rejeitado dessa forma... com as interrogações que possam suscitar, o que responder?

Esse comportamento é sem dúvida característico de todos os chefes de empresa. Hoje em dia, especialmente, eles não hesitam mais em se comportar como "matadores", para salvar a dita empresa.

Todavia, eu me interessava em saber por que meu pai se comportava assim. Que força era aquela que o levava a agir assim e que não poupou nem mesmo seu filho? Quando jovem, eu não tinha, de fato, a menor consciência disso. Obviamente, eu via que ele trabalhava muito, sempre guiado pelo seu desejo de descobrir e de compartilhar suas descobertas: não sabia o que era sábado nem domingo. Não tendo nenhum ponto de comparação, eu achava isso normal, sem me fazer muitas perguntas. Eu realmente percebi essa necessidade cada vez mais intensa de se colocar na frente de tudo, quando comecei a trabalhar com ele, depois da morte de meu irmão. Mas, naquela época, ele estava entusiasmado pelo desejo de demonstrar aos seus congêneres, nós – a espécie humana – que éramos responsáveis pela degradação do meio ambiente. Sua ambição pessoal não falava tão alto.

Mais tarde, durante os 15 últimos anos de sua vida, ele foi tomado pelo forte desejo de ser reconhecido. Podemos lamentar que ele não tenha concedido aos seus colaboradores o mesmo reconhecimento que buscava para si mesmo. Ele não sabia agradecer, custava a reconhecer um trabalho, a eficácia de uma colaboração ou outros méritos além dos seus. Ele ignorava... Eu não consigo contar o número de vezes em que recebeu felicitações, elogios e honras que não cabiam a ele. Eu nunca o ouvi dizer: "Eu agradeço a vocês, isso honra a Fundação Cousteau, mas embora esteja por trás deste projeto, não sou responsável pela sua realização. Ela é obra de fulano ou de sicrano..." Ele se apropriava dos elogios sem o menor incômodo. Não só buscava recebê-los, como também não os compartilhava! Muitos foram os colaboradores que ficaram abalados, que sofreram, mesmo que não tenham ficado magoados. Quando entrei na empresa, impus que os fotógrafos recebessem aquilo que chamamos de "crédito", ou seja, que seus nomes fossem colocados em toda foto ou cartaz publicado. Até então, eles ficavam no anonimato. A única menção era "Equipe Cousteau" ou "Cousteau Society", sem outra especificação. Não se tratava de uma vontade expressa como as que encontramos em muitas empresas de criação, a começar pela Disney, que subentendem de bom grado: "Nós o remuneramos por um trabalho. Portanto, esse trabalho é nossa propriedade". Mas meu pai simplesmente não se preocupava, enfim. E, quando eu lhe fazia a observação, ele não deixava de se surpreender:

– Ah... Você acredita?

A idéia de que o reconhecimento possa ser motivador não passava pela sua cabeça. Ele não pensava que fosse um estímulo para fazer melhor ainda... E, quando lhe expus, ele se contentou em me responder, sem discutir mais:

– Bom, então faça isso, se você considera que é necessário...

Ele não ia também perder tempo em conversar sobre aquilo que considerava um detalhe desinteressante.

Evidentemente, muitas vezes eu o tachei de egoísta. Mas não é o termo mais apropriado. Negligência seria a palavra mais adequada para descrever seu comportamento, quiçá uma certa falta de delicadeza em relação à equipe ou de reconhecimento. Seus colaboradores que tinham a sorte de viver a mesma aventura que a dele, podiam dizer "eu faço parte dela..." suscitando a admiração de quem encontravam:

– Ah, então você faz parte da equipe Cousteau...?

– Então vocês trabalham no *Calypso*...?

De alguma maneira, o reconhecimento vinha do exterior! A notoriedade do paxá respingava sobre eles. E isso deveria bastar. Salário? Tinham um no final do mês, então que se contentassem. Nada a mais... Benefícios, dividendos ou participação nos frutos da expansão nunca fizeram parte do programa Cousteau, não importa o que se dissesse. Uma vez que satisfações e recompensas não podiam ser outras a não ser morais.

Eu talvez tivesse a tendência de incorrer no mesmo erro, mas meu pai me havia servido de exemplo, e eu lutei para não agir assim!

JYC era "inventivo", mas não inventor. A idéia que queria explorar era sempre a dele, mas precisava de alguém para concretizá-la. Fazia parte de seu talento: saber cercar-se de pessoas que dariam vida ao que lhe passava pela cabeça. Mas, se é verdade que seus "co-inventores" foram sempre citados nos protocolos e certificados, eles não tiveram direito à notoriedade. Ele possuía o dom da comunicação, a habilidade de despertar o interesse da mídia – para seu proveito, poderíamos dizer... Sem dúvida. É certo que tinha uma irritante tendência de se apropriar das recaídas da glória, mesmo que não fosse de caso pensado. Em sua defesa, lembremos que não há homem público ou chefe que não queira. Trata-se de uma forma de talento!

Eu não acredito que meu pai tenha, alguma vez, se apropriado de uma idéia de outra pessoa, apesar de que boatos tenham existido a esse respeito.

Émile Gagnan tinha, de fato, inventado um descompressor, mas que não tinha nada a ver com o mundo do mergulho. Foi preciso que meu pai lhe explicasse o que queria – mergulhar recebendo ar a uma pressão igual à pressão ambiente – para que ele entendesse o conceito. Ele não havia nunca pensado em adaptar para o mergulho o descompressor que projetara para os carros. Foi em conjunto que meu pai e ele trabalharam na adaptação do famoso descompressor Cousteau-Gagnan.

JYC tinha idéias de sobra e a tecnologia não o assustava. Mesmo sem saber utilizá-la, compreendia muito bem o trabalho do engenheiro. Era até capaz de corrigi-lo e de orientá-lo a fim de melhorar o desempenho. O objeto em si não lhe interessava, mas o que poderia fazer com o invento. Antes que Cousteau e Gagnan desenvolvessem o famoso descompressor, muitos inventores tinham se interessado pelo mergulho, mas nenhum havia conseguido entender o que queria o comandante. Nada lhe satisfazia. Era sempre aproximativo, até que o instrumento correspondesse perfeitamente aos seus devaneios.

Nesse caso, ele queria ficar livre da superfície. E não mais evoluir num "invólucro" rígido, pouco móvel e que limitava os movimentos dos "pés de chumbo", como eram chamados os escafandristas. O mergulhador se encontrava preso ao chão, sempre em posição vertical, ligado à superfície pelo tubo através do qual recebia o ar. Meu pai queria se locomover como um peixe, horizontalmente, com total liberdade de movimentos. Alguns já tinham chegado perto dessa liberdade, mas não de forma completa. O comandante Le Prieur tinha inventado um aparelho feito de uma máscara e um tubo, preso numa garrafa; o mergulhador acionava uma saída de ar em sua mão, abrindo-a e fechando-a de acordo com a necessidade. Não era o que convinha a JYC, pois ele queria evoluir no mesmo ritmo do peixe que estivesse filmando.

Dentro dessa mesma perspectiva do mergulho e da imagem submarina, também acabou projetando diversos tipos de câmeras. Mais uma vez recusava os limites impostos. Foi por esse motivo que imaginou um minissubmarino. Esse submarino não foi criado baseado nos modelos dos que já conhecemos: era uma pequena habitação, fácil de manipular e de dirigir, na qual duas pessoas podiam entrar: a "nave" submarina tinha nascido!

Depois, tudo se encaixou. Por que não se basear nos modelos dos polvos, dos moluscos, das lulas, ou até nos aviões, que são impulsionados por um jato? Foi a partir dessa idéia que o comandante concebeu a primeira "nave" submarina, capaz de descer a uma profundidade de 350 metros. Bombas d'água substituíram, então, as hélices.

Meu pai talvez não inventasse, mas sabia olhar e imitar a natureza. Tinha um impressionante senso de observação que, por sorte, herdei.

Eu tento, com o passar dos anos, compreender a evolução de seu raciocínio, compreender o que o levava sempre mais longe. Assim, para filmar embaixo d'água, depois da "nave", ele imaginou um pequeno submarino no qual os mergulhadores ficam submetidos à pressão atmosférica. Pensou em colocar os trabalhadores de longo período em uma casa, simplesmente! O que é, de fato, uma casa debaixo d'água? O princípio é muito simples: trata-se de dominar a teoria de Arquimedes! Tomemos o exemplo de um copo que viramos de ponta-cabeça e colocamos dentro d'água; sempre sobra ar no copo, mas o nível da água sobe, o que significa que o ar é comprimido pela água. Esse ar está, portanto, à pressão ambiente, podemos então passar do ar à água, ou da água ao ar, sem problema. Acrescentando ar, expulsamos a água até a abertura. É possível dar diversas formas às casas, mas o princípio continua o mesmo. A superfície da água faz o papel de "porta". É tão simples assim, uma casa debaixo d'água!

Meu pai não aceitava nunca um "não" como resposta definitiva. De modo inverso, acho até que isso o incitava a encontrar uma solução. Querer sempre provar o contrário do que lhe era imposto foi um pouco a sua força.

A imaginação do comandante era imensa, mas foram sempre as idéias mais simples que fizeram dele o pioneiro que conhecemos. Quanto à questão técnica, as dificuldades aparecem na hora da realização. Mas isso nunca era só um pequeno detalhe! Meu pai apelava aos engenheiros que, então, o socorriam, o ajudavam, e permitiam tornar possíveis as performances extraordinárias cuja paternidade lhe era atribuída, quando na verdade eram obras de uma equipe, sem a qual nunca teria existido Jacques-Yves Cousteau!

O comandante poderia ter se contentado em ser escritor. Um Júlio Verne do ano 2000. Tinha um pouco essa atitude, no sentido de que tudo lhe parecia possível. A partir do momento em que ele criava um projeto, nada podia freá-lo! Havia, entretanto, uma diferença entre eles: enquanto Júlio Verne ficava atrás da mesa, o comandante se jogava na água sem hesitação! Na edição de *Vinte mil léguas submarinas*, de 1896, pode-se ver nas costas dos escafandristas um aparelho concebido, aproximadamente, 30 anos antes por Rouquayrol e Denayrouze. Esse princípio foi retomado no século XX pelo comandante Le Prieur, que o transformou, realizou em miniatura, e o adaptou. Ele se tornou, assim, o precursor do escafandro autônomo homologado pela marinha nacional e pela marinha mercante em 1933. Não creio, como foi insinuado, que meu pai tenha um dia tentado atribuir-se a paternidade dessa invenção. Ele sempre reconheceu e frisou, sem ambigüidade, que Yves le Prieur era o inventor. Aliás, não deixou de mencionar o fato, particularmente num número especial da revista *Neptunia* em 1953. No entanto, não foi taxativo ao desmentir quando a mídia fez a ligação entre o comandante Cousteau e o escafandro autônomo.

24
Imortal a qualquer preço

O comandante, no entanto, nunca foi prêmio Nobel da Paz! Em compensação, tornou-se imortal em 15 de junho de 1989, no decorrer de uma cerimônia que aconteceu na Academia Francesa, como manda o figurino. Depois de ter desprezado freqüente e abertamente as condecorações, com o passar dos anos, passou a exibi-las orgulhosamente. Não hesitou em preparar tudo e em usar, sem constrangimento, suas amizades e relacionamentos para ser recebido na Academia Francesa... Não estou certo de que tudo tenha acontecido de maneira cristalina como o cristal – bloco de cristal de rocha do Brasil e cristal de Baccarat, enriquecidos com vidro de Murano – que compunha a parte superior da espada que o pintor da marinha Luc-Marie Bayle tinha desenhado para o novo acadêmico. Luc-Marie Bayle havia, em outra ocasião, criado o logotipo do *Calypso* assim como o do *Alcyone*.

Eu não contesto o direito à "imortalidade" de meu pai! Confesso até mesmo ter sentido uma certa emoção misturada com orgulho. Isso não tem nada de surpreendente...

Todavia, uma vez mais, podemos nos perguntar: Quais eram as motivações desse homem cuja complexidade nunca iria deixar de nos surpreender?

Na verdade, ele desprezava tanto tudo isso!

François Sarano se diverte com o comportamento daquele que conheceu tão bem e que foi seu mestre também. François nunca deixou de admirar o comandante, ainda que tenha sabido se contrapor a ele em uma determinada época. Após minha demissão, François foi um de "seus" braços direitos. Durante algum tempo, foi até considerado o que seria, talvez, seu golfinho...

Ele sempre fala do comandante com certa objetividade misturada de admiração e ternura:

– O que ele queria? Provar a si mesmo que podia ter as honras, nada mais!

François Sarano apresenta claramente sua maneira de pensar:

– O comandante não aceitava que o contrariassem, quer se tratasse do seu desejo de ser recebido na Academia Francesa ou de ir à Antártida para deixar uma marca – sua marca – para as gerações futuras. Para ele, era um modo de avançar, uma espécie de motor. Atingindo o objetivo, ele se desinteressava completamente do assunto, não hesitando em nos deixar as dificuldades que não paravam de aparecer no dia-a-dia. E outros tantos enguiços! Ele ignorava completamente aquilo que deixava para trás. Procriava, dava à luz, mas criar não o interessava... Sua equipe se encarregaria disso. Acreditava estar nos oferecendo um lindo presente quando nos abandonava um projeto com uma única instrução: "Faça-o". Herdávamos sempre a matéria-prima. Cabia a nós confeccionar um paletó com a medida de nossos ombros! Muitas vezes foi difícil, mas sempre instrutivo, e eu guardo na memória a lembrança de um tempo "delicioso", acrescenta Sarano.

"Delicioso..." Seria essa a palavra certa? É assim que qualifica mais de dez anos passados no rastro do navio do comandante? Esse jovem pesquisador, doutor em oceanografia, não lhe foi cegamente grato quando, em 1985, candidatou-se ao cargo de diretor-adjunto do aquário de Mônaco:

"O aquário de Mônaco?", surpreendeu-se o comandante. "Vamos, vamos, você é jovem demais para se trancar dentro de um museu. Venha comigo no *Calypso*!"

– Tratava-se de uma missão de dois meses no Haiti – recorda-se o interessado – e a idéia me tentou de tal forma que acabei recusando a proposta de uma empresa internacional.

Essa desistência não deixou de provocar um pequeno escândalo no DRH da famosa empresa, que lhe telefonou em casa num domingo de manhã. Num tom indignado, ele se chocou:

"Como? Mais do que integrar uma empresa como a nossa, com todas as vantagens que ela oferece ao seu futuro, à sua carreira, você prefere partir com esse 'charlatão' do Cousteau!"

"Charlatão"... foi bem essa a palavra que ele usou, se diverte François.

Algumas semanas depois, ele reencontra o *Calypso*, em Norfolk.

"Albert Falco tivera a gentileza de vir me esperar no aeroporto. E me levou diretamente ao porto. Lá, entre enormes barcos, apontou com o dedo o *Calypso*! O barco me pareceu bem pequeno, recém-formado e pretensioso que era nessa época, não deixei de me surpreender e expressar:

– Isso? O *Calypso*? Eu diria uma maquete!

"Subi a bordo. 'O paxá não está', desculpou-se a mulher que me recebe. A Bergère. Aperto de mão, sorriso afável, palavras de boas-vindas, fez as honras da casa. Na sala do barco, eu percebi objetos de barro em uma vitrine. Com a audácia própria da minha idade, perguntei: 'O que é isso?' E escutei responder: 'Restos de ânforas... Nós as recuperamos em 1954, no momento em que mergulhávamos no Grand Congloué'."

– Como rebater minha arrogância! diz Sarano hoje. 1954... Eu acabara de nascer. Ele, o comandante, já havia realizado uma boa parte de sua obra. Uma obra de campo, mas também um trabalho filosófico, como testemunham os objetos de sua pequena vitrine.

Quando se dirigia para o Haiti, Cuba... o novo passageiro fica perturbado:

– Até aquele momento, eu havia vivido no mundo fechado da pesquisa, motivado exclusivamente pela paixão do conhecimento. De repente, diante da imensa pobreza cheia de dignidade que descobri no Haiti e em Cuba, me conscientizei de realidades que eu nem mesmo imaginara! Imediatamente, sem restrição alguma, aderi à filosofia do comandante. Os peixes?... A pesquisa?... Sim, começava a me interessar. Mas, em hipótese nenhuma, isso representava a vida, a verdadeira vida!... Era preciso aliar as duas. Essa foi a mola propulsora da associação que fundei. Essa abertura para o mundo, para os outros, para a vida, devo ao comandante! Durante mais de meio século, esse homem soube unir à sua causa tanto o chefe de Estado quanto o pescador do lugar distante. Ele soube passar, sem transição nem estado de espírito, do escritório de um ao barco do outro. Surpreendente personalidade! Sempre seguindo suas idéias, defendendo seus pontos de vista, aquilo em que ele acreditava, sem se preocupar com o que diriam; assim, construiu para si uma reputação de semideus para uns, de diabo para outros...

Provocador assumido que era, costumava menosprezar as honras, que, entretanto, gostava de receber, Lembro-me desse dia de 1986 quando recebeu a Medalha da Liberdade que é, penso eu, a mais prestigiosa recompensa civil nos Estados Unidos.

A recepção oferecida na Casa Branca pelo presidente Reagan foi suntuosa. Éramos uma centena a sermos recebidos por esse homem caloroso e receptivo. O que quer que se pense de suas opções políticas, é preciso reconhecer que foi muito simpático. Nessa comemoração, esteve animado, receptivo e, pegando meu pai pelos ombros, como faria com um velho amigo:

– Comandante, eu parabenizo o senhor. Mas diga-me antes, de onde o senhor está vindo?...

Na época, gravávamos um filme em Cuba. Meu pai, portanto, respondeu bem naturalmente:

– Senhor presidente, eu vim especialmente pelo senhor, para receber esse prêmio que me honra, de Cuba!

Cuba! Vi o presidente Reagan ficar tão pálido que temi que tivesse ali mesmo um ataque. Para os norte-americanos, para Reagan em particular, Cuba era o inimigo número um. Um anjo deve ter passado... Bem educado e cordial, o presidente se refez.

Um pouco mais tarde na festa, Reagan se aproximou novamente do meu pai e, num tom interessado e educado, perguntou-lhe:

– Então, comandante, aonde o senhor vai agora? Aonde vai levar sua próxima expedição?

– Eu vou terminar meu filme, volto para Cuba, senhor presidente...

Reagan só faltou sufocar-se de novo.

Foi engraçado ver o homem mais poderoso do mundo perder o porte diante da naturalidade do comandante. Não perguntaram de onde ele vinha? Para onde ele ia? Ele simplesmente respondeu. Danem-se as suscetibilidades e outras querelas! Certamente não teria sido um bom diplomata, apesar do seu incontestável carisma!

Um dia visionário, no dia seguinte, inventor... Sempre com rara habilidade, às vezes sendo taxado de oportunista, o comandante foi, em todas as ocasiões, uma personalidade difícil de tratar. Federico Mayor, diretor geral da Unesco e presidente de honra do comitê da espada de acadêmico do comandante Jacques-Yves Cousteau, não deixou de se surpreender, antes de lhe perguntar:

– Quem é o senhor, comandante? E qual de suas vidas devo privilegiar...?

No final do depoimento, diplomata, Federico Mayor coloca o enigma em algumas palavras, considerando-o um "cidadão do mundo... à vontade tanto no escritório de um chefe de Estado quanto nas cabanas de uma tribo indígena, recebido como amigo em todas as latitudes".

Inúmeras personalidades, entre elas André Giraud, antigo ministro; Maurice Druon, secretário emérito da Academia Francesa e antigo ministro, renderam homenagem ao seu "novo confrade", quando da entrega de sua espada de acadêmico. Aí então chegou minha vez. Arquiteto, como ele explorador dos mares, dirigi-me a ele antes de tudo como filho, sem a menor adulação. Como o conheço intimamente, posso me permitir resumir esse homem por uma pequena frase: "Nunca duvidou de poder realizar seus sonhos".

Os anos se passaram. Meu pai não existe mais. Não estou certo de que as crianças de 10, 15, e mesmo 16 anos, saibam responder à pergunta: "Quem é o comandante Cousteau?" Entretanto, eu me encanto com a leitura de uma passagem de *White*, romance de Marie Darrieussecq publicado em 2003. A jovem romancista evoca o passado de seus heróis, dois pesquisadores, Edmée e Peter, que acabavam de se encontrar: "Daqueles anos, pouquíssimas lembranças comuns: a queda do muro de Berlim, primeira infância; um filme do comandante Cousteau sobre o sono dos tubarões; um eclipse total do sol. O filme do comandante Cousteau, por mais sem importância que pareça, é a lembrança mais estável".

Fico feliz que a juventude de hoje ainda se lembre do comandante, muito tempo depois que os "mosqueteiros dos mares" partiram em direção às estrelas, a qualquer outra parte... Agora que o *Calypso* apodrece não sei bem em que porto, as testemunhas desse percurso surpreendente do paxá e de sua Bergère tornam-se cada vez mais raras. Veteranos da tripulação, colaboradores próximos – ainda que para alguns eles nunca tenham mergulhado –, todos falam, com a voz embargada de emoção, de "seu" comandante, que, na verdade, nunca foi comandante.

Todos reservam palavras ternas, calorosas e carinhosas quando se referem ao *Calypso.* Um inacreditável pequeno barco e, mais do que uma ninfa, uma mulher loucamente amada. Todos amavam a Bergère. Quando citam essa mulher fora do comum que tive a sorte de ter como mãe, não deixam de enxugar uma pequena lágrima furtiva. Gesto emocionante para homens desastrados de mãos rudes... Os homens de bordo não são os únicos que se recordam. Nunca encontro Marcel Isy-Schwart – mais conhecido no mundo do mergulho submarino pelo pseudônimo de "Zizi" – sem que ele, de repente, comece a falar super-entusiasmado de minha mãe. Passados 86 anos, esse pioneiro do mundo do silêncio que continua mergulhando, se lembra perfeitamente da jovem mulher que acompanhava suas conferências em Pleyel, meio século atrás.

– Eu tinha adoração pela Simone, realmente bonita, muito feminina. Uma mulher fora do comum. Com todo o respeito que tinha pelo seu pai... – não deixou ele de acrescentar, num tom rico de subentendidos!

Com respeito ou não, ele acaba compensando suas pseudofrustrações do passado dando algumas patadas no comandante...

"Quando eu o encontrei, nos anos 1950, ele me pediu:

– O que você vai fazer, neste verão?

– Vou mergulhar e fazer filmes em cores... Fato que provocou um grande riso zombador.

Em tom de compaixão, o comandante me diz:

– Meu pobre Zizi! Faça o que você quiser... Mas os filmes submarinos em cores, não acredito muito neles...

No ano seguinte, a mesma pergunta:

– Então Zizi, o que você fará neste verão?

– Eu viajo para a Córsega, caçar mero...

O mesmo ataque de riso e o mesmo tom consternado:

– Mas, meu pobre Zizi, não há um único mero nas águas em volta da Córsega!"

Zizi, falsamente desolado:

"Isso me aborrece, mas também nesse caso ele estava enganado. Naquele verão, eu peguei um mero de 87 quilos! Surpreendente de fato que um homem como ele tenha conseguido cometer tais erros".

O ponto de vista e as reflexões do comandante inspiravam uma confiança quase cega. Entretanto, ele podia se enganar. Ele não era um super-homem, apesar dos talentos que é preciso reconhecer. O primeiro, o mais belo de todos foi, sem dúvida, o de ter sempre acreditado nos seus sonhos... Pelo menos, fez sonhar várias gerações.

Outono de 2003. Com o tema *Sur le fil du siècle* (Ao longo do século), o Centro Pompidou, em Paris, propõe uma exposição retrospectiva dedicada a Jacques Cousteau: "Poeta, escritor, crítico, e também cineasta..." O artista é apresentado desta forma: "Ao mesmo tempo moderno e neoclássico, revolucionário e 'reacionário'".

Na primeira sala, o visitante pode ler, em cinza sobre uma parede cinza: "O mar e o sonho se parecem. As plantas que retiramos de um e as frases que retiramos do outro perdem imediatamente sua beleza". Sala seguinte: "Ao sair do sono, o sonho se perde. Como uma planta submarina que morre fora d'água, ele morre sobre os meus lençóis".

Intelectualmente falando, Jean Cocteau e o comandante continuarão a anos-luz um do outro. Porém, ao lermos essas duas únicas pequenas frases, podemos nos perguntar se não existe, entre o poeta e o marinheiro, mais pontos em comum do que se possa imaginar. Seria para não ver seus sonhos morrerem sobre os lençóis que o comandante Cousteau teria decidido um dia criar casas sob o mar?

Ele já era muito conhecido, célebre no mundo inteiro quando recebeu "Excalibur", a espada invencível e luminosa do rei Arthur, o homem que ganhava suas guerras perdendo todas as suas batalhas. O comandante Cousteau prestou então juramento solene, prometendo combater, "como fez Lancelot... com essa arma simbólica dos poetas, que sozinhos podem mudar o mundo..." Sempre o mesmo fio condutor: "Convencer para vencer". Foi uma arte que dominou com maestria durante a vida inteira.

Meu pai gostava de escrever. Tinha sempre canetas – preta, azul, vermelha, verde – presas no bolso da manga esquerda de sua eterna camisa azul. Como seus olhos. Grande sedutor! E escrevia com certa elegância. Porém, esse homem se sentia sempre mais à vontade frente às profundas indagações dos mares do que diante de uma página em branco. Entretanto, costumava se deixar ajudar (como estou me deixando aqui) e não escondia. Bertrand Poirot-Delpech, em sua resposta ao discurso de recepção na Academia Francesa daquele que foi "o sétimo oficial da Royale a pegar de assalto o cais Conti", destaca: "Nós que somos quase todos aqui homens de livros, apreciamos que seus três longas-metragens e seus cem filmes de televisão tenham inspirado umas sessenta obras. Se nem todos foram escritos por seu punho (o senhor alega claramente a semipaternidade deles a Yves Paccalet ou Philippe Diolé), de qualquer forma estão impregnados por seus atos, suas idéias e fórmulas em que podemos reconhecê-lo..."

O comandante Cousteau não escrevia os livros relatando suas expedições. Quando teria ele encontrado tempo?

"O que quer que tenha feito, esse homem era, antes de tudo, um 'louco por imagens'"... É assim que Bertrand Charrier explica o comportamento do comandante. A expressão, na opinião de todos aqueles que o conheceram bem, é perfeita.

Doutor em oceanografia, diplomado em hidrodinâmica, Bertrand Charrier entrou para a empresa Cousteau no início dos anos 1980, pouco após a morte de Philippe. Com o comandante Lucien Malavard, Charrier está na base da criação do "turbovela". Era uma vela metálica revolucionária, constituída por um tubo profundo de alumínio que comportava aberturas protegidas com redes de arames. No topo, um ventilador aspirava o ar de maneira que funcionasse como uma vela clássica, porém de cinco a seis vezes mais eficaz.

Após o crise do petróleo de 1973, todo mundo entendeu que se tornava indispensável economizar energia. Nesse sentido, o turbovela representava um avanço considerável. Mas, para que o investimento fosse rentável, era preciso que o preço do barril de petróleo chegasse a somas jamais atingidas. Certamente o turbovela permitiria economizar energia, mas exigia de início pesadíssimos investimentos, ainda mais longos a atenuar, pois o preço do barril continuou a baixar. Os armadores, portanto, não acharam oportuno equipar seus barcos com ele.

Também Bertrand Charrier foi durante algum tempo considerado o "braço direito" e possível herdeiro espiritual do comandante. Mas logo, em virtude das mudanças ocorridas dentro da administração da Fundação, assim como François Sarano e eu, acabou sendo submetido a pressões que não suportou. Tirou um ano sabático, de férias totais, para "refletir"... O fato desagradou excessivamente o comandante. Como era difícil se desligar de tal personalidade, Bertrand Charrier acabou voltando no ano seguinte.

– O comandante era muito exigente. Ele pedia muito. Era normal. É verdade que nós nos dedicávamos muito, mas recebíamos bem mais, em troca...

Entretanto, alguns meses mais tarde, ele decidiu deixar definitivamente a empresa.

– O clima não era mais o mesmo. As relações, o modo de trabalhar... tudo estava diferente.

No momento de se separar, de dizer adeus ao comandante, Bertrand Charrier teve uma longa conversa com ele.

– Nós começamos por trocar frases comuns, cordiais e amáveis. Desejando-nos mutuamente "boa sorte", como se deve.

"Mas eu queria abordar o âmago da questão, fazer-lhe a pergunta mais séria que preocupava a todos nós e para a qual não tínhamos resposta. É sempre difícil conversar com um homem idoso sobre como encaramos o futuro 'depois dele'. Contudo, eu devia fazê-lo, principalmente em tais circunstâncias. Ainda que já tivesse pedido minha demissão e não estivesse mais sob sua autoridade, eu precisei respirar fundo antes de proferir:

– Comandante, eu vou ser direto... O senhor não acha que seria bom que começasse a pensar no futuro, que considerasse sua sucessão. Senão... Se deixar as coisas como estão, após o senhor, será o fim da Fundação Cousteau, será o fim do *Calypso*! Não haverá mais nada..."

Bertrand Charrier recorda-se do olhar claro e frio que cruzou então o seu. Sentado, bem acomodado em sua poltrona, o velho homem articulou tranqüilamente, pronunciando bem cada sílaba: "É exatamente isso o que eu quero..."

Por qual razão? Vaidade? Orgulho? Auto-satisfação? Imaginava-se insubstituível?

– Não acredito nisso. – diz Charrier – Acho apenas que, antes de ser um homem do mar, o comandante era um homem das imagens, do cinema, um cineasta. Ora, um cineasta não tem herdeiro, não tem sucessor. Um cineasta não passa a vez...

25
A Bergère

O dia 10 de junho de 1990 era uma grande data. Dia de festa? Seria demais dizer isso. Depois da morte de Philippe, mesmo que a vida continue seguindo seu curso, não há mais festa. Não haverá mais festa realmente... Mas aceitamos as regras do jogo. Hoje, meu pai está completando oitenta anos. E ele não é o único herói do dia. No Museu de Mônaco, o comandante Jean Alinat entregará uma medalha à minha mãe: a Bergère acaba de ser promovida a Oficial do Mérito Marítimo.

Eu a vejo com orgulho e ternura. A Bergère é simplesmente maravilhosa! Sempre muito ligada ao país de sua infância e às suas tradições, está vestindo com elegância um conjunto à japonesa: túnica com grandes impressos coloridos sobre calça de seda preta. Minha mãe sempre me surpreende, ou melhor, até me assusta! Como uma mulher, depois de tantos anos vivendo em um barco, pode trocar assim, tão naturalmente, no instante em que põe os pés na terra, o short ou a calça jeans pelo traje perfeito para a solenidade? Ainda me pergunto.

– Você bem sabe, Jean-Michel, que a Bergère sempre teve um gosto excelente, refinado. Era nato nela, que se vestia perfeitamente, sabia usar a roupa que convinha, conforme o lugar e a circunstância – lembra-me sua amiga Cécile Thiéry.

Alain Traonouïl confirma e relembra a cerimônia que oficializou suas funções de capitão do *Calypso*, em 15 de abril de 1978: "Você estava elegante, de calças, usando óculos de sol originais, com um coração de strass incrustado no ângulo de uma lente por onde faiscava um olhar malicioso".

Com 70 anos, a Bergère abarca toda a última parte de uma vida que os movimentos do navio não pouparam. A começar por não mais computar o desaparecimento dos entes queridos. Contudo, nesse 10 de junho de 1990, mesmo tendo perdido um pouco de seu brilho e alguns centímetros de sua pequena estatura, mesmo com o passo mais hesitante, continuava radiante. JYC devia estar orgulhoso dela. Ela que sempre orgulhou-se dele... Aí está ele, sorridente e mesmo feliz, como não estivera há muito tempo. De repente, rejuvenescido, ele lhe anuncia a novidade.

– Simone...

Talvez até a tenha chamado de "Loubi", nesta noite...

Ele demonstra a mesma cumplicidade, vínculo que os unira durante muito tempo, em tom de brincadeira, para intimá-la:

– Adivinhe...

Simone recorda-se de tê-lo olhado com uma ponta de curiosidade, esse velho marido que não podia deixar de fazer seu papel de sedutor. Os anos não o haviam mudado, ele sempre fazia "o jogo de sedução", desde que estivesse na presença de uma mulher, mesmo que fosse a sua. Jovem ou não, pouco lhe importava, era preciso que ela "caísse" no seu charme. Seduzir era sua segunda característica. É verdade que também se comportava assim com os homens. Para evitar as discussões, dissimulava os conflitos e atingia sempre seus objetivos, seduzindo.

– Era um homem charmoso, forte, recorda-se Titi Léandri, com a mesma admiração e certa dose de divertimento:

"Um dia, vimos chegar um senhor... Acho que não estava de bom humor... deviam-lhe dinheiro e ele viera buscá-lo. Discutiu o assunto com o comandante durante algum tempo. Depois, nós o vimos ir embora sorrindo... não sem antes deixar um pouco de dinheiro!"

Nessa noite, enquanto JYC ostenta seu irresistível sorriso, Simone sonda em seu olhar cinza azulado que ninguém resiste. Mas, agora, ela está desconfiada de alguma coisa. JYC fala, fala. Por pouco, ela poderia pensar que estava delirando... O que ele estaria querendo lhe contar?... Ela seria condecorada...

Simone termina caindo na gargalhada:

– Já terminou com as brincadeiras? Condecorada, eu... E por quê, meu Deus?...

Ele continua as explicações sobre o assunto, fazendo referência ao decreto de 12 de março 1990, publicado no *Journal Officiel... Journal Officiel...* Nenhum risco de Simone tê-lo lido no *Calypso*, em que todo mundo, a começar por ela, zombava bem desse jornal. Em matéria de "jornais", ela lia apenas *Match*, *Elle* e outras revistas do mesmo estilo, "a fim de manter contato com a França".

JYC envolve em seus braços os ombros de sua mulher, como tão bem sabia fazer. Talvez para ser perdoado por aquilo que não lhe confessaria nunca... E prossegue:

– Você parece que não compreendeu... Você foi promovida ao grau de Oficial do Mérito Marítimo.

– Oficial do Mérito Marítimo? Eu?... E por quê? – gargalha então Simone, que não havia perdido nada de sua insolência.

– Mas, enfim... Você está sendo condecorada pelos serviços prestados ao mar...

Sempre direto, pois a linguagem de marinheiro obriga – principalmente na hora de atribuir o mérito. A futura condecorada espanta-se:

– Mérito Marítimo? Eu? Eles teriam ficado loucos no ministério? A menos que não se importem comigo. Se de fato um serviu ao outro, foi o mar que me fez isso e não o inverso, ajudando a agüentar você. Você imagina mesmo, meu pobre JYC, que sem ele eu teria vivido tanto tempo com você?

Naquela noite, JYC acaba se divertindo bastante com as brincadeiras da Bergère, que sempre diz o que passa por sua cabeça, essa impetuosa Simone! Com ar de tranqüilidade, ele continua:

– O decreto foi aprovado no dia 12 de março de 1990. E foi publicado no *Journal Officiel* de 21 de abril...

A ponta de orgulho dissimulada com dificuldade que se nota no tom de voz de seu comandante e marido a diverte. Simone sorri. Feliz – mas bem menos que antigamente –, desarmada, com certa ingenuidade, ela não coloca mais a questão e se rende diante da evidência.

Simone pensa em sua mãe... Pensa em Marguerite, sempre tão segura de si, de sua beleza, e diante de quem várias vezes se sentiu desvalorizada. Hoje, aí está a Bergère, oficialmente reconhecida, digna descendente dos almirantes Charles Joseph (seu bisavô) e de Jean Baëhme (seu avô): a família de sua mãe.

Simone também se sente à altura do almirante Jules Bernard François Melchior, seu avô paterno. E se volta para JYC, que acaba de lhe fazer essa agradável surpresa. Assim, a pequena cerimônia a ser realizada na data de aniversário do comandante será também dela. Aos dois, então! Simone duvida que, de fato, JYC esteja lá à toa. Enfim, por coisa nenhuma. A idéia volta-se ao fiel Alain Traonouïl, sempre muito próximo da Bergère, sempre atento a seu bem-estar. Ele foi o comandante do *Calypso* entre 1978 e 1981, antes de se tornar encarregado da logística em terra. Tinha se incumbido de tomar as medidas necessárias. Uma vez alcançado o objetivo, depois de assegurar-se de que a Bergère seria condecorada, Traonouïl distanciou-se, com a elegância que lhe era peculiar. E deixou ao comandante o prazer de anunciar a novidade a Simone, que só podia desde então lhe atribuir a paternidade. Compatível com seu modo de ser, ele não julgou oportuno desmentir.

"Teria ele deixado de mencioná-lo conscientemente? Eu não afirmaria isso... JYC não era, propriamente, maquiavélico... Esses pequenos detalhes não o tiravam do sério. Em contrapartida, é verdade que ele sabia facilmente se apropriar do melhor papel..."

Cécile Thiéry, uma das raras mulheres a ter estado bem próxima de minha mãe, recorda-se:

– O comandante estava realmente muito contente de dar essa alegria à Bergère. Para ele, o mérito era, de alguma forma, um presente de sua parte. Uma maneira dissimulada de dizer obrigado a essa esposa de quem ele continuava sempre muito próximo, ainda que a tenha, às vezes, desprezado. JYC precisava de Simone, de sua presença, de suas opiniões. De tudo... ou de quase tudo.

Cécile Thiéry não se engana.

Há algum tempo, recebi, de forma completamente inesperada, o testemunho de um homem, um engenheiro que não conhecia e cujo nome nada me dizia.

Em 1957, Jacques Piccard estava procurando trabalho. Ele havia entrado em contato com a equipe Cousteau e marcado um encontro com o comandante. Os dois homens começaram a conversar na presença da Bergère. Simone fumava na época – certamente não deveria... Talvez tenha sido o que encurtara sua vida. Ela quis acender um cigarro, mas seu isqueiro não funcionou. Nenhuma chama, nem mesmo uma mínima faísca... Sempre direta e quase sempre provocadora, entregou seu isqueiro a Jacques Piccard:

– Você que é engenheiro, com certeza, pode consertá-lo...

Sorte? Golpe do destino? O jovem engenheiro havia trabalhado na empresa que fabricava esses isqueiros. Ele o desmontou, o consertou... antes de entregá-lo à Bergère, que acendeu seu cigarro!

Ela, então, inclinou-se em direção ao comandante:

– Esse aí, JYC, pode contratar imediatamente...

Jacques Piccard passou onze anos na equipe.

A influência da Bergère sobre o comandante era enorme. Ele nunca contratava nada, nenhuma pesquisa, nenhuma empresa, nenhum homem, sem pedir sua opinião, a qual seguia, quase sempre, à risca. Não é demais afirmar que ela foi a alma do *Calypso.*

Foram apaixonados por ela? Não sei e, por outro lado, não me interessa. Do que eu tenho certeza é que todos eles, os homens do *Calypso*, amavam Simone. Como o comandante... Ele a amou até o fim, mesmo que não estivesse mais apaixonado.

– Se a Bergère tivesse sido de uma outra geração, eles teriam trabalhado juntos, é certo – diz Cécile Thiéry.

Isso, por outro lado, teria sido muito positivo, tanto para um quanto para o outro, e para o casal também. Simone teria conseguido superar seus complexos, ela que se achava "ignorante", "inculta"... Ela se considerava "feia" também, ao se comparar à sua mãe, quando, na verdade, havia tido o privilégio de permanecer bonita até o fim! No decorrer dos anos, das decepções e das dores, Simone ficou um pouco curvada, torta. Mesmo com um andar menos seguro por causa da dor física, a mesma mulher magnífica continuava a brilhar com intensidade. Ninguém, nem mesmo os que conviveram com ela diariamente no *Calypso*, poderá dizer o contrário. E, no entanto, uma mulher nunca está "em excelente estado" em um barco, não é verdade?

Cécile Thiéry fala da Bergère com um entusiasmo misto de amizade e admiração:

– Infelizmente, por ter uma personalidade inquieta, absoluta e torturada – Simone era de temperamento ciumento –, penso que ela ficou infeliz muito rápido. JYC nem mesmo percebia isso! Fraqueza surpreendente em um homem dessa qualidade. Tinha paixão pelo que fazia e também, é preciso confessar, uma profunda necessidade de seduzir, era quase uma segunda índole.

Muito próxima, intelectual e afetivamente da Bergère, Cécile é filha de uma prima de JYC, com quem se entendia muito bem e se encontrava regularmente. Ela o conhecia...

– Quando JYC saía de casa particularmente feliz, após uma reunião ou um almoço em família – recorda-se Cécile Thiéry – minha mãe balançava a cabeça com um pequeno sorriso, antes de constatar: "Ele foi adorável, como sempre. Entretanto, quando a porta acabar de se fechar, posso assegurar que ele já esqueceu todos nós!"

– Era JYC! – admite Cécile, balançando os ombros diante da evidência que comenta, com a objetividade e a lucidez daqueles que o conhecem e o amam bastante.

Foi no Museu de Mônaco, onde trabalhou durante muitos anos, que Cécile Thiéry conheceu minha mãe. Rapidamente, as duas mulheres uniram-se por meio de uma profunda amizade, mesmo não sendo da mesma geração – a menos que isso tenha sido a causa dessa ligação. É possível perguntar se a Bergère, que nunca manifestou seu instinto maternal em relação aos filhos, não estaria se comportando como uma mãe zelosa em relação à filha. Cécile confirma:

– Ela era sempre muito maternal comigo. Sem dúvida, sentia a necessidade de falar de outros assuntos, ela que, durante tantos anos viveu em um universo unicamente masculino. Com os homens do mar, que mais seria! Era sua escolha, ela se sentia bem lá, mas podemos imaginar que uma certa manifestação de feminilidade lhe faltava. Acho que nos encontramos no momento correto. Simone tinha uns 50 anos, o que lhe permitia me "adotar". Não creio que nunca tenha tido boas relações com as amigas da mesma idade, as que havia conhecido na época de Sanary e de Bandol, Andrée Bertino, Andrée Mauric a esposa do arquiteto amigo deles... Não havíamos vivido os mesmos acontecimentos, nem experimentado as mesmas alegrias e frustrações e não havíamos feito as mesmas escolhas. Muito jovem na época, eu me posicionava com certa audácia, como sempre, nessa idade!

JYC entendia-se muito bem com Cécile, mas não a poupava de seus sarcasmos. Juntos, eles tinham longas conversas.

– Era sempre fascinante falar com ele, recorda-se ela, sem por isso minimizar suas afrontas. Ele me considerava "uma ótima amiga... mas ultrafeminista, ultra-socialista" e um terceiro "ultra" que eu não me recordo mais qual era... ela se diverte hoje.

Cécile Thiéry descreve o comandante:

– Um Dom Juan que adorava que o amassem e, principalmente, que o cortejassem... Nós o perdoamos por isso porque era um ser excepcional, uma espécie de gênio. Nem sempre teve uma maneira de se conduzir, um comportamento muito claro e exemplar, mas nossas trocas sempre foram fascinantes. Ele tinha uma visão de mundo que, longe de ser mesquinha, nos engrandecia. Eu adorava falar com ele. Ele me escutava... Nós berrávamos um com o outro... Com o passar do tempo, penso hoje que, de certo modo, somos todos um pouco filhos do Cousteau! Filhos que preservaram a admiração por ele. É por isso que, apesar de algumas restrições – principalmente sobre seu modo de abusar de seu irresistível carisma –, continuo a achá-lo um gênio.

O comandante tinha nove anos a mais que Simone. Segundo as estatísticas, os homens vivem menos tempo que as mulheres: ele deveria morrer antes dela.

"Se isso tivesse acontecido, se ele tivesse partido primeiro..."

Eles dizem a mesma coisa, François Sarano, Titi Léandri, Albert Falco, todos do *Calypso*, os antigos e os demais... todos teriam apoiado a Bergère, sem a menor hesitação.

– Ainda que isso pudesse nos custar, material e fisicamente, teríamos assumido. E o *Calypso* estaria em condições de navegar. Não estaria morto. O *Calypso* continuaria sendo sempre o *Calypso*.

Aos olhos deles, ela não era apenas uma ninfa, mas uma deusa...

Não me surpreendo. Em contrapartida, ainda me emociono quando os ouço proferir esse discurso. Esses homens não têm a mesma idade, mas possuem um passado em comum...

Não saberia enumerá-los todos. Porém, sinto um real afeto por eles, que passaram, alguns uma parte, outros, toda sua vida profissional no *Calypso*. Foram, certamente, testemunhas ativas das expedições, mas também de uma certa arte de viver. Sobre arte... Zizi se lembra da resposta que lhe dava a Bergère quando ele se maravilhava com a qualidade de vida, com o refinamento da cozinha, a bordo do *Calypso:*

– Ela me olhava, sorria e me dizia: "Zizi, você bem sabe, é nos pequenos detalhes que reconhecemos um três estrelas!"

Eu quis intitular esse testemunho de *Meu pai, o comandante*, em homenagem a esse homem com quem, ainda hoje, me pareço

Paris, le 7 Septembre 1993 -

Mon cher Jean-Michel,

Comme tu le sais, à la suite de la publication d'un pamphlet médisant, pompeusement intitulé "biographie", des articles de presse ont amplifié les attaques déclenchées par le livre, en rajoutant des propos, inventés ou déformés - Tant qu'il ne s'agissait que de moi, c'était presque naturel, car la jalousie se révèle d'autant plus agressive que l'objet est populaire - Mais notre séparation professionnelle a provoqué un nouveau domaine de calomnie sur nos rapports allant jusqu'à prétendre qu'entre nous, c'était une "haine vigilante" !!! Pour que nul n'en ignore, j'affirme que notre affection mutuelle n'a jamais été compromise, ni l'estime que je te porte - Si nos jugements ont différé sur le choix de nos activités, et si cela a en définitive motivé, dans l'intérêt réciproque, une séparation uniquement professionnelle, je te garde, intacte, non seulement mon affection paternelle, mais aussi bien mon estime pour tes dons et tes qualités professionnelles -

Ton père, qui t'embrasse sans arrière pensée,

tanto fisicamente. Também como recordação de nossa cumplicidade, de nossas discórdias. Podemos dizer que elas se davam menos à sua vontade própria que às influências que todo homem sofre quando a idade avança e ele se torna mais frágil.

Por outro lado, essa carta[1], escrita de próprio punho, tira todas as dúvidas que poderiam ser levantadas em relação às diferenças que teriam conseguido nos opor.

Nós nos revimos alguns anos mais tarde quando, contrariando todas as proibições, fui vê-lo. Ele estava em sua cama de hospital, apesar das afirmações de um comunicado, garantindo: "O comandante vai muito bem. Ele está em casa tomando seu café".

Foi nosso último encontro. Guardo desse momento a preciosa lembrança. Último diálogo com um ser humano fisicamente debilitado, com tubos saindo de todos os lados – haviam feito nele uma traqueostomia –, mas com olhar sempre radiante. E, enquanto lhe falava, olhos nos olhos, ele me respondia, pela afirmação ou desacordo, com uma pressão sobre a minha mão que ele mantinha fechada na sua.

Esse reencontro, estranho e maravilhoso, só podia acontecer entre dois seres muito próximos... Ele me lembrou os primeiros anos do

---

[1] Paris, 7 de setembro de 1993.
Meu caro Jean-Michel,
Como você sabe, depois da publicação de um panfleto maldizente, pomposamente intitulado "Biografia", artigos da imprensa amplificaram ainda mais os ataques provocados pelo livro, acrescentando fatos inventados ou deformados – tanto que só se referia a mim, natural, pois a inveja se revela tanto mais agressiva quando o objeto é popular. Nossa separação profissional provocou um novo estilo de calúnia sobre nosso relacionamento, pretendendo até que entre nós haja um "ódio vigilante"!!! Para que ninguém ignore, afirmo que nossa afeição mútua nunca esteve comprometida, nem a estima que eu tenho por você. Se nossas opiniões tornaram-se diferentes sobre a escolha de nossas atividades e se isso definitivamente motivou, em interesse recíproco, uma separação unicamente profissional, mantenho intactos não só meu afeto paternal, mas também minha estima por seus dons e qualidades profissionais.
Seu pai, que o abraça sem nenhuma segunda intenção.
JY Cousteau

Calypso, quando nós nos comunicávamos em "morse", o código inventado por Samuel Morse. As pressões da mão de meu pai: o mesmo número de impulsos breves ou longos formando as palavras. Foi um momento intenso para nós dois. Ao sair de seu quarto, fiquei convencido de que estávamos em perfeita harmonia, marcada por uma serenidade, e que o profundo respeito que ele me inspirava nunca havia terminado. Foi um instante de paz.

Meu pai pôde conhecer uma certa trégua, apesar das forças que se colocavam entre nós que, ao invés de nos ajudar, só pioravam as coisas. Após seu desaparecimento, eu só vi ciúme, controle, rejeição. Rapidamente, entendi que sua obra se partiria em mil pedaços. É exatamente isso o que está acontecendo. Apesar de alguns avanços esporádicos, o que existe é agonia.

Intervindo, iremos criar um escândalo. Se não intervirmos, assistiremos à degradação do que foi um grande movimento. Os que imaginaram me ver reagir de maneira agressiva estão, sem dúvida, decepcionados pelo meu comportamento, pelo fato de, aparentemente, não me opor... É que eles não tiveram o privilégio de viver como eu esses últimos instantes com o comandante. Albert Falco, para citar apenas um, foi privado desse momento precioso, rico em cumplicidade. No entanto, ele gostaria muito de ter revisto JYC pela última vez. Por isso, eles ainda têm "fome" (não estão saciados), os antigos da equipe Cousteau.

Minha serenidade resulta de um longo passado comum, de uma cumplicidade forjada ao longo de uma obra complexa, difícil, mas sempre excitante. Poucos viveram-na. Esse fato não deixa de suscitar certa oposição, uma recusa ao diálogo e à possibilidade de enxergar um horizonte comum que pudesse perpetuar a obra do comandante Cousteau.

Depois de tê-lo deixado em um triste estado, quis agradecer ao médico que havia me dado autorização para ver meu pai. Ele estava no telefone, portanto, parei na porta de seu consultório, de onde, porém, podia ouvir gritos. Uma voz reprovava sua atitude: "Eu não lhe dei permissão... Minhas orientações eram bem restritas..."

Eu o ouvi dizer que sentia muito, depois desligou o telefone e, dirigindo-se a mim:

– Deixá-lo ver seu pai pela última vez está provocando muita ira...

O incidente me esclareceu sobre as supostas recusas que meu pai pudesse ter manifestado em me ver. Na época em que já estava doente há algum tempo, foi por acaso que eu soube, graças a meu primo Jean-Pierre, cardiologista, que o acompanhava há anos. Ele estivera regularmente em contato com os médicos que cuidavam dele no momento de sua hospitalização. Pensando que havia sido informado, um dia Jean Pierre, inquieto, me telefonou:

– Você sabe, teu pai, não está nada bem...

Eu me surpreendi:

– O que está acontecendo com ele?

– Como? Você não está sabendo?

– Não estou sabendo o quê?

Jean-Pierre então explicou que meu pai estava hospitalizado há várias semanas, o caso dele era sério e preocupante...

Imediatamente, decidi ir a Paris, para vê-lo. Meu amigo Tim Trebon, que sempre foi um admirador incondicional do comandante e dos Cousteau, então me disse:

– É inadmissível que você faça sozinho uma viagem tão difícil de suportar. Eu te acompanho.

Logo, Tim fez o trajeto de Kansas City a Paris comigo. Durante três dias, quisemos ver o paxá, mas, a cada tentativa, batíamos no mesmo obstáculo, na mesma recusa. Ele se opunha: o comandante não quer ver você...

Como podia saber que um homem incapaz de se expressar, que não fazia mais uso da palavra, se recusara a ver seu filho?

Na terceira noite, horas antes de pegar o avião em sentido contrário, arrasado, desesperado, fui com Tim a um restaurante próximo da porte d'Auteuil, se me recordo bem. E lá... nos embebedamos...!

Atravessei essas emboscadas com grande serenidade. Ao refletir, considero a atitude de meu pai, se não inevitável, ao menos quase normal. Ele havia envelhecido. Oitenta anos tinham-se passado. Pior ainda, ele havia perdido sua estrela-guia. E, para um navegador, isso só pode conduzir ao naufrágio... Ele havia perdido sua bússola, aquela que era seu parapeito, sua companheira para o melhor e o pior há tanto tempo. A Bergère, que sempre o havia apoiado em suas empreitadas, acabava, inesperadamente, de deixá-lo. Minha mãe estivera presente, a seu lado, ao longo de toda sua vida.

– Quando Simone faleceu, recorda-se Cécile Thiéry, ainda que, muito provavelmente, ele a tenha traído logo após seu casamento e levasse uma vida dupla há alguns anos, JYC sentiu-se, subitamente, perdido. Ainda o revejo, desesperado. Ela o havia abandonado, ele se sentia profundamente infeliz. Tudo se deteriorou muito rapidamente. Não havia mais nada de bom a ser feito. Seus filmes deixavam de ser tão notáveis, mas, até então, eram sempre interessantes. De repente, foi como se ele não tivesse mais inspiração. Ele naufragou em uma espécie de atonia... Sem a Bergère, não teria nunca existido *Captain Planet*, a seqüência da história provou isso.

Certamente, meus pais não representavam mais o casal perfeito. Na idade deles, após tantos anos de vida comum, isso pareceria chocante e até mesmo um pouco ridículo. Mas eles formavam uma dupla inseparável que nunca, nada nem ninguém poderia ter separado. Exceto a morte.

A Bergère deixou de brilhar em seu apartamento em Mônaco – e não no *Calypso* – em conseqüência de uma longa enfermidade, um câncer generalizado. JYC esteve presente, segurando sua mão. Ele só chegara na véspera, à noite, imobilizado em Paris pelas greves das companhias aéreas. Como se ela tivesse esperado sua presença, sua voz – "minha Loubi..." –, com a pressão de sua mão sobre a sua, ela partiu...

Mas isso não desculpa sua conduta passada. Nem a minha. Eu me critico ainda hoje – e continuo tendo muita mágoa de meu pai – por não ter "visto" que a Bergère estava doente há anos. Não compreendemos que alguns de seus comportamentos – particularmente um repentino desinteresse por seus objetivos – já eram sinal de um sofrimento físico. Sem dúvida, um pedido de ajuda... Por outro lado, essa forma de cegueira não foi sempre uma das características marcantes de meu pai? Esse personagem que preferia ignorar o que poderia incomodá-lo, impedi-lo de avançar... A Bergère inclusive o confortou nisso. Durante toda a sua vida, ela foi cúmplice, custando o que tivesse que custar. Até o fim. Quando seu médico, o doutor Denis Martin-Laval, anunciou que ela tinha câncer, antes mesmo de perguntar ao médico sobre os cuidados de que a doença necessitava, sobre a maneira como as coisas evoluiriam e o tempo que lhe restava a viver, a Bergère obrigou-o a prometer que não comentaria sobre o diagnóstico nem a JYC nem a mim. Insistindo:

– Eu conto com o senhor, me dê sua palavra.

O doutor Martin-Laval tentou resistir:

– A senhora não pode me pedir isso. Eles criticariam a minha atitude. Por outro lado, por quais razões a senhora não quer que eu os informe?

– Porque eu não quero nem incomodar nem diminuir o ritmo do trabalho e de seus projetos, principalmente. Eu sempre me virei para não ser um freio para eles. Eu quero que a vida continue, é tudo. Como depois continuará sem mim..., teria ela acrescentado, com um pequeno sorriso que o doutor Martin-Laval ainda tem muita dificuldade para interpretar.

Ele prometeu e não nos revelou nada sobre o estado de saúde de minha mãe.

Eu me lembro do doutor Martin-Laval... Ele se aposentou e vive no meio de uma vegetação de carvalho e de pinheiros, em uma velha casa de campo em que se chega após uma trilha de pedregulhos. Ao chegar em frente da casa, desliga o motor, desce de seu carro, coloca-se no meio do caminho e solta violentos relinchos. Logo se ouvem outros relinchos. Então, chegam galopando dois asnos que se dão encontrões para chegar primeiro.

Mais surpreendente... Quando o doutor Martin-Laval se aproxima dessa velha cabana aparentemente mal cuidada, cercada de pedaços de madeira, de ferramentas de jardinagem e de velhos objetos quebrados, basta que ele entre na casa, aperte um botão, para que, estupefato, eu veja os postigos das janelas se abrirem num conjunto perfeito de dois andares. Que contraste entre os asnos, a região árida e as janelas eletrônicas!

Vestida com seu conjunto japonês, aquele mesmo que usava com elegância alguns meses atrás para receber o Mérito Marítimo, o corpo da Bergère foi abençoado na catedral de Mônaco, na quarta-feira. 5 de dezembro de 1990.

Alain Traonouïl homenageou-a:

"Quando você passou na entrada central da catedral, precedida pela almofada carregando sua cruz de oficial do Mérito Marítimo, me pareceu que essa insígnia do azul do céu e do verde do oceano era a flor que melhor lhe convinha. Eu estava esmagado de emoção, pensando na senhora, madame, que é minha referência de generosidade, de coragem, de lucidez, de recusa ao artificial[2]..."

A Bergère foi cremada. A urna que continha suas cinzas foi jogada ao mar, no alto mar de Mônaco, acompanhada das honras da marinha francesa.

Naquele dia, ela reencontrou Philippe.

"O mar será um porta-jóias à sua altura, a senhora, nele, não estará

[2] *Calypso Log*, janvier 1991.

Lundi 31 Décembre 1990. Fax to: [illegible].

– JYC à tous ceux qui travaillent à la Fondation –

Mes chers amis – La disparition de la Bergère vous a tous profondément peinés. Elle nous a désemparés, Jean Michel et moi.

Simone est morte dans mes bras. J'ai cru que je ne pourrais m'en remettre ni physiquement ni moralement. Cependant, avoir passé Noël chez Jean-Michel, avec ce qui reste de la famille, cela m'a sans doute aidé à commencer un rétablissement.

Je vous dois à tous de tout faire pour retrouver, si possible, mon énergie. Ici, dans un îlot des Bahamas, j'ai trouvé un salutaire isolement, au soleil de la continuance, dans l'eau de mer qui me permet de méditer. Je serai à Paris le 6 Janvier après midi.

C'est alors qu'avec vous, j'organiserai notre nouvelle vie dans une "impasse" qui sera plutôt une base de lancement d'idées; que nous mettrons en route les missions du Danube et de la Calypso, que nous diversifierons nos publications, et que nous resserrerons nos liens avec la branche américaine et avec le PoC.

Je vous souhaite à tous une bonne année,

JYCousteau

P.S. pour ceux de Calypso, qui mesurent encore mieux l'étendue de la perte que nous venons de faire. En attendant de vous appeler de Paris, je reste très près de vous par la pensée et par les sentiments. JYC sozinha. A senhora será um candelabro monumental, uma tocha nesse mundo sem luz das profundezas"[3], escreveu então Alain Traonouïl.

Meu pai veio passar as festas de Natal na minha casa, nos Estados Unidos, com meus filhos, antes de partir alguns dias para uma ilhota das Bahamas. Ele enviou um fax aos seus colaboradores.[4]

De seu terraço, a Bergère gostava de olhar seu *Calypso* no porto. Agora, ela está no fundo, longe do *Calypso* que está aliás apodrecendo em La Rochelle.

A Bergère certamente teria preferido que afundasse lentamente no mar – como ela, como Philippe – esse barco que ela tinha amado tanto, como parte dela mesma.

Quando tudo "funcionava bem", recorda-se seu amigo Jean-Marie France, era a felicidade a bordo. Quando o *Calypso* sofria, a Bergère ficava infeliz.

---

[3] *Ibid.*

[4] Segunda-feira, 31 de dezembro de 1990.
JYC a todos aqueles que trabalharam na Fundação
Meus caros amigos – O desaparecimento da Bergère penalizou profundamente todos vocês. Ela nos desamparou, Jean-Michel e eu.
Simone morreu nos meus braços. Acreditei não poder me recuperar da perda nem física nem moralmente. Entretanto, ter passado o Natal na casa de Jean-Michel com os que restam da família, sem dúvida me ajudou a começar a me restabelecer.
Eu devo a todos vocês por terem feito de tudo para que eu pudesse reencontrar minha energia. Aqui, numa ilhota das Bahamas, eu encontrei um salutar isolamento, ao sol da abstinência, na água do mar que me permite meditar. Estarei em Paris no dia 6 de janeiro à tarde.
Então, com vocês, organizarei nossa nova vida num "impasse", que será de preferência uma base de lançamento de idéias onde iniciaremos as missões do *Danube* e do *Calypso*, diversificaremos nossas publicações, e renovaremos nossos laços com a divisão americana e com o POC.
Eu desejo a todos vocês um feliz ano novo, JY Cousteau.
P.S. para o pessoal do Calypso, que entende ainda mais a extensão da perda que acabamos de sofrer. Esperando contatá-los de Paris, continuo bem próximo de vocês através de meus pensamentos e sentimentos. JYC

Ela se levantava violentamente contra a idéia – que considerava imbecil, e não escondia – daqueles que queriam fazer um museu do *Calypso*.

Tonitruante:

– Antes o ver afundar! Um barco... é feito para navegar!

A Bergère morreu em 2 de dezembro de 1990.

Foi em Bangkok, capital do Laos, pronto para embarcar para o Vietnã, a fim de encontrar a equipe no rio Mékong, onde o *Calypso* deveria efetuar sua última expedição, que recebi a mensagem. A Bergère havia nos deixado. Saltei em um avião para conseguir chegar em Mônaco, encontrar meu pai e nossos amigos.

Em 1991, continuávamos sem trégua a expedição, que necessitava de duas equipes. O Mékong é quase sempre dificilmente navegável, da nascente à foz, um imenso delta no mar da China meridional, a 4 180 quilômetros de lá. Ao norte, a primeira parte do rio é formada por uma sucessão de pequenos canais (porções de curso d'água navegáveis), separados por cachoeiras impraticáveis, impedindo toda navegação contínua, mesmo em pequenos barcos. Após atravessar o Yunnan, o rio forma a fronteira entre o Laos, a Tailândia e a Birmânia, o famoso triângulo de ouro onde se cultiva o ópio.

Ao sul, no Camboja e no Vietnã, ele forma o Grande Lago (Tonle-Sap) antes de se jogar no mar da China. É nessa parte que navegava o *Calypso,* a bordo do qual uma segunda equipe havia substituído a anterior. A tripulação e o capitão constataram que o painel traseiro do barco tendia a se abrir, deixando penetrar água. Isso causaria um enorme problema de segurança. Há anos, consertávamos o *Calypso* com a ajuda de centenas de milhares de dólares. Isso não era mais viável, nem em teremos financeiros, nem em relação à segurança.

No dia 23 de agosto de 1990, a Bergère havia deixado o *Calypso* em Batangas, a cento e cinqüenta quilômetros ao sul de Manila.

– Como ela sempre fazia antes de partir, recorda-se Alain Traonouïl, para dizer adeus ao barco, ela abraçava uma coluna vertical próxima à sua cabine, antes de atravessar a saída do navio.

Será que ela já estaria desconfiada de que nunca mais retornaria ao *Calypso*?

Três homens permaneceram a bordo: o capitão, de quem esqueci o nome, um mecânico e um marujo. O mecânico, Jean-Marie France, vivia no *Calypso*. Ele era muito próximo da Bergère, de quem comentou em sua partida:

– Ela era tudo: marinheiro, enfermeira, amiga e confidente. Vi muitos marinheiros – eu em primeiro lugar – desabafar o excesso de sofrimento em seu ombro... Havíamos perdido um grande marinheiro. Eu, minha melhor amiga...

Jean-Marie France assumiu os cuidados de Yuki – neve em japonês –, seu cachorro, uma pequena bola branca muito barulhenta.

Com meu pai incomunicável durante vários dias, precisei tomar em seu lugar uma séria decisão. O capitão estava armado, aterrorizava todo mundo e não hesitava em mandar subir a bordo garotas com hábitos levianos. Pior, Jean-Marie France nos havia prevenido de que ele as recebia na cabine do comandante e da Bergère, sem dúvida, mais confortável do que a sua. Esse comportamento era, aos meus olhos, um insulto à Bergère, por isso decidi demiti-lo. Ele foi... Mas levou com ele objetos que pertenciam aos meus pais, objetos pessoais aos quais eles eram apegados. Esse tipo de comportamento era até então desconhecido no *Calypso*. Ouso dizer que "ele nunca se recuperou disso...". Pouco depois, nós constatamos que não poderíamos mais fazer grande coisa por ele.

– Acabou... dizíamos entre nós, meu pai e eu.

As coisas aconteciam um pouco como se a vida do *Calypso* estivesse um pouco ligada à vida da Bergère. Ouso dizer que estou convencido disso e correndo o risco de passar por um "doce alucinado".

Meu pai nunca mais navegou no *Calypso*. Após a morte da Bergère, ele nem mesmo subiu a bordo... Esse período foi difícil para ele, dramático mesmo. E, mais uma vez, ele não queria enfrentar.

A equipe de guarda chegou. Guy Jouas, de quem sempre me lembro com afeto, fazia parte dela. Então comecei fazendo o inventário da cabine de meus pais. Tudo foi feito rapidamente, não restava praticamente nada! Algumas velhas roupas que não eram vestidas há muito tempo, três ou quatro fotos e – único objeto – uma faca tradicional de mergulhador em um estojo de madeira preso à parede por um cinturão. Eu achei muito bonito, era um presente de Falco ao paxá, mas achei que não deveria levá-lo, portanto o deixei. Porém, logo alguém se apropriou dele e desapareceu! Isso me ensinou a ser mais sentimental e sempre respeitoso com os sentimentos dos marinheiros. Foi em Ho Chi Minh-ville que, pela última vez, eu subi a bordo do *Calypso.*

Foi meu último olhar para ele, ao menos internamente. Porque eu o revi, uma vez, em Marselha, da estrada...

Após a expedição ao Mékong, o *Calypso* ficou em Ho Chi Minh-ville um certo tempo, seis ou oito meses. Finalmente, a decisão de repatriá-lo à França foi tomada, após tê-lo enviado a Singapura, a fim de que fosse recolocado em condições de navegação. Foi então que a ponta da proa de uma embarcação desgovernada o atingiu e ele afundou no porto. Uma parte do dinheiro do seguro foi usada para desencalhá-lo. Em que foi usado o resto desse dinheiro? O *Calypso* foi "embarcado" até Marselha onde deveria ter ficado, em acordo com a municipalidade. Era bem lógico: Marselha, Toulon e Mônaco foram freqüentemente seus portos oficiais. Ela havia cruzado o Mediterrâneo várias vezes...

Quis o destino uma forma diferente. Com a intervenção da nova direção, as relações com a cidade de Marselha se deterioraram. Novas relações foram estabelecidas com Michel Crépeau, prefeito já falecido de La Rochelle, para onde o *Calypso* foi transportado. Ele deveria fazer parte do Museu Marítimo. Mas por que La Rochelle, onde ele nunca havia feito escala? Única explicação possível, que os meios de comunicação não deixaram de considerar, mas que tinha fundamento: o *Alcyone* havia sido construído em La Rochelle.

Desde então, o *Calypso* permanece lá, apodrecendo, dia após dia, no porto...

Ironia da história... Devemos ver nesse fim do *Calypso* a influência oculta da Bergère, cujo desejo seria assim atendido? "Antes vê-lo no fundo do mar do que transformado em museu."

O *Calypso* vai terminar afundando. Atroz... Não posso deixar de fazer uma comparação entre sua longa agonia e a de meus pais. Uma agonia que durou aproximadamente seis meses para o comandante e anos para a Bergère. A agonia do *Calypso* se estende.

Entretanto, muitos foram os que tentaram salvá-lo. Albert Falco, minha sobrinha Alexandra Cousteau, a municipalidade de La Rochelle, o Museu Marítimo também... Todos eles manifestaram sua determinação e desdobraram-se em esforços. Em vão...

A vontade da Bergère acabará por levá-lo? "Antes o ver afundar!"

A Bergère tinha razão. Um barco é feito para navegar...

Um nariz de tubarão
E olhos de algas
Eu o vejo levantar-se
até o teto de seu escritório
E nadar em direção da janela
...É o comandante Cousteau

Paul Guth

Bibliografia

CANS, Roger. *Cousteau "Capitain Planet", biographie.* Paris: Sang de la terre, 1997.

COUSTEAU, Alexandra e DE PASS, Jocelyne. *Simone Cousteau, l'âme de la* Calypso*: le vrai roman de la première femme du commandant Cousteau.* Montréal: Éditions des Intouchables, 2002.

COUSTEAU, Jacques-Yves. *Opérations Précontinent.* Paris: Robert Laffont, 1980.

COUSTEAU, Jacques-Yves e DIOLÉ, Philippe. *Trois aventures de la* Calypso. Paris: Flammarion, 1987.

COUSTEAU, Jacques-Yves e DUMAS, Frédéric. *Le monde du silence.* Paris: Éditions de Paris, 1956 e Pocket, 1993.

COUSTEAU, Jacques-Yves e JACQUIER, Henri. *Français, on a volé ta mer.* Paris: Robert Laffond, 1981.

COUSTEAU, Jacques-Yves e MOSE, Richards. *L'expédition du commandant Cousteau en Amazonie.* Paris: Robert Laffond, 1985.

COUSTEAU, Jacques-Yves e PACCALET, Yves. *Du grand large aux Grands Lacs.* Paris: Flammarion, 1985.

COUSTEAU, Jacques-Yves e SCHIEFELBEIN, Susan. *L'homme, la pieuvre et l'orchidée.* Paris: Robert Laffont/Plon, 1997.

COUSTEAU, Jean-Michel. *Océans.* Paris: Delachaux et Niestlé, 2001.

DARRIEUSECQ, Marie. *White.* Paris: POL, 2003.

FALCO, Albert e PACCALET, Yves. *Capitaine de la* Calypso. Paris: Robert Laffont, 1990.

LABAN, André. *La passion du bleu.* Aix-en-Provence: Édisud, 1995.

MUNSON, Richard. *Cousteau, le commandant et son monde.* Paris: Ergo Press, 1989.

PACCALET, Yves, *Auguste Piccard, professeur de rêve.* Grenoble: Glénat, 1997.

PACCALET, Yves. *Jacques-Yves Cousteau dans l'océan de la vie.* Paris: Lattès, 1997.

PACCALET, Yves. *La vie secrète des dauphins.* Paris: l'Archipel, 2002.

ROMANOVSKY, Vsevolod de. *La face cachée de Cousteau.* Paris: Odilon Média, 1996.

TAILLIEZ, Philippe. *Plongées sans câble.* Aix-en-Provence: Édisud, 1998.

VIOLET, Bernard. *Cousteau, une biographie.* Paris: Fayard, 1997.

CALYPSO LOG, périodique, janvier 1990 et janvier 1991.

Agradecimentos

Meus pais morreram, meu irmão morreu, e hoje faço a retrospectiva. Quero agradecer particularmente a Cécile Barthélémy, que me permitiu restabelecer a verdade e dizer tudo o que eu tinha no coração.

Como não expressar minha gratidão a todos os membros da tripulação do *Calypso* e do *Alcyone*? Sua coragem, sua devoção e sua tenacidade representam uma contribuição essencial ao trabalho do meu pai. Eles levaram seu apoio à Bergère, sem quem o comandante jamais teria conseguido concluir sua obra.

Do fundo do coração, eu agradeço ao doutor Jean-Pierre Cousteau, o comandante Jean Alinat, Andrée Bertino, o doutor Nivello de la Brunière Véron, Sherley Burtchill, Christine Causse, Bertrand Charrier, o doutor Chouteau, Michel e Isabelle Deloire, Frédéric Dumas, Jacques Ertaud, Albert Falco, Jean-Marie France, Roger Gary, André Laban, Bernard Lafon, Barbara Lapiana, Titi Léandri, Catherine Mabillat, Nancy Marr, o doutor Denis Martin-Laval, André, Renée e Raymond Mauric, Nounette Melchior, o doutor Richard Murphy, Celso Oliveira, Marie-Claude Oren, Avraham Oren, Élise Otzenberger, Yves Paccalet, Christian Petron, Antoine Rosset, Anne-Marie Roth, Jean-Charles e Monique Roux, François Sarano, Marcel Isy-Schwartz, Dominique Serafini, Maurice Sergent, o comandante Philippe Tailliez, Cécile Thiéry, Alain Traonouïl e Tim Trebon, Charles Vinick, Carrie Vonderhaar, Claude Wesly, assim como o Groupe d'Études et de Recherche Sous-marines (Grupo de Estudos e de Pesquisa Submarinas), Océan Futur Europe, Ocean Futures Society (www.oceanfutures.org), por sua contribuição a esta obra.

Obrigado a todos os outros, que se reconhecerão.

Índice

1 Catedral 7
2 Minha chegada 13
3 Nessa época... 23
4 Pobre Simone 33
5 Explode a guerra 43
6 Minhas mais belas lembranças 53
7 Sanary 69
8 O *Calypso* 79
9 No internato 95
10 As casas submarinas 111
11 Madagascar 125
12 Leões-marinhos 143
13 A aventura do *Queen Mary* 153
14 Deus não tem herdeiro 163
15 Santo pai! 195
16 A submersão 205
17 Futuras gerações 213
18 Keiko, a orca 231
19 O Parque Oceânico Cousteau 241
20 Cientista... ou não? 255
21 Amazônia 263
22 Os fracassos 285
23 Soube pela imprensa... 307
24 Imortal a qualquer preço 325
25 A Bergère 335

Bibliografia 356
Agradecimentos 358

Este livro foi produzido, em 2006, pela Companhia Editora Nacional. A tipologia empregada foi Adobe Garamond Pro. O papel utilizado, off-set 75 g. Impresso em São Paulo pela IBEP Gráfica.